天

Borderless

下

天 下 ， 在 乎 正 义 和 你

LexisNexis®

天 Borderless 下

General Counsel's Playbook—A Cluster of Corporate Law and Compliance's Stratagems

法总工作手册

公司法律合规的三十六计

沈悦志/著

法律出版社 LAW PRESS · CHINA
北京

图书在版编目（CIP）数据

法总工作手册：公司法律合规的三十六计 / 沈悦志著. -- 北京：法律出版社, 2022（2023.3重印）
ISBN 978-7-5197-7096-9

Ⅰ. ①法… Ⅱ. ①沈… Ⅲ. ①公司法－研究－中国
Ⅳ. ①D922.291.914

中国版本图书馆CIP数据核字(2022)第169891号

法总工作手册：
公司法律合规的三十六计
FA ZONG GONGZUO SHOUCE:
GONGSI FALÜ HEGUI DE SANSHILIUJI

作　　者：沈悦志
责任编辑：孙东育　许莹洁
装帧设计：鲍龙卉
出版发行：法律出版社
编辑统筹：学术·对外出版分社
责任校对：张心萌
责任印制：陶　松
经　　销：新华书店
开　　本：880毫米×1230毫米　1/32
印　　张：13
字　　数：220千
版　　本：2022年12月第1版
印　　次：2023年3月第3次印刷
印　　刷：三河市兴达印务有限公司
书　　号：ISBN 978-7-5197-7096-9
定　　价：69.00元

销售电话：010-83938349　客服电话：010-83938350　咨询电话：010-63939796
地　　址：北京市丰台区莲花池西里7号(100073)
网　　址：www.lawpress.com.cn
投稿邮箱：info@lawpress.com.cn
举报盗版邮箱：jbwq@lawpress.com.cn
凡购买本社图书，如有印装错误，我社负责退换。电话：010-83938349

沈悦志

现任职务：

现任德国汉高集团北亚区（大中华区、韩国及日本）总法律顾问暨德国汉高集团大中华区管理委员会委员

社会兼职：

上海市杨浦区人民代表大会第十三届委员会委员（2012年~2016年）

上海市杨浦区政治协商会议第十四届委员会委员（2017年~2021年）、常务委员会委员（2022年~2026年）

上海市杨浦区人民检察院特约监督员（2012年~2016年）

欧盟商会合规与商业委员会副主席

北京大学法学院“涉外法律人才”培训项目与“首席合规官”培训特聘导师

复旦大学法律硕士专业学位实务导师

专业与社会公益工作：

拥有逾二十年的跨国公司法律与合规事务管理经验，曾先后任职于某香港红筹移动通信集团公司、某跨国化妆品企业集团、某世界一流零售集团，任职德国汉高集团至今已逾十六年，积累了丰富深厚的多行业商业智识、商业敏锐度及法律实务经验。于2015年被Thomson Reuters集团亚洲法律杂志（Asia Legal Business）评选为首届中国最佳总法律顾问之一，其后于2016年~2019年期间连续入选Legal 500 GC Powerlist；并于2018年与2019年连续被英国 Chambers and Partners评为中国最具影响力的总法律顾问之一。

个人爱好：

阅读（尤爱英文原版）、码字、健身（以控制肚腩）、防务、顶级体育赛事、电子音乐、好食材与好餐馆、美酒、雪茄

LexisNexis®

律商联讯

律商联讯是一家全球内容和技术解决方案提供商，帮助法律、企业、税务、学术和非营利性组织的工作人员作出知情决策，实现更好的业务成果。作为数字化先锋，公司率先通过Lexis®服务在网上提供法律信息。如今，律商联讯拥有先进的技术和优质的内容，帮助用户更快、更简便、更有效地工作。通过与客户密切合作，公司确保客户能利用其解决方案控制风险、改善生产力、提高盈利能力、促进业务发展。律商联讯作为服务于各领域客户的全球知名信息解决方案提供商——励讯集团（RELX Group PLC ）的旗下公司，向全球客户提供服务，全球雇员人数超过10000名。

律商联讯在中国

律商联讯1994年进入中国香港地区，目前在内地设有北京、上海和广州办公室。凭借在全球法律信息服务市场的资源优势，律商联讯为中国客户提供既符合本土市场需求、又兼具环球先进理念的服务方案。中国用户通过我们的全球网络了解不同的法律体系，全球用户也可以通过律商联讯的平台了解中国法治进程。

服务中国二十余年，我们已经引进多个产品落地中国，包括全球畅销的各类在线数据库，以及享有盛誉的进口原版图书，内容覆盖全球135个国家或地区的超过600亿数据。同时，律商联讯与中国的实务专家团队合作，依靠自主创新技术及大数据分析，相继开发了律商网和律商实践指引系列产品。我们提供的不再只是查询法律的检索工具，而是贴近法律人士的实务工作流程，帮助其处理实务问题、撰写法律文书和法律检索的360度解决方案。

谨以此书献给Olivia, Jackie、家人与生命中各位贵人与朋友

序言

他们从来不是可有可无的存在

——企业法总工作何处去？

蒋大兴*

读完这本小册子，有一种心潮澎湃的感觉。

长期以来，中国法学理论界比较关注公检法司的制度改革，以及律师执业实务工作的研究，但对居于中间部位、极为重要的企业法总工作，一直不太重视。企业法总，几乎成为“爹不疼，娘不爱”的存在。这样的一种状态，体现在方方面面。

在大多数中国企业内部，法务被视为后台部门（因此，一些国企的总法律顾问，竟然可以是没有任何法律专业背景的人担任），而且，相较于直接创造商业利润的业务负责

---

* 北京大学法学院教授暨博士生导师，北京大学中国企业法律风险管理研究中心主任。

人，企业法总也总感觉“低人一等”，平时不太受公司领导待见，只有在公司出现危机时，才略显其存在价值，但这种价值也可能很快被外部律师的介入而淡化。那些在各种企业论坛上风光无限、侃侃而谈的，基本上都不会是企业法总。做得再成功的法总，其论坛听众，也多半是小众的法律人，与业务部门负责人或者企业董事长、总经理参与的论坛比较，这真的是没什么市场，几乎乏善可陈。抖音、小红书或者西瓜视频等用来引流、上头条的视频，几乎都没有企业法总的金言金句。甚至企业法总所负责的事务，在公司内部可能都不被称为“企业业务”。我们一般讲企业业务，大抵都是指“常规的生产或者营销甚至技术研发等”，法务，被一些企业投资人或者负责人拉入了“业务鄙视线”，成为可有可无的部门——“我们这么小，没什么纠纷，不需要养专职的法务部门，有问题可以找律师”，这是很多企业领导者的真实想法以及很多企业治理安排的常态。甚至在一些上市公司，即便在其上市之后，也未建立专门的法务部门。这真的是对“治理合规”的讽刺。

即便我们法律界，在论及“法律人共同体”时，通常只是想到公、检、法、司和律师，最多再加上一个法律研究者，也没给企业法总留下什么位置。哪怕我们很多案件，都是先经过企业法总处理，再委派外部律师，进而提起诉讼，司法机关才能介入，但在这条“法律案件的生产线”中，企业法总的地位更类似一个“皮条客”，既不能像企业负责人或者司法机关那样做出什么终极的或者有效的决定，也不能像企业或者律师一样，可以从案件的处理中获得直接收益。如果不是因为个人有什么人格魅力或者专业能力极强，从而得到领导信任或者能主导案件/交易的过程，企业法总真的居于一种可有可无的尴尬位置。

再来看看法科学生，毕业以后的主要工作去向，要么选择考公务员，去公检法司机关；要么选择知名律所，去追求此生的个性发展和财务自由（此处忽略律所可能对实习生的职业PUA）；余下去企业做法务的，无论是什么性质的企业，也有一大半在投简历的时候就只是想积累实务资源，然后，……等到时机成熟，再出来做律师。因此，企业法务部——就是“铁打的营盘，流水的兵”。一些很成功的法科毕业生，甚至可能已经做到法总的位置，最后，还是会摇身一变，人到中年成为律师或者职业仲裁员。这可能是因为，企业能够给法总提供的晋升空间并不高。如果不是自己创业，很少有企业法总能顺利晋升到总经理或者董事长的位置。在茫茫世界，企业法总——似乎总是表现为一种没有前途、只能为人作嫁衣、最多充当“老二”的职业。因此，作为法律人，如果你还在这个领域继续奋斗，那可能是滚滚红尘，你还没看透。

他们总是可有可无——这是企业法总的真实存在吗？

事实上，我们几乎所有法律人都知道，企业法总是最值得尊敬的、战斗在商业第一线的法律人。相较于律师或者公、检、法、司机关人员而言，企业法总才是最先嗅到商业实践中各种风险的那个人。当案件通过律师来到司法机关时，企业法总早已被“虐了千万遍”。因此，为推进企业风险管理与法总的社会认同，强化法律人对前沿法务问题的研究，我们于2010年创办了“北大企业法律风险论坛”（开放论坛），并于2017年创办了“北大企业法总论坛”（闭门会议），邀请了众多企业法总参与研讨。可是，为什么在案件链中居于如此核心位置的企业法总，长期以来并不被法律界以及实务界特别关注呢？

对此，在理论上我们可能有很多解释，例如，法务部门可能并不直接创造商业利润，最多只是间接地参与商业利润创造？相较于业务部门而言，法务部门只是战斗在第二线，并不直接为企业寻找客户，只是帮企业判断客户，所以，法务部门的奖金通常低于业务部门，有时甚至是和办公室等综合部门处于一个等级？或者，法务部门只是诉讼案件的掮客，很多并不直接参与法庭案件的审理，尤其是重大案件，基于各种考量，一般都由外部律师主导参与庭审？或者，法务部门也不负责拍板，再大的案件、再有价值的法律意见，最终是否采纳还是由管理层或者老板决定？尤其在以法庭为中心的司法制度改革过程中，我们主要看的是公、检、法和律师的表演，法务部门是一个几乎无声的庭审听众？抑或，中国并未养成真正的法治观念，在商业利润为王的价值观引导下，企业法务只是说起来重要，做起来次要？凡此种种，可能都有一定的道理。如果不是因为中兴通讯或者华为的域外合规事件，企业法总如此重要的工作岗位，可能还不会引起我们的重视。

悦志的这本书，可以解释当下我们关于"为什么法总不被看见"的很多疑问。其中，苦练武功、练好武功、练对武功，可能是关键。他立足于跨国企业法总的角色，通过对跨国企业中国公司法律合规部过往工作经验的小结，让我们蓦然回首，可以清晰地看到"何处是法总"，也可以非常清晰地看到"法总应当何处去"。这其中，不仅有"术"而且有"略"，更有"智慧"，有"情怀"，有"担当"。通过他的解释，我们能迅速掌握法总工作三十六计，能知道"中国需要怎样的法律合规部"，中国公司的法律与合规部需要具备哪些能力（专业能力、商业能力、沟通能力等），如何去跨界实现法律实务与商业实践的对接（包括与 CEO、财务部、销售部、市场部、关联企业等的协作沟通），如何养成法律合规部的领导力，如何成功选聘外部律师，如何培养法律与合规部的实习生，等等。

这些经验总结，不仅涉及法务部门，而且涉及公司内部所有相关部门、上下级公司与关联企业，以及外部律所等商业和法务协作机构；不仅涉及法总本身的领导工作，涉及上下级、平行机构人员、外部合作人员的沟通艺术，还涉及基本不被关注的普通法务小伙伴，甚至法务实习生的能力养成；不仅有宏观与全球的视野、理性与智慧的思考、专业与专业之外的领悟，更有微观个案与中国的角度、规范或者人性、职场与人生的体验；不仅关注法务工作的ABC，更关注商业交易内蕴的理性，尤其文化、知识、社会规则；等等。可以说，这不仅是一部企业法总工作的宝典，也是企业法务从业者的"教科书"，更是一部企业法总人生体悟的"万花筒"，是一位成功的企业法总对中国企业法务乃至全部法律人的冷静建言。从这里，我们看到了正能量。这也是迄今为止，我所读到的关于企业法总工作的最好的"武功秘籍"。

在中国语境下，企业法总，可能是一种比较开放的概念。他有时指管理法务工作的形式上的最高领导人，例如，企业的总法律顾问、分管法务工作的副总等；有时又指实质意义上控制企业法务工作的中层领导人，例如，法务总监或者副总监、法务办公室主任甚至副主任等，拥有这些职位的人，虽然未必是企业法务工作形式意义上的最高领导人，但因各种原因成为实质上的法务工作领导者，这些原因包括但不限于总监、总法律顾问或者副总等缺位；总监、总法律顾问、分管法务工作的副总等并非法律专业出身；或者法务最高领导人性格软弱、不爱抓权等。在中国，法务工作一直是一种比较尴尬的存在，相较于商业/业务部门而言，企业法总仿佛是一种“隐身人”。本书不仅告诉我们企业法总可以如何更好地隐身，而且教会了我们此前可能没有的“现身术”。

我相信，中国企业的法律人，迟早会走到企业以及法律人的台前。

因为，这本身就是他们的战场。

他们从来不是可有可无的存在。

悦志是我研究生时期的同学，学业极为优秀，虽然一直在跨国企业工作，但充满家国情怀，尤其是对中国应当如何培养有价值的跨国企业法律人才，有自己独特的见解，且以拳拳之心，身体力行、亲自实践，是一位企业家和教育家式的法总，也是一位美食家。因为友谊和美食等原因，我们一直保持着密切而友好的交往。

因此，我非常愿意将这本书推荐给大家，无论是法学院的学生，还是法律从业者或者法律教育者，我相信，这本语言活泼、脍炙人口、专业到位、职场提示丰富的小书，会带给您不一样的体验和惊喜。

他/它可能是划时代的。

2022年9月11日于北京小窝

推荐序二

为法律合规人订制的私享盛宴

刘　骁*

我和沈老哥的缘分很神奇。2018 年秋天，我刚刚离开上一家律所，到昆鹰创业，初为合伙人，踉踉跄跄地探寻如何拓展业务、打出自己的品牌。在美国读书时的好朋友欣如介绍我在一次晚餐上认识沈老哥（那时欣如还在做法总，现在也在沈老哥的鼓励下追寻自己的梦想，创立了法嘉平台）。大家约着吃台州小海鲜，饭店火得不得了，沈老哥反复叮嘱大家要按时到达，让先到的朋友一定先把几道招牌菜点了，一再说要是晚了这道鱼、那份鸡就没有了，那还不如不吃这顿饭。一开始我以为他是开玩笑，后来他第三次

* 全球最让对手忌惮的争议解决律所——昆鹰律师事务所中国区主管合伙人；全美最佳诉讼律师；哈佛大学法学院法律博士（优等毕业生）；剑桥大学法学硕士；北京大学法学院法学学士。

在群里嘱咐大家先点菜时，我意识到他是真的很在意让大家吃到这几道菜。最后，那几道菜果然好吃得令人赞叹，而且沈老哥毫无架子，只是招呼大家吃菜，但不经意间给我几句鼓励的话，句句都说在我的心坎上，让我惊讶他怎么对我的处境看得这么明白，对于未来又想得这么通透。这顿饭过后，我多了一位实在的大哥，一个带我吃遍天下美食的老饕，一位睿智的人生导师。

说起这段美妙的缘分，是因为读沈老哥的《法总工作手册》时，给我的感觉就像是这顿饭的经历，也像后来无数次和老哥一起吃饭聊天，他波澜不惊地把工作中的坎坷和挑战娓娓道来，故事精彩、讲述风趣幽默，然后掏心掏肺地分享自己独到、睿智的见解，让我感慨他怎么把事情看得如此通透，总结得又如此精辟。一口气通读下来，就像吃了一顿私享大餐，每道菜都有记忆点、事后都让你反复回味琢磨，而整体上又有一颗诚以待人的赤子之心贯穿始终。

这本书很接地气。对于外部律师，沈老哥基于他作为法总选择外部律师以及与外部律师实际合作的经验，在书中有很多非常直白，甚至尖锐的意见。例如，沈老哥在《公司法律合规部选择外部律师再思考》中说到有的外部律师写法律意见，“开篇足足满满一页”的事实概括与假设，“时刻‘你要谋害朕，我得先防着你’的暗示”，批评这种做法“除了会激起法总关于彼此是否相互信任从而值得托付的疑惑外，并无其他实质性益处”；让人读来汗毛倒竖、忍不住自我反省。而同时，他又从法总的角度提示律师读者：公司法律合规部门的发展“对外部律师的新要求”、在pitching的时候法总最希望听到的是哪方面的介绍，甚至还有《外部律师如何走心地码字》，从如何选题到如何写作都一一谆谆分享，生怕大家多走弯路、浪费时间精力。

对于公司法务，沈老哥也提出了很多非常接地气的问题，并且给出了他充满智慧的观察。例如，公司法务合规部门如何有效管理外部律师，公司法律合规部门如何和财务、销售、市场等部门协调，公司律师如何向上、平行和向下沟通，中国的法务如何和外国母公司的同事跨文化沟通与协作等。很多都是大家天天面对，但是不大愿意讲、讲不明白的话题。而沈老哥不仅直面这些难题，而且结合他自己洞达的观察，讲得有趣而又富有启发。

除了这些“术”的层面上的具体、接地气的分享，这本书也在“道”的层面上对于中国的法律共同体有更深入的思考。例如《中国需要怎样的公司法律与合规部》、《为什么中国公司法律与合规部必须具备中西贯通的能力？》和《一位法律人的当下》。我感触最深的，是有关法律合规部律师领导力育成的建议，沈老哥提出的ownership、self-sacrifice、self-discipline & grit、role-modeling和quest for excellence的心得不仅适用于公司法务部领导，我想对于外部律所的合伙人乃至其他职业人都是非常有启发的总结与提炼。

读罢沈老哥的《法总工作手册》，最直观的感觉是这不仅仅是一本工作手册，而更是和作者从精神层面的一次深入交流。作者没有架子，没有打算居高临下地教授什么，而是平易近人地分享自己对于人生与职业的感悟。作者对于人性的观察富有穿透性，但自己又是带着一颗真诚、善意而富有责任感的心去进行观察，掩卷后让人感慨而又感动。中国的法律人，无论是外部律师还是公司法务，当下都面临着史无前例的机遇和挑战；与年龄无关，但因为法律服务市场和公司客户的成熟与嬗变对法律合规人有着和二三十年前全然不同的需求，事实上催生了新一代的中西贯通的法律合规人。在这样的浪潮中，不停有新的、更高的要求乃至挑战，我们只能“竹杖芒鞋轻胜马、何妨吟啸且徐行”。我很庆幸同行的人中有沈老哥这样的兄长，也希望大家都能从他的《法总工作手册》中体会到他的睿智与真诚。

企业法务到底应该是一份什么样的工作?

杨晓雷 *

近年来,众所周知,公司法律合规管理成为非常热门的话题,涉及范围远超商界和法律界,由相关的问题和解决方案所构成的新的知识生产和运行正在专业领域蓬勃展开,可以说,中国公司法律合规管理的理论研究和实务工作进入了一个前所未有的新时代和新高度。

以往在跟企业家或者公司业务部门的决策者交流时,大家常常会提出一个类似的问题,即如何能够让他们的法务合规不是跟他们说这不能做,那不能做,而是告诉他们如何能够把交易做成。当然,也常常听到从事法务合规的朋友们说,在企业内部,相对于业务部门,他们的工作往往是

---

* 北京大学法学院党委副书记,北京大学人工智能研究院副院长,北京大学法律人工智能实验室主任。

费力不讨好，常常不是很受欢迎的。然而，任何一个谋求安全长远发展的企业又都不敢取消或者忽略法律合规管理的专业工作，而且非但如此，应该是发展得越有效益、越成熟的企业却都是越来越依靠和加强这方面的工作。于是，在企业中，法律合规管理往往是常态化地处于不敢丢又不满意的状态和境地。那么，这其中的成因到底是什么呢？

这涉及这项工作根本的、核心的问题，即企业法务到底应该是一份什么样的工作？是的，企业法律合规管理工作天然的使命无疑是使企业的经营管理行为符合既有相关法律制度的规定，由此免除或者降低相关的企业风险，但是谁都知道，合规并不直接等于效益，其本身不是目的，合规的根本目的是使企业能够安全并获取更好的效益，为了合规而失去效益的企业自然无法存在，当然也没有存在的必要了。因此，企业合规管理工作一直没有改变的、天然的使命就是处理好企业的安全和利润效益的张力与矛盾，实现二者价值最大化的平衡。然而，现实中人为的社会分工和职业化的操作，各司其职的法律合规工作者与利润效益的实现者往往都会在各自的价值端进行各自功能和效果的放大，一个比较保守"负责"的法务工作者往往会过多地考虑自己的职责，过多地强调风险从而失去企业一个又一个的大好"商机"，这当然不仅会使业务部门，也会使整个企业产生不可思议的"反感"。

那么,企业法律合规管理如何做好这样的平衡?问题问起来简单,回答起来其实不易,因为其本身根本上就不是一个能够一劳永逸得到回答的问题,或者说企业法律合规管理这项工作恰恰是在此等问题的提出和回答中,使自身在不同的时空中进行着不断的发展。公司法务合规是人类的历史上商业和法治共生的产物,但问题即方向,答案即脚印,自其产生起,这项业务便是在这个问题的提出和回答中进行着流变和演化,形成这项工作发展延伸的道路,到目前其仍然并正在继续前行。

时空交汇到时下的中国,中国几十年来在全球形成的商业发展成就和面向未来的良好发展态势,使“安全与利润的平衡”命题带着新的问题,在新的条件下,继续演绎并获得新的发展。具体来说,时下这样的平衡主要体现在空间、时间和人的因素上,即一方面体现在规则与制度空间上的平衡;另一方面体现在过去、现在和未来时间轴上各种价值和实现条件上的平衡;还体现在整个体系中职业群体之间的各种价值、功能和利益等关系上的平衡。具体说来,中国公司法律合规管理工作在全球化与本土化并进的当下,在企业的合规必须要面临的一系列问题当中,合谁的规以及怎样来合规这些基础性问题交融伴生,依然位阶难分,发展形势扑朔迷离;信息化、数字化以及智能化正在促进人类社会的生产生活方式加速转型中,确定的命题所面临的不确定的问题走向，给传统的法务合规工作的功能定位、工作机制以及方式方法带来了全新的改变和挑战，正在促生新的法务合规工作主题、内容、方式和方法；而这一切，都可以归结为不变的企业法律合规管理命题，在中国职业群体中新的工作经验的积累和增长，以及新的知识生产和创新，当然，这是中国的，也应当是全人类的。

沈悦志先生从事跨国企业法律合规管理工作20余年，不仅亲身经历见证了新世纪全球化背景下的跨国公司企业法务合规管理工作的日新月异，积累了大量的、宝贵丰富的实务经验，而且在当前“波诡云谲”的大变局、大转型时期，结合自身的工作，时刻以敏锐的感知力和洞察力积极探索创新法律合规管理工作的新理念、新模式。沈先生所著的《法总工作手册：公司法律合规的三十六计》，是其多年的工作经验和思考的结晶，理论与实践相结合的升华，在全球化与本土化所形成的制度与文化张力空间以及法务合规业务的发展维度上，探讨了当下企业法律合规管理工作的“道”与“术”，回应了此情势下该领域中的灵魂式的拷问；在数字信息新社会运行机制下，探讨了法律合规管理业务工作应当如何超越“当下的滥情”和忠诚于“历史的专情”，在变与不变的发展过程中应当如何坚守住职业的底盘，练好基本功，做好基本工作并寻求新的突破；在新的知识生产、行业发展和人才成长“三位一体”的法务合规管理工作的融合发展中，阐释介绍了全新快速的工作任务目标实现与人才培养的互促共赢，探索了法务合规与财务、人力、市场、销售及域外其他法域团队等诸多利益相关方的交叉跨界以及由此带来管理方法、工作策略与方法的更新迭代等诸多问题。

总之，《法总工作手册：公司法律合规的三十六计》在经验积累和现实条件基础上，面向法务合规管理工作的未来发展，理论与实践相结合，深入浅出，神凝形备，内容丰富，不但提出了真正的问题，而且献出了有益的答案，相信对当下亟待深入交流和探讨的企业法务合规管理工作而言，无论在指导实践中，还是在启发理论上，都将具有宝贵的贡献。

2022 年 3 月 16 日于北京大学法学院

新一代的法务合规专业人员，如何少走弯路？

周欣如*

我和沈悦志老师相识于 12 年前，当时我在高伟绅律师事务所（Clifford Chance）担任资深律师，有机会为汉高的多个并购项目提供外部法律服务，常常与沈总及其法务团队并肩作战。

当时我常常暗自庆幸，有机会服务沈总这样通情达理又很有决断力的客户。作为外部律师，我们虽然渴望业务，但也害怕服务一种类型的法总——没有足够的影响力与商业判断，既无法拒绝交易各方的一些无理要求，也无法在获得全盘的商业信息基础上对多项任务进行优先级排序，最终往往只能一股脑儿将压力转嫁到外部律师身上，导致交易文件修改来回倒，项目进展不顺，额外消耗大量的时间与

* 法嘉创始人兼 CEO。

精力。但这样的情况，从来不会在沈总身上发生。

沈总总能在一个复杂的并购交易过程中，把公司各部门的需求与底层逻辑高效传递给外部律师；在项目谈判进入“瓶颈”时，又用润物细无声的智慧找到各方可以接受的“破冰”之举；并在大家干得筋疲力尽、废寝忘食之时，自己掏腰包请团队品尝当地美食，疗愈身心重获能量。我一次又一次目睹沈总是如何成为“deal maker”（交易的促成者）和“business leader”（商业领袖），充分赢得商业团队的信任与依赖，真正从头到尾将一个大项目落地并取得商业价值。就此我的心里埋下了一颗种子——“我也想做这样有价值的法总”！

于是，跟随着沈总的步伐，几年后，我也变成了一名公司法务。但这在沈总手里看似轻巧的活，拿到自己手里就是没有那么得心应手。面对公司错综复杂的人与事，我的“律师脑”显然不够用了，工作没有思路与章法，不得不再找沈总。就此他从我的客户变成了我的职场导师（mentor）——我的沈老师。如同沈老师在本书中所罗列的，原来法总除了法律专业，还有沟通话术，以及如何实现法律实务与商业实践的无缝聚合（Fusion），如何跨文化地沟通合作，如何用“街头智慧”（street-smart）对付“公司动物”（corporate animal）等，这些都是法务合规需要学习的大学问！

年复一年与沈老师在法商结合这一中国法律合规人共同面对的2.0话题上的探讨，也为我日后创立“法嘉LAWPLUS”奠定了思想信念与实务经验的基础。当中国成为万众瞩目的全球第二大经济体，当世界的格局正在由春光明媚的全球化进入混沌不明的VUCA时代，面对久久不散的疫情来回搅局，面对越来越多的国家摩擦与法域间的冲突，中国企业的法律合规人面临着从未有过的挑战与新的职业可能。

新一代的法务合规专业人员，如何少走弯路，顺利快速成长为一名技术过硬、理解中国特色、具备国际视野、熟悉商业思维的法律合规综合性管理人才，共同成就中国智慧企业，打造属于中国的国家“软实力”？在法嘉的平台上，我的职业导师沈老师成为成百上千位矢志精进的法务合规人的“共享导师”。沈老师的授课总是座无虚席。我想沈老师的魅力不仅来自多年战斗累积的经验与智慧，更重要的是沈老师这颗与生俱来的“一定要教会你！”的“师者之心”。

当下沈老师也将这份沉甸甸的“师者之心”融入这本工作手册中，交到诸位的手上——从专业到话术，从日常的交流到跨界的思考，信手拈来而又言无不尽的“麻辣”文风，列举诸多法律合规人士无比熟悉的工作情景，每一个细节都是法律合规人士常常在思考的“痛点”“难点”“敏感点”，让人赞叹沈老师观察之敏锐，洞察之深刻，思辨之高远。通过这本书，您定能从文字中感受到这位“文艺男中年”的情怀与“霸道总裁”的智慧，并按图索骥寻找到属于您的法商融合之路。

2022年4月2日

何处是你

——关于中国公司法律合规部过往的思辨

当代商业世界，包括跨国公司在内的商业公司一直是其中最为重要的成员，而其中作为商业公司利益卫士与商业促成者的公司法律合规部，已然成为商业公司在治理结构不断优化与合规的前提下达成商业目的的重要支柱之一。在改革开放与中国经济逐步但艰辛地融入全球化的进程中，作为经济基础决定上层建筑的又一种印证，中国公司法律合规部的发展也开始了从无到有，从借鉴到“创造”，从顺应到挑战乃至质疑与反思的过程。遥望来时路，可谓逶迤曲折，其间纠结与心累，一如有识之士饮冰，冷暖自知。

作者不才，于律商联讯（LexisNexis）刘丁香（Donna Liu）编辑老师的支持与鞭策下，自 2017 年开始至今，围绕中国公司法律合规部的观察与思辨，写下近二十五万字；又承蒙高山编辑老师、许莹洁编辑老师与张心萌编辑老师认可与襄助，于其中遴选出16万余字，校整后集结成书出版；前述过程，对律商联讯前任总经理董任远先生、徐方总监与刘丁香老师的感谢，满溢胸怀。借此时分，也基于作者过去20余年的公司法律合规执业经历与感喟，分享若干关于中国公司法律合规部过往的个人思辨，权作本书的总论。

一、永恒的张力——全球化与本土化

作者从事公司法律合规执业工作之初，常拘泥于某个具体非诉项目或某件争议解决事项的法律技术细节（所谓"technical particulars"），经历的项目与案件多了，"吃过的药"与"掉进的坑"多了，不满足继续囿于法律的"术"，非常自然地就开始琢磨起每个项目或争议解决事项的商业逻辑以及商业逻辑与法律技术的妥帖聚合问题，即所谓的"道"。经年下来，最深也是最痛的感悟便是跨国公司全球一体化商业管理实践经验范例与中国特定国情之间的张力与冲突。而着眼当下，随着中国已然跃升为全球第二大经济体乃至未来可以预见的成为全球第一大经济体，中国社会与经济发展中文化传统的沉淀与商业文明的强大惯性已然构成对于跨国公司全球化实践经验范例的峻急挑战。例如，跨国公司于中国并购国内本土公司，是否可以完全复制其全球统一的并购流程管理惯例而不掉坑乃至弄砸一桩交易？为此，从法务合规之“术”的视角，作者通过“当法式长棍遇上大饼油条——跨国公司并购中国本土公司交易之战略篇”、“远离公司动物（Corporate Animal）——跨国公司并购中国本土公司交易之组织篇”、“像雾像雨又像风——跨国公司并购中国本土公司交易之尽职调查篇”及“画图与画画——跨国公司并购中国本土公司之交易结构设计篇”四篇小文，详尽分析了跨国公司并购中国本土公司交易的战略、组织、尽职调查及交易结构设计问题，旨在为前述商业交易实践增加必要的本土化智识与经验。又如，中国公司法律合规部如何应对全球化背景下与异法域法律合规部沟通的挑战与机遇？笔者的三篇小文，即“大饼油条乃吾所爱，法式长棍亦吾所爱——法律合规部与母公司及关联公司的跨文化沟通与协作”、“大腿的抱法——法律合规部与母公司法律合规部的跨文化沟通与协作”及“手拉手——法律合规部与异法域公司法律合规部的跨文化沟通与协作”，分析了跨文化跨法域沟通的必要性、态度及良好做法，力图提供一些应对挑战把握机遇的实战经验与技巧。而从法务合规之“道”的视角，作者的小文，即“一路向前——企业法务的术与道浅析”及法总系列之“躲不过的追问：中国需要怎样的公司法律与合规部？”、“为什么中国公司法律与合规部必须具备中西贯通的能力？”、“想说爱你不容易——中国公司法律合规部如何实现法律实务与商业实践的无缝聚合（Fusion）”、“跨界有理——中国公司法律合规部跨界之初探”及“无关乎位子 无关乎票子——中国公司法律合规部领导力育成随想”，对于公司法律合规部的价值演化与定位、必备素质、法律实务与商业实践无缝融合、法律合规部的必要跨界及领导力等“道”，结合实际场景与案例，进行了全面的梳理与分析，力求抛砖，搅动坊间更多基于“法务之道”层面的思考与追问，以裨益未来。上述思辨与若干篇小文，皆为作者基于多年公司法律合规部实践经验、阅读相关文献及反思而试图解决全球化与本土化之间永恒张力的一种尝试与努力。虽已作出，然该等尝试与努力皆常作常新，常思常新，过往与未来，皆充满了动态演化性。

二、当下的“滥情”与历史的“专情”

不玩玄虚，所谓“滥情”，意指面临百年未有之大变局之当下，加之数字化时代的信息泛滥，你我一不小心坠入其中的“信息茧房”，吾等之思绪乃至感情皆瞬时化，沉溺于即时信息获取并有急速而仓促之意见表达以及情绪宣泄，一天七八种情绪与心态（虽然其中大多纠结于“内卷”与“躺平”之殇），是以为一种“滥情”。既为“滥情”，便较难拨开细节与情绪的障眼迷雾，静下心来细思事物与事务的客观发展规律，从而法务合规作为“背锅侠”与“拳击沙袋”

便成为一种必然。而历史发展中的规律总是恒定且专一，是以为“历史的专情”。商业公司法律合规部作为发达市场经济法治国家的舶来品，亦不例外，即亦有其基于扎实发展历程上的客观规律。面对此现实，如果陷入时下至少表面甚嚣尘上的“迷之自信”，继续滥情，则必将南辕北辙，事倍功半。

鉴于此，作者以下列若干篇小文，即“巨婴之殇——从孙杨案看外部争议解决律师的选聘与使用”、“从爱马仕、香奈儿、路易威登、普拉达、缪缪到蔻驰——公司法律合规部选择外部律师再思考”、“民法典扯出的闲话——公司法律合规部专业研习浅议”、“马步的扎法——一位法总眼中的法律功底”、“Time is of the essence——公司法律合规工作的时间因素”、“你若不躺，世界便不平——一位法律人的当下”、“你是什么垃圾？——从魔都垃圾分类运动反思中国公司的合规化进程”及“硬菜第一口——182 案之反垄断合规思量”等，从外部律师选择的典型误区、法律合规部的自我专业研习与专业功底、法律合规人处理工作中时间因素的若干“坑”或“梗”、法律合规人当下的自我修为反省、企业合规战略考量及数字经济下反垄断合规等视角，分享了若干观察、思考结论及建议，无任何宏大理念与愿景，唯期通过个人有限（很可能还有诸多谬误）的经验，作为一枚小小萤火虫蹭出点小火星，从而期待坊间各位大咖共同思考中国商业公司法律合规部的若干客观规律，即充分借鉴发达市场经济法治国家公司法律合规部的若干良好惯例与实践，多走些既定的直线而非曲线，同时结合中国当下的特定国情与商业形态，最终在碰撞调适中产生聚合，成就中国公司法律合规部对全球公司法律合规部的独特但不可或缺的贡献。

三、未来：窗外风雨与心中明月

中国公司法律合规部的发展，作为一项事业，面临当下，可以说是最坏的时代，因为当下去全球化与各法域之间法律与政经的博弈仍处于胶着状态，且很可能未有一统结局，而是多样化共存、竞争及合作；也可以说是最好的时代，最朴素但最坚实的“压舱石”真理便是全球化不可阻挡，但会更新迭代。于此前景，即便窗外风雨交加，然只要心中一轮明月，保持定力、韧劲及耐心，仍可走好前方道路。

虑及在上述时代背景下的中国公司法律合规部未来发展中，首先便是年轻公司法律合规人才培养与涵育的问题，作者三篇小文“人间四月芳菲尽 山寺桃花始盛开——记暗流涌动的中国公司法律与合规部”、“六年之痒——公司法律部招聘的那些事儿”及“少几枚杠精，多几枚精英——公司法律合规部实习生观察”，分别从中国法律合规部飞速发展现状、人才遴选与招聘以及实习生带教方面，分享了作者的一些“田间插秧心得”。汗水多多，教训亦不少，收获更大。

其次，中国公司法律合规部亦面临管理方法、工作策略与方法的更新迭代问题，既涉及公司外部利益相关方的沟通、交往及博弈，又避不开与公司内部利益相关方的话术、协作及博弈，作者以下若干小文，即“伏尔加河畔的余响——世界杯对公司法律部管理之启示录”、“饭局的艺术——法总饭局轶事”、“律八股浅议——外部律师如何走心地码字（一）”、“律八股浅议——外部律师如何走心地码字（二）”、“好好说话——公司法律合规部的话术（上）”、“好好说话——公司法律合规部的话术（中）”、“好好说话——公司法律合规部的话术（下）”、“法律合规部的队友系列之一：HR——不仅仅是诗歌与远方”、“法律合规部的队友系列之二：财务部　双城记——浅议法律合规部与财务部的协作”、“法律合规部的队友系列之三：CEO 伴君不必如虎——法律合规部与 CEO 的协作”、“法律合规部的队友系列之四：销售部 套路与战略：法律合规部与销售部的那些爱怨情仇”及“法律合规部的队友系列之五：市场部 当悲观主义者邂逅乐观主义者——法律合规部与市场部”，分别从公司法律合规部日常协作与博弈的方方面面、涉及的各关键部门特点与应对策略，基于还算丰富多彩的案例分析，提供了若干思考进路与实战要点，以求厘清误区，减少摩擦与内耗，使公司法律合规部的工作效率与成果最大化。

毋庸置疑，上述分析与小文，囿于笔者目力与思考深度，皆可能谬误多多，权为作者对于中国公司法律合规部过往的一些个人思辨记录，希冀中国公司法律合规同仁能够多多思辨，身体力行，不断试错，自我批判，持续优化改进，共同为中国公司法律合规部于全球公司法律合规部的协作与竞争中多多发声，尽快将自身牢牢立于中心地位，令人心悦诚服地彰显另一种“软实力”。正因前述，作为一条未尽之路，作者亦将继续实践、阅读、思辨。

作者交流微信号：shenyuezhi001

目 录

专业

话术

协作

专业

一路向前

企业法务的术与道浅析

热词

法务部门　风险防范　合规意识　外部律师沟通技巧　法务部的挑战

梳理过去，公司法务部的价值历经了一个演化进程；展望未来，公司法务部将面临更好的前景，同时也将面对更大的压力。成功的法务部需要何样的“道”与“术”？本文从多个维度分享了关于助力法务部向前发展的“道”与“术”，如与业务部门及外部律所的沟通，法务部领导的素质要求，法务部门专业人员的成长等。

商业世界中，举凡专业性工作，一般皆有“术”与“道”，作为当代商业公司重要职能部门的法务部，亦不例外。笔者携数十年企业法律合规部实践经验，浅析企业法务部的“道”与“术”如下。

一、企业法务部门的价值演化过程

从个人观察而言，公司法律部最早是在美国形成，后来发展到欧洲，再发展到其他新兴市场经济国家。公司法律部最初设立的目的是把日常风险管控即外部律所的部分工作内移到法律部，主要负责审查合同、识别主要商业决策风险等。随着经济、时代的发展和法律部人员专业素质的提高，公司管理范式与治理结构的演进，公司风险防范有了更深层次的合规需求，这对企业法律部的发展是一个比较大的促进。大型公司尤其是跨国公司，其外部是由一系列法律法规及其执行与规制组成的监管环境。如何最大限度地合规，并在合规的基础上实现商业价值的最大化，是需要法律部解决的核心问题之一。此外，公司一些战略性举措，如兼并收购、业务重组、剥离等也离不开法律部的工作。由此，法律部的价值不再仅仅是风险防范，而逐渐成为最高管理层的法律建议提供者以及商业战略决策层的核心成员之一。

其重要性的体现之一，即在一些大型跨国公司，general counsel 对整个公司的风险防范、业务管理以及战略拓展中涉及的法律问题都需要给出符合相关法律法规且具备商业可操作性的意见，并且 general counsel 一定是董事会成员。

因此，法律部从最初的风险防范者、预见者，逐渐演变为公司运营中业务部门的伙伴和指导者，与业务部门的协作更加紧密，而博弈亦更加频繁。由一种功能性的角色逐步转变为功能与战略兼具的角色。

二、法务部门与业务部门的类型与理想模样

概言之，法务部门与业务部门的关系可以分成这样几种类型：第一种是“可有可无”型。这种公司的治理结构比较差，业务部门认为法律部“可有可无”，法律部门无法阻止业务部门作出的含有法律风险的决定。第二种是“互不

待见”型。这种企业中，业务部门一些好的创意，法务部门从风险防范的角度永远说“不”。第三种是业务伙伴型。这也是比较好的一种关系。业务部门很信任法律部，法律部能够基于对业务部门商业实践的透彻了解，提出有针对性的建议，起到一种建议、指导、引领的作用。例如业务部门要进行一项并购，这其中有一套特定的流程，包括遴选适格目标公司、尽职调查、谈判、起草文件、交割、经营者集中申报、交割后的业务整合与督导等事务，需要特定的经验和技术。此时法律部门就是一个引领者。业务部门相信法律部门基于对业务部门的深入透彻了解，能够提供好的建议或交易结构与行动方案。

三、法务部门与业务部重大分歧的处理

法务部门与业务部肯定会有产生重大分歧的时刻。究其缘由，在于两个部门的着眼点不同：从业务部门来说，他们的合规意识、法律意识可能没有法律部那么高，而且面对的商业诱惑太大，或者业绩压力比较大；而在法律部门看来，业务部门的考虑可能还没有非常成熟，或者有很大的合规风险，此时就会产生一些分歧。

出现这种情况时的有效处理要点在于多沟通。只有主动深入了解对方真正的想法，了解其想法有哪些优点和弱

点，才能针对其弱点去说服。如有必要，也可以进一步向共同上级汇报，或由最高管理者进行协调，但这种情况非常少，亦非有效率的工作方式。

四、法务部门与业务部门沟通之“术”

言及法务部门与业务部门沟通之术，首先，法律部要了解商业，了解业务，了解所服务的业务部门（所谓“法律展业三原则”）。律师，尤其是商业律师（commercial lawyer），不能仅仅只懂法律，还要对商业问题有相当的知识、经验、洞察与判断。将对于商业的洞察与法律知识和经验结合起来，这样提出的建议才有针对性和可操作性，绝不能闭门造车。其次，保持定期沟通。例如定期参加业务部门的管理会议，了解他们最新的商业考虑、外部经营环境的变化会怎样影响他们业务的运行，有哪些机会和挑战等；同时，也需要更主动更多地了解业务部门对法务部的期望。

五、法务部门对外部律师的期望与沟通之“术”

法务部门对外部律师的期望通常包括：首先，期望外部律师在相关专业领域业务能力精湛。这种精湛体现在合伙人和律师具备良好的职业操守上，并且其专业能力与经验是业界一流的。其次，律师事务所或外部律师要对商业有比较强的理解力。这是中国律师需要加强的地方。优秀的商业律师对商业的感觉非常好，能够马上抓住问题的关键，并且将此等对商业的敏锐感觉与洞察与其法律知识和技巧非常有机与紧密地结合起来，浑然一体。最后，律师或合伙人愿意与法务部门良性互动，双方的节奏和思路合拍。一般而言，无合理原因频繁更换外部律所与律师并不值得倡导，因为外部律师与法务部门是一起战斗，逢山开路、遇水搭桥的团队，其对彼此期望的理解、相互的化学反应及信任都是比较宝贵的财富，不宜轻易丢弃；虽有前述，但平时还是应该多出席研讨会、多拜读外部律师写的文章或作的报告，力争抓住那些让人眼睛一亮的外部律师与律所。

与外部律师沟通之“术”，一般情势下都是用在一些非常重大的交易或比较棘手的争议解决事务即诉讼与仲裁中，他们会帮助起草一些高质量的文本，或基于他们丰富的交易经验或诉讼仲裁经验提供一些建议。作为公司法律部，首先，自己要对相关业务领域有相当程度的了解，这样与外部律师沟通的时候，对方会觉得很舒服，是在跟一个内行合作。其次，要发挥引领的作用，引导外部律师了解你所处公司的商业实践，包括引导他把自己的法律服务、法律建议和商业实践紧密结合起来。比如外国投资者战略投资上市公司，律师写了很漂亮的 memo（备忘录），但最核心的如何避免同业竞争问题却没有充分涉及,而这对于业务部门来说,是一个至关重要的问题。这时就要引领外部律师将其思考和研究的方向精准定位,而不能泛泛而谈。

六、法务部领导的角色定位与必备素质

总体而言,公司法律部领导的角色有这样几个方面:第一,他是公司整体上所有法律风险的总管理者,这是一个基础的角色;第二,他是公司整体发展战略的重要制定者和建立者,包括并购、业务重组、知识产权、劳动用工的管理等;第三,他是一个很好的人事经理,需要帮助团队不断成长。

基于上述角色定位,法务部领导的必备素质有以下几个方面:第一,扎实的法律功底和实务经验,因为其首先要成为若干与公司业务密切相关领域的法律专家;第二,对商业有浓厚的兴趣和研究的热情,能够不断学习与自省;第三,领导力,这是其作为一个领导的基本素质;第四,精力充沛,因为法律部领导是一个高强度、高压力及高对抗的工作,对体力和意志力都有很高的要求。

七、对于那些不重视法务部门的企业的若干建议

考察这个问题,首先从大的时代背景而言,中国在发

展。法治社会的正常道路是，出现问题时应通过正常途径，如诉讼、仲裁来解决。到现时这个阶段及以后，在遇到法律风险或争议时，以过去那种靠人情、关系等非正常途径解决法律风险的空间会越来越小，甚至接近于零。有些企业领导习惯了“一人拍板”，用自己的方式解决问题。但这些经验随着时间的推移将无法延续与复制。随着执法越来越严格、客观，如果仍寄希望于过去的经验，就会被淘汰或遭受重大风险。比如近来热议的环保法，企业好像突然觉得严格了，其实法律一直在这里，只是企业自身合规的“欠账”太多了，一下弥补不上来。另外，一些企业在“走出去”的过程中，有时会面临很大的合规风险甚至处罚，也是因为企业没有将合规视为第一要务和底线，执迷于所谓“套路”、“捷径”或“本土经验”。

看向未来，可以确定的是：如果不合规，企业是没有前途的。比较有远见的企业家应该意识到这一点。一方面，国家法律法规不断完善，执法的力度、自媒体曝光等现代科技的监督力度都越来越大，对合规有更高的要求；另一方面，企业做大以后，必然会有跨国的投资，不可能永远在相对封闭的一个或几个国家和地区，所以必须达到严格的合规标准。

而法律部门要跟企业所有者、民营企业家讲合规的重要性，不能图一时之快。另外，进入欧美市场之前，要建议企业做一个合规评估，看看是否已经达到了相应的水平，因为欧美国家的经营环境和监管环境非常严苛。当然，良好的合规意识和环境还有待整个社会合规文化的进一步繁荣和强化。而企业法律部在其中应当起到应有的推动作用。

八、对法务部门未来发展的展望

毋庸置疑，法务部门的前景会越来越好。目前，虽然去全球化的趋势明显，但律所的业务反而越来越红火，这与监管环境变得越来越严峻是分不开的。这对公司法律部和外部律所来说都是好事情，律师的业务会越来越多，企业法律部也会变得越来越重要。我国执法力度不断加强的趋势，会持续推动法律部门的发展壮大。

当然，对企业法务部而言，挑战也会很大。比如，法律部新的工作议题会越来越多。以前的合规议题主要是FCPA、反商业贿赂等，现在又有一些新的合规要求，如GDPR、个人数据隐私、反垄断法、环境法、税法、海关法等，这些对法律部的要求也越来越高。另外，不断强化国际化视野和经验会变得非常重要。法务要坚持不断地学习，终身学习。

九、对年轻法务的忠告

以下几个关键词对年轻法务来说很重要：

第一是踏实。这不仅是指学业的踏实，还指积累、丰富实务经验的过程一定要踏实。法律是一项精细的工作，经验的积累不可能是“跳跃式”的行进，而是要靠一个个交易、一个个案子来积累。

第二是终身学习。要使学习成为习惯。现在公司法律部面临的很大挑战是，一些老的部门法“重焕青春”，如国际贸易法、海关法变得很重要；同时，一些新的法规，如网络安全法、GDPR、电子商务法也非常重要，因此要保持终身学习的良好职业习惯。

第三是向前。大约从2016年开始，我们整个时代的监管环境都在不断地发生变化，企业法务面临的挑战也在不断发展变化。面对这样一个不那么阳光明媚的、非常考验毅力的阶段，企业法务一定要向前，不能停下，要不断完善自己，否则就会落后，被抛弃。

第四是平衡。这是指职业和业余生活的平衡，因人而异，但只有平衡才能可持续发展。

第五是良好的意志力和体魄。所谓能者最主要取决于两个因素，即体魄和意志力。强大的意志力是良好执行力的前提。

躲不过的追问

中国需要怎样的公司法律合规部?

公司法律合规部　总法顾问

热词

本文梳理了公司法律合规部在中西方的历史发展变化及其根源,并结合中国公司当前所处的时代背景以及愿景,总结了中国公司法律合规部实现其目标和愿景所应具备的四个方面的素质与能力。

一如中国现时之法制大多数源于西方法治国家，公司法律合规部亦属于舶来品。作为经济发展的“伴生物”与“保卫者”，公司法律部肇始于19世纪后半期的美国。是时，公司已成为美国大商业集团的主流组织形式，从而公司法律部乃至总法律顾问成为令人尊敬的公司职能部门与职位，直至20世纪20年代。但在20世纪20年代直至60年代，囿于当时比较松弛的政府管制，且许多商学院毕业生进入公司最高管理层，而他们更喜欢向外部律师事务所寻求法律服务，因此，公司法律部与总法律顾问于公司中的地位乃至公司商业运营中的重要性直线下降。所幸的是，自20世纪80年代至今，得益于政府管制的进一步加强，且跨国公司全球化运营进入当地运营（表现为更频繁地进入东道国设立合资公司或独资企业，乃至来自母国之外东道国的营收于全球营收所占比例与日俱增以至举足轻重）的全球化2.0阶段（对应于此前主要通过国际贸易并辅之以合资公司进行全球化运营的全球化 1.0 阶段）及不断地数字化，公司法律部与总法律顾问于公司中重拾重要性与显赫地位，其中还加入了合规的重要工作职责。时至今日，公司法律合规部及总法律顾问已成为公司治理结构良好的跨国公司不可或缺的战略性职能部门。

作为对比，公司法律合规部在中国的发展却并不“直线”。20 世纪 90 年代开始，它最初以合资企业或独资企业的 solo counsel 或 legal manager 形式出现。后来，得益于中国商务部关于外商投资性公司（控股公司）的规章颁布施行，使跨国公司于中国国内日益增多的投资、项目及业务运营活动可以借助前述投资性公司予以统一整合与管理，从而公司法律部得以有了个正式的名分与地位；又得益于 21 世纪初爆发的“安然”事件与一系列公司丑闻，合规于跨国公司运营的地位被提高到前所未有的高度，且合规亦漂洋过海来到中国；有趣的是，中国独特的商业文化与彼时仍不鲜见的“寻租”机会，使跨国公司母国推行至全球的合规制度在中国遭遇到前所未有的复杂和挑战（其中的典型案例如 Siemens 商业贿赂案与 GSK 商业贿赂案件等），从而更加得到重视。近四五年来，随着中国经济由于种种原因由持续数十载的两位数增长滑落至个位数增长，经济结构调整与更新呈现出深刻乃至颠覆性的变化，民粹主义泛滥于全球主要经济体的逆风导致全球化进程举步维艰，跨国公司中国法律合规部的挑战变得更大：一方面，全球经济增长前景不明带来对法律合规部预算与成本的严格控制；另一方面，中国国内日益复杂与精细的法律制度以及跨境交易的监管环节日益复杂严苛，相关跨国公司法律合规部的工作已变成比拼韧劲与精准度的战斗。移目至中国国有企业，“走出去”浪潮刚过，又来一波更长期的“一带一路”浪潮，其间跨法域的交易、监管及于中国独特的国有企业法律规制背景下的运营均构成对中国国有企业法律合规部前所未有的挑战（应对有方，亦为机遇）。再看中国民营企业，对于企业利润与效益的终极追求使民营企业早早将眼光投向海外大市场，然于亚非拉国家进行的主要以获取资源、矿产为目标的征程比较顺利完成后，民营企业于欧美发达市场经济国家的征途却难言顺利。其他暂且不论，其中一个至关重要的因素便是：中国民营企业法律合规部为公司全球化运营提供全面深入法律服务的经验极度缺乏，中国民营企业对法律合规部能力提升的要求与日俱增。

以 GDP 衡量，中国经济体已然成为世界第二大经济体，且如果万事遂愿，很可能会于 21 世纪中叶成为全球第一大经济体。此等现实与愿景都提出了以下核心问题：于前述背景下，中国公司到底需要怎样的公司法律合规部？推而言之，伴随着中国经济体体量由全球第二到全球第一的跃升，中国公司法律合规部作为国家的力量与国家“软实力”的一种，如何在学习乃至恶补市场经济法治国家良好实践与经验的基础上，为全球商业共同体提供既能与既有国际经济与商事惯例相共存的良好实践记录，又能引领新一轮以全球化为“定海神针”与宗旨的国际经济与商业法律与惯例的改进、优化及提升？

据笔者学力所及，由上述目的决定，中国公司法律合规部至少应具有以下素质与能力：①中西贯通；②法律实务能力与商业实践的无缝聚合（Fusion）；③跨界至人文与前沿；④全球化视野与格局观及领导力育成。

针对上述素质与能力，笔者将于下文一一分析之。

学贯东西

为什么中国公司法律合规部必须具备中西贯通的能力?

热词

全球化 全球商业规则体系 中西贯通 能力培养

此文为“法总系列”的第三篇。作者从英语、英美法系及其法律实务群体的优势以及全球商业规则体系的“西方化”三个方面，分析了中国公司法律合规部必须具有中西贯通能力的原因，并在此基础上，依托自身的经验，对于如何获得并保持此种能力，提出了极具针对性的建议。

言及中国公司法律合规部必须具有中西贯通能力，笔者犹记从法嘉创始人暨 CEO 周欣如处获知的对复旦大学法学院教授暨中国国际经济法第一代巨擘之一董世忠先生的拜访经历。董先生虽早已过古稀之年，但仍精神矍铄，眼神清澈得像个孩童。关于当年编写“法律英语”教材的初衷及中国公司法律合规部的中西贯通特色，董先生回忆到：时任国家领导人之一的汪道涵先生与董先生商议，中国律师在国际舞台上谈判要配翻译，这种情况不可持续下去，因此复旦大学法学院的孩子们要学法律，也要学法律英语！董先生无任何推脱，立刻主动领缨编写高质量的“法律英语”教材，以供培养之需。作为读着董先生等诸位中国国际经济法第一批学术巨擘的诸多国际经济法教材与专著长大的法律人，笔者不禁感慨：中西贯通乃中国法律前辈们早已指明的道路，现时不论所谓“去全球化”的逆风侵袭，中国法律人仍应继续秉承中西贯通之宗旨，继续坚定地支持并拥抱全球化。

具体而言，中国公司法律合规部为何必须具备中西贯通能力，除其他外，笔者以为，主要背景与理由如下：

1. 英语于全球商业世界里的垄断语言工具地位。上海国际仲裁中心仲裁员汪灵罡先生曾于法嘉举办的“与清澄君（张巍先生）资本的规则 II”新书签售交流会的探讨中一针见血地指出：英语于全球商业世界已然享有并将继续享有垄断语言工具地位，改变此等历史既成事实与现状，只存在理论上的可能性。

2. 挟前述 1 所述英语于全球商业世界里的垄断语言工具地位，英美法系乃至英美法域的法律实务群体（包括但不限于律师事务所与公司法律合规部）均一直于全球法律实务圈占据牢牢的优势地位，且此等优势地位有增无减（根据 Vault 每年的全球律所排名便可知悉）。

3. 全球商业规则体系的“西方化”（很大程度为英美化）特征依旧明显，且短期内难以褪除。从世界经济全球化发展历程来看，英美及其他西方发达市场经济法治国家的商业公司最早开始全球化进程，其间积累了诸多丰富的跨国商事交易的实践教训与经验；进而通过创设相关国际经济组织如世界贸易组织、世界银行、国际货币基金组织等，并将前述跨国商事交易的实践经验进行提炼，上升为国际经济法律规则与惯例，使之得以制度化。根据目前主要的跨国商事交易所涉及的法律规则与惯例来看，不能不说西方化（很大程度为英美化）的特征仍然非常显著。最明显的一个例子便是国际银行交易多选择英格兰法或纽约州法作为准据法。究其原因，莫过于前述两法域对于国际银行交易的丰富经验与精妙规制。对于此等现实，笔者认为，无须从道德的高度予以褒贬评价，现实是，如果需要参加“游戏”，就必须遵从这样的“游戏规则”，否则国际商事交易就会成本巨大甚至无法交易。进一步来说，鉴于市场经济发展与全球化发展的一般规律与经验，各国相关民商事立法乃至特定部门法领域的执法实践，均呈现出趋同化趋势，特别是对发达市场经济法治国家的学习与借鉴，其尤为甚。其原因在于，市场经济规制的一般规律推动各国民商事立法部门对于优秀立法实践的相互学习与借鉴，亦延及特定部门法领域的执法实践趋同。例如，现时中国的统一反垄断法执法部门市场监督管理总局反垄断局，对于欧盟相关行政执法实践的学习与借鉴，体现在经营者集中申报、横向限制竞争及纵向限制竞争诸多方面。

基于前述理由，中国公司欲走向真正的高质量全球化运营，除培养中西贯通的法律合规部人才以适应跨法域全天候运营需求外，别无他途，且民营企业与国有企业亦概莫能外。即便相关民营企业或国有企业只在或主要在中国国内运营，但全球商业世界里的供应链与价值链，乃至中国法律监管规制框架向发达市场经济法治国家的借鉴与学习于自身体系中的体现与反映，也对于相关中国公司构成不可忽视的影响。易言之，全球化发展至今，纯“国内”业务已越来越少，除非由于种种原因较为封闭的法域才能实现自我发展。

既然中国法律合规部需要具备中西贯通能力，那么，中国公司法律合规部如何培养并保留此等中西贯通的能力呢？以个人的有限经验，笔者以为，可以从如下几个方面着手：

1. 打造强悍的母语中文与法律专业英语的运用能力。承前所述，由英语于全球商业世界里的垄断语言工具地位决定，任何一位中国法律与合规部的有志青年才俊，无论是从个人职业发展角度，还是于合规前提下使公司商业利益最大化的角度，均需要掌握强悍的母语中文与法律专业英语的运用能力。之所以提母语中文，是因为这么多年以来，大家一直在强调英语，到头来英语没学得特别好，母语中文能力反而急剧下降，而母语中文能力的下降，意味着于中国境内的法律工作丧失了一个强有力的有效沟通工具，其结果便是，小到给政府监管部门的书面沟通不够顺利精准，大到相关诉讼文书无法写得强悍有力。再来说说法律专业英语的运用能力。囿于中国国内有限的语言环境，法律专业英语运用能力的培养一直是个难题，即便是曾留学英美主流法律教育国家的才俊，回国后如果不注意保持，亦会面临专业英语能力下降的风险。当然，得益于互联网与全球化，法律专业英语运用能力的培养倒并非无路可走，多利用丰富权威的互联网智识资源研习原版英语法律资料、案例及学说，多多利用国际顶尖律所与国内红圈所的相关培训与网络讲座（webinar）等手段，仍然是打造强悍法律专业英语运用能力的有效途径之一。

2. 高度重视国际经济法律规则与惯例的学习。虽然现时“去全球化”思潮逆袭，但作为公司风险管控核心部门的法律合规部，仍应认识到：即便“去全球化”逆袭，但目前支撑全球经济发展与商事交易的诸多国际经济法律规则与惯例仍然是交易稳定性、安全性及可救济性的基石，应该根据公司自身业务的价值链、供应链及发展战略，切实加强对相关领域国际经济法律规则与惯例的研究与把握，多做预见性知识与经验的积累与储备。

3. 着力于主要市场经济法治国家关键部门法领域的研究与掌握。如上段所述，“去全球化”浪潮中，除其他外，最明显的一个特征就是，全球各主要发达市场经济国家竞相加强国内立法乃至强化国内立法的“域外管辖权”（某些情势下亦称“长臂管辖权”），以实现所谓“国家安全”或其他政治目的。此现实决定了中国公司欲于相关主要市场经济法治国家取得商业成功，在相关国家的合规便成为头等大事与基础性工作。此任务要求中国公司的法律合规部不应仅局限于中国国内的合规，遵守相关国际经济规则与惯例，更要求公司对自身公司已有或将有的商业经营活动的主要市场经济法治国家的关键部门法领域有相当深入的了解与掌握，审视公司于该等国家的商业模式是否包含合规风险，并以此为基础设计实施相关合规与风险管控制度。

4. 时时注意培养自身法律合规部的全球化视野与格局。大家应该意识到，今日之商业世界，纯国内商业活动已越来越少，任何商业公司欲取得成功，借鉴发达市场经济国家丰富商业经验并致力于国际化拓展为必由之路。由此也决定了作为为自身公司保驾护航的法律合规部，应时时注意培养自身的全球化视野与格局，无论是对全球新兴商业模式的研习，还是对不同法域立法、执法实践，法律文化，商业文化的学习与适应，都应随着公司商业版图的拓展而不断更新提升。

想说爱你不容易

中国公司法律合规部如何实现法律实务与商业实践的无缝聚合(Fusion)

公司法律合规部　商业实践

热词

企业的法律合规部应与商业实践无缝聚合,在当前形势下,其不仅是一个口号,亦有现实基础。这便对公司法律合规部的人员提出了更高的要求。本文作者结合自身经历和实践,重点分析探讨了要实现这一目的,公司法律合规部可以采取的措施。

时下，随着中国公司法律合规部的蓬勃发展，法律合规部应作为商业伙伴，将自身法律实务与商业实践无缝聚合，已渐成快被喊烂的口号。然现今情形，许多口号被喊烂，但其中道理倒并未吃透，从而贯彻执行亦成为难题，例如，“承诺”漫天飞从未被兑现、“减负”喊破嗓但越减负担越重等，不一而足。知易行难，本篇小文拟对此问题做些分享与探析。

一、为何？

为何法律合规部应作为商业伙伴并实现自身法律实务与商业实践的无缝聚合？究其本源，笔者以为，大致有以下几方面背景：

1. 现代商业公司的终极使命

一如通用电气前传奇总法律顾问 Benjamin Heinemann 在其 *The Inside Counsel Revolution*

著作中精辟总结，“The core mission of the modern, global corporation is the fusion of high performance with high integrity and with sound risk management”（笔者中译文：现代全球性公司的核心使命在于其优异业绩表现与高度诚信及完备风险管控的聚合）。易言之，现代商业公司的核心使命在于，基于高度诚信与完善风险管控的优异业绩表现。此等使命应适用于公司每一部门，无论是业务部门还是职能部门，包括但不限于法律合规部。法律合规部理应为公司的业绩表现持续作出贡献，而欲作出此等贡献，与业务部门结成紧密伙伴关系是最重要的初始一步。

2. 公司法律合规部对公司的法定与天然“依附关系”

不同于不与公司建立劳动雇佣关系的外部律师，公司法律合规部任职人员作为与公司建立劳动雇佣关系的公司员工，在基于公司律师职业操守与执业规则为公司提供法律合规服务的同时，亦与公司存在法定与天然的“依附关系”，从而决定其提供的法律合规服务，最终应于合法合规前提下使公司的商业价值最大化，欲实现前述目的，自身法律实务与商业实践的无缝聚合是必要条件。

3. 外部律师的双重局限

从实践角度着眼，外部律师为公司提供法律合规服务时，至少存在双重局限：首重局限在于外部律师基于自身风险责任考量，一般倾向于从保守角度提供相关法律合规服务；二重局限在于外部律师对客户公司的商业实践于许多时候无法做到“身临其境”，导致其提供的法律服务对客户的商业实践在某些特定情势下难以完美契合。因此，基于自身熟悉公司商业实践的优势，公司法律合规部提供或调适外部律师的法律合规服务，以确保更妥帖地与公司商业实践聚合，就变得尤为重要。

二、如何？

简述完为何公司法律合规部必须实现自身法律实务与商业实践的无缝融合后，以下便着重分析如何实现：

1. 自我定位：合规前提下的商业目的促成者乃至实现者

战略上，法律合规部必须有清晰明确的自我定位，而此种定位扎根在“合规前提下的商业目的促成者乃至实现者”，可谓最为透彻地体现了前述通用电气传奇总法律顾问对于现代商业公司使命的精练概括。定位于此，则意味着法律合规部将不能仅仅以法律与合规风险的甄别、预防及消除为唯一工作目的，甚至特定情势下也不能是最重要的目的（与商业目的相比），而应在前述基础上，思考并落实如何运用自己的法律专业智识与经验，促成乃至实现商业项目。依据笔者有限的经验，于日常法律工作中，始终带有"商业目的促成者乃至实现者"的理念，处理日常法律事务和/或并购重组等交易性项目，在观察问题的视角、具体法律建议的研究乃至解决方案的提出上都会更加具有活力与进取精神。笔者亦曾与团队伙伴们做过一个测试：一份并购购买协议（Sale and Purchase Agreement，SPA），如果不在必须于规定时间内把交易做成的压力环境下，则团队伙伴们揭示的法律合规风险点会比于规定时间内把交易做成的压力环境下提示的法律合规风险点多出许多；交易交割后复盘，往往会发现前者情况下揭示的一部分法律合规风险点只存在理论上的可能性，甚至是在团队设想的最坏情况下才可能出现的。展开来说：不同于外部律师，公司法律合规人员对于交易或日常业务中法律合规风险的判断，往往又非常准确地体现了相关人员的社会阅历、见识、对公司商业实践的洞察程度与能力。易言之，最棒的公司法律合规人才，不是能够揭示所有风险的人，而是能够揭示会切实伤害公司商誉与运营实践的特定风险并能提供具有实际可操作性解决方案的人才。

2. "外科"与"内科"本领兼具

言及成为商业伙伴，通说认为，公司法律合规部应深入了解公司内部商业实践与组织内各部门的协作博弈。此种"内科"本领对于公司法律合规非常重要。然运营于时下VUCA（volatility, uncertainty, complexity and ambiguity）时代，仅仅具备"内科"本领恐远远不够。之所以有此推论，是因在VUCA时代，去全球化逆风侵袭，各法域竞相增强本国立法（许多时候乃至"以邻为壑"）强化本国监管，从而公司运营的外部监管环境与政策越发重要；进一步就中国而言，得益于近年来政府权威的持续增强，一般民商事领域的法律执行刚性显著增强，以及社会舆论对于一定领域内公司运营不合规乃至非法现象的强大监督，公司法律合规部的"外科"本领面临更高要求，其不仅要对中国现时外部监管环境与政策有更清晰的理解与认识，亦需对世界主要经济体的重要部门法有一定程度的了解，以配合中国公司"走出去"的实践。

3. 战略引领型顾问

时下，工作之余，笔者不时与一些公司的法务合规同行交流。大家共同的感慨是现在业务不好做，以前依赖自身的先进技术与市场营销手段便可以比较平稳地得到不错的利润；而眼下市场竞争越发激烈，国外的其他竞争者与本土竞争者纷至沓来，加之中国政府治理与管制结构正在经历深层次的变化，许多CEO感觉到迷惑，在此形势下，公司法律合规部所提供法律服务的战略性与引领性便越发重要。某种程度上，能够处理好日常法律合规事务、法律文件及争议解决的法律合规部只能算是及格，因为更难、更高端的法律合规部工作在于其所提供法律服务产品的前瞻性与引领性。例如，数字化已成为中国商业公司必须得拥抱的商业范式，公司法律合规部的基本层次是如何以自身的法律合规专业智识，确保公司的数字化实践合规；而在公司法律合规部的战略引领性层次，便是如何与公司的其他部门紧密合作，使公司的数字化实践聪敏，而不是因数字化而使商业流程更加烦琐复杂，甚至还造成风险频发的局面。如前种种，皆对于公司法律合规部的终身学习与战略思考能力提出了巨大挑战。

4. 公司法律合规工作的灵敏性与动态性

数字化时代信息传递迅速，导致商业公司研判、决策及实施的速率显著加快，所谓“天下武功，唯快不破”。于此背景“压迫”下，公司法律合规事务处理的灵敏性与动态性提升就陡然变得迫切和重要。君不见，公司总法给管理层的邮件与法律建议已越来越多地采用executive summary（执行概要）形式。要点！要点！要点！已成为相关法律服务是否符合公司商业需要的重要指标。与前述相对应，公司法律合规部消化吸收研判相关信息的速率必须显著加快，律师工作通常的稳妥必须适当予以收敛。

5. 勇于并擅于跨界

某位法总有次与临退休曾服务过十年某集团大中华区的 CEO 交谈时，CEO 说：嗨，buddy，你知道吗？共事十年，我从未把你当成律师。在我眼里，你是个具备法律智识的生意人，不仅懂法律，还懂商业，懂人情世故，所以我们能高效合作。说得倒也是，该法总平时做项目，用其他部门同事的话概括，做着做着就成了 leader（领导）。笔者问过这位法总，他自己总结道：其一，公司管理层在工作研判与决策时，更多更习惯地把你当成管理者而非律师，如果你始终谨守自己法务合规的“一亩三分地”，最终很可能被边缘化。其二，任何一项商业动议与项目的完成，都需要管理者综合运用各方面的知识与经验服务，由此来看，做并购的不懂基本财务知识从而不懂估值，对于充分参与并购全过程是巨大障碍；起草商业合同不懂条款背后的税法隐含意义，则无法起草一份具有实践价值且税收合规的商业合同。其三，勇于跨界重要，而擅于跨界更重要。法务仍然应该紧紧围绕自身的法律合规专业本行，慢慢拓展其他相邻专业，例如税法、基本财务会计知识等，日积月累，终身学习。

6. 领导力与担当

随着现代商业社会中公司法律合规部的作用日益重要且能力不断增强，其在公司取得与财务部相似的地位已成可能。而此等地位提升的背后，是对于公司法律合规部领导力与担当的迫切要求。一般而言，得益于严苛的法律专业与实务训练，公司法律合规部的智力水平与工作能力皆为良好；另一方面，由于现代商业公司运营的各方面均涉及法律规制，公司法律合规部通过自身的专业智识并适当跨界，从而展现自己的领导力，亦有现实可能性。因此，公司法律合规部稳步培养并夯实自身领导力，勇于担当，才是最终高效履行公司管理者职责的不二途径。

最后有必要指出，由法律专业人员的职业纪律与执业操守决定，将自身法律实务与商业实践无缝聚合，与公司法律合规部担当的“公司卫士”使命，在特定情势下仍然存在张力，因此，如何平衡前述张力，便成为始终伴随公司法律合规部的重要命题，并必须得到有效解决。

跨界有理

中国公司法律合规部跨界之初探

公司法律合规部　公司律师　跨界

热词

●●●

公司法律合规部在公司中的重要性日益凸显，涉及的事项也越来越多。法律合规部是否就注定是公司所处商业战场上的“清道夫”呢？法律合规部是否需要跨界呢？如果法律合规部担当“清道夫”是一种注定从而跨界不可避免，如何做个“贝肯鲍尔”式精明而睿智的“清道夫”呢？

又是一年岁末，辛勤劳作了一年，与圈内法总不时约约小饭局，喝点小酒，吐吐小槽，其中不时在耳边出现的便是“公司法律合规部的工作越来越难做了，人手与预算不加，但要管的事儿却越来越多，从网络安全到拆迁补偿再到处置离职员工恶意骚扰诽谤乃至社交媒体舆情，公司里貌似没有不跟公司法律合规部搭界的事儿”。法律合规部是否就注定是公司所处商业战场上的“清道夫”呢？法律合规部是否需要跨界呢？如果法律合规部担当“清道夫”是一种注定从而跨界不可避免，如何做个“贝肯鲍尔”式精明而睿智的“清道夫”呢？以下小文力图对前述问题做些初步探析。

一、公司法律合规部执业与外部律师执业的迥异性

先说外部律所。通常而言，在向公司客户

提供的两大类法律服务即争议解决事务（包括诉讼、仲裁及替代性争议解决所谓 alternative dispute resolution，ADR）与非诉法律事务中，外部律师均作为公司聘请的专业法律顾问提供前述法律服务。于此背景下，其一，公司与外部律师所任职的外部律所仍是两个法律实体之间的关系，从而彼此的责任区分与风险防范是必须要考虑的重要因素，因此外部律师在提供法律服务的过程中，必须将风险管控放在重要位置（即便不是最重要的位置）；其二，依据相关律师管理制度，外部律师及其所任职外部律师亦面临执业责任的严格要求。由前述情况决定，外部律师在向公司提供法律服务时，更多地倾向于严格紧扣相关法律条文提供法律服务，跨界至其他领域如财务、税务等领域，在大多数情势下是不敢考虑也不能考虑的事宜。

迥异于上述外部律师的执业方式，公司法律合规部在提供法律服务时是基于公司雇员的身份，因此前述适用于外部律师及其所任职律所的法律实体之间的关系与考量不再适用。进而，对于公司律师的执业责任，中国目前尚只明示适用于国有公司兼参照适用于民营公司的公司律师试点（请参见司法部于 2019 年 1 月 1 日颁行的《公司律师管理办法》），而对于跨国公司法律合规部的相关规定，尚付阙如，故总体上对于公司律师的执业责任仍处于探索试点阶段，且尚存空白。更重要的是，在公司商业运营中，公司律师的律师身份往往被无限淡化，而其作为管理人员(manager)的身份大多数情况下则被无限强化，从而商业公司里适用于其他管理人员(如财务部、人事部、采购部)的要求对其亦同样适用，现代商业公司追求的一系列商业目标与价值例如合规前提下的价值最大化、高利润增长、业绩数字驱动(number-driven)、高灵敏度(agility)且高精准度地解决问题均适用于公司法律合规部。前述种种，均使公司法律合规部在很大程度上无法享受外部律师的“独立性”与所谓“执业责任”的庇佑，必须与公司一起义无反顾“风里来、雨里去”去“战场上打仗”且受公司商业目标与价值观(所谓“战场生存与胜利法则”)的严格约束。既然“打仗”涉及公司生死成败，那么在瞬息万变的“战场”上，不仅要会“开枪”，还要会“放炮”，必要时还得去“开飞机”；另外，法律合规部与其他部门的协同也变得至关重要，正所谓兵家所述“步坦协同”“空地协同”“海陆协调”，从而“跨界”成为必需。

二、“内跨”与“外跨”

作为定义，“内跨”意指公司法律合规部于公司内部的跨界；“外跨”意指公司法律合规部于公司外部的跨界。

据有限观察，决定“内跨”的范围与进路的因素，除其他外，最主要的是公司所处行业、业务发展模式及发展战略。试举一例，如果一家商业公司采取的是自身有机销售增长（organic sales growth）与并购驱动业绩增长的“双轮驱动战略”，则并购势必将成为公司法律合规部的日常工作，因而对于并购涉及的估值、税务筹划与其他相关因素驱动下的交易架构设计与优化，经营者集中申报涉及的相关市场界定、划分、市场份额计算（非并购交易情况下是市场部的工作职责与范围）等，将成为公司法律合规部不得不跨入的领域。而一家主要依据自身有机销售增长的公司，一般而言，其买卖交易与供销交易频次更高，因此，其业务发展模式中涉及的税务、交易结算安全（例如票据等）、销售合规及经销商管理，决定了公司法律合规部必须得跨界进入税法、银行与支付、销售市场活动领域。总结而言，公司法律合规部“内跨”跨哪些领域、跨入的进路及跨入的程度，需要公司法律合规部基于对自身公司业务的全面深入洞察而确定，并不时随公司的业务发展而调适。

言及“外跨”，最主要的是指公司法律合规部对相关其他法域核心法律与执法实践的学习与了解，从而真正做到跨法域工作与协同。而如何确定“相关其他法域”的范围与跨界的方式，与前述“内跨”相似，仍然主要取决于公司的业务经营范围，公司海外子公司的运营范围（business footprints）、运营模式、发展战略及所处主要海外法域的法治成熟程度等。例如，如果一家公司主要于亚非拉相关法域运营，一般而言，公司法律合规部需要做的更多的是了解熟悉当地的商业文化与实践，避免在当地发生合规风险（陈述事实，不带任何歧视）。而如果一家公司主要于欧美发达市场经济法治国家运营，则全方位深度合规便是决定公司生死成败的问题，故对于相关法域的主要商业组织法律体系、商业交易规制框架、商业文化，皆须逐步积累认识。有必要指出，前述分析与区别对待策略必须保持其灵敏性与动态性，因为在 VUCA 时代，每一法域的法律规制环境变化，都是动态乃至剧烈的。行文至此，作者想到了作者负责的韩国，自现任总统履职后，法律规制环境急剧变化，相关法律与合规挑战也急剧增多、变大，致使作者不得不老老实实地开始学习了解韩国的核心商业法律与执法实践。

有人可能会问：公司运营范围遍及全球，如何能够每个法域都有所了解呢？此处，公司法律合规部就必须展现商业的精明与势利（“势利”此处不带贬义，做中性词使用），主要还是基于各法域的相关销售额与发展前景，并区分轻重缓急予以处理。销售额大的且发展前景良好的，予以重点关注；而对于销售额刚起步的且发展前景尚不明朗的，暂且不妨主要依靠当地律所与当地公司业务伙伴，并定期予以检视。

最后关于“外跨”的深度，法律更多的是一种“当地化知识”。欲达精通，必须经年累月浸泡其中，即使于海外法域接受严格的法学院教育例如LLM乃至有一定程度的实践，仍无法达至专业水准。因此，中国法律合规部的“外跨”，更可行的是一种概括性与全局性的了解与把控，目的也仅在于公司商业目的跨法域协同化作战的需要，而非事无巨细从战略大局到“魔鬼”细节都要把控。承前所述，公司法律合规部可以充分利用公认国际性律师事务所的丰富国际视野与资源来掌握了解相关资源，包括但不限于其行业研究报告、相关专题报告乃至与相关合伙人的定期面谈，必要时，亦需充分利用数字化时代的丰富数据加强自我定期学习与了解。于此，笔者获益较多的是美国Vault 100所列律所网站、英国魔圈所资源、Get The Deal Through、LexisNexis、Lexology等及各种真正富有“干货”分享的研讨会。

三、跨界而不越界

跨界虽为必需，然为避免公司办公室政治乃至地皮战(turf war)之虞，仍需始终秉承跨界而不越界的终极原则。依据作者有限经验，有以下几点可能值得注意：

1. 持一颗公心——公司法律合规部的所有跨界皆须紧紧扣住“于合规前提下使公司商业价值最大化”，而非其他，不是为“出风头”或“抢地皮”等目的。

2. 适时展现法律合规部的领导力——公司里各职能部门最终组合在一起协同作战，领导还是要有的。如果法律合规部不仅具有跨界的勇气，也具有跨界的能力，不妨适时站出来领导团队出发，打破“最初一公里”的静默。

3. 做C位之事莫抢C位之功——公司法律合规工作既是工作，亦是修为与修行。如果法律合规部跨界帮其他部门做了C位之事，接着去抢C位之功，则多半不会善终。举例而言，法律合规部成功主导了与政府的扶持政策与优惠谈判，给公司带回来满屋子的钱，最终可能公司财务部和/或公关部去上报，那么大度便是公司法律合规部必需的修养；另外，法律合规部亦应充分相信成熟公司的最高管理层最终会认可整个团队协同的功劳。

4. 于梗阻或摩擦时适时上报。团队协同时难免有梗阻或摩擦，可能是因为“天灾”，例如外部监管环境的严格或具体执法人员的蛮横，也可能是因为“人祸”，例如“公司动物”(corporate animal，作者于本书专业编中的跨境并购系列也曾提到过此等人群)，此时应及时上报求得共识的达成，并继续引领团队向前。

跨界不易，跨界艰辛，然为公司利益，不跨不行。无论“内跨”或“外跨”，皆须跨界而不越界，最终在更好地成就公司的同时成就法律合规部。

无关乎位子　无关乎票子

中国公司法律合规部领导力育成随想

公司法律合规　领导力

热词

作者基于对公司法律合规部领导力的定义和自身及同行法总的经验，讨论分析了公司法律合规部领导力的五点内涵与要求，并认为，领导力应自自我领导始，方可育成。

在于欧洲西班牙 IESE 商学院接受高级管理培训时，作者问了课程的项目总监先生一个问题："商学院到底教啥？"项目总监先生回答道："咱啥都不教，只教一个：leadership（领导力）！"伟大的公司必然有伟大的领导，伟大的领导必然有卓越的领导力。那么作为公司组织体不可或缺部分的法律合规部，领导力亦必须是其需要时时面对的终极课题。本篇小文便来絮叨一二。

一、何为领导？何为领导力？

何为领导？简单来说，领导就是位子比你高票子比你多的人。何为领导力，领导的能力？错！所谓领导力，意指把握组织的使命及动员人们围绕这个使命奋斗的一种能力。这是作者比较认可的一种定义。

若将上述定义置于公司法律合规部所处

的公司生态系统中，则领导力可以类推为：以公司愿景、价值观、战略及商业目标为指引，把握自身公司法律合规部的使命，并动员公司法律合规部的每一位成员为之奋斗的能力。

二、领导力内涵与要求

概括完领导力定义，深入探究领导力的内涵与要求，却是一幅别样的乃至充满挑战与艰辛的图景：

1.Ownership（认领感）

所谓认领感，放在公司法律合规部的情境中，就是把公司当成是自己的，于提供法律合规服务的过程中，关注公司的商誉，更关注每一分钱预算的花费等，一切为公司利益考量。此种思想状态对于公司法律合规部提供服务的主动性与精准性至关重要。作者有一位法总朋友介绍说，他自己一直要求负责快速消费品事业部的法律顾问，在完成市场部的新产品广告合规审核后，要多加一项工作：思考如何妥善且尽可能使用完即将被替换的包装材料，再切换至新包装。在他看来，其公司快速消费品销售额大，一版印下去就是几百万元，所以应务求老包装材料使用完毕再上新品，即使这意味着法律合规部需要敦促市场部与营运部统筹协调生产计划与切换计划。这位法总朋友还盛赞部门里的一位擅长做交易文件的同事，因为他每次写 SPA 时，一定要坚持将对方需最终承担的增值税包括教育费与地方附加成本写入文本，并于谈判桌上苦谈达成方心满意足，其理由也是：都是公司的钱，在不影响谈判大局的情况下，坚持一下，对方也就认了！

2. Self-sacrifice（自我牺牲）

领导可能光鲜，但领导力于很多情势下意味着自我牺牲。得益于中国公司法律合规部能力于近年来的迅速提升，其所具备的业务能力越来越强，甚至某些新业务领域的智识经过学习也能够有一定程度的掌握，从而更好地与外部律所配合，高效完成工作。既然有法律预算摆在那里，是自己做一部分，还是全部外包给外部律所做个"潇洒"的甩手掌柜，就是考验公司法律合规部是否具有自我牺牲精神的时候了。前述法总曾鼓励并特地安排部门一个年轻同事专门拓展自身于银行融资与票据法方面的专业智识。在他看来，银行融资与票据法方面的专业工作肯定还是要交给外部律所来做，但这位同事如果通过自身学习对相关领域有所了解，她就会掌控好外部律所的工作范围，从而最终确保法律账单比较合情合理。除其他外，"惊叫账单"产生的一个重要原因，就是公司法律合规部对于相关问题甚少了解，从而不得不全部外包，无法安排外部律所高效工作。

3.Self-discipline（自律）与Grit（韧劲）

与外部律所相比，公司法律合规部所面临的挑战比较大，一方面，为保持充沛的精力与专注力，需要在自身作息与时间管理上如外部律所一样自律；另一方面，不同于律所，处于商业环境中的公司总少不了许多商业应酬，不但要出席，还要充分投入其中（staying engaged），否则会显得不合群，乃至被误读为缺乏团队精神。作者观察到某几位卓越法总通常采取以下策略：其一，于可能情势下，尽量把商业应酬时间往周五挪；其二，万一无法挪，当夜就适度饮食，例如不吃牛排羊排类或油炸食品，亦饮酒适度（牛排羊排类或油炸食品难以消化因而会影响睡眠与第二天的精力与专注度）。当然，一时自律不难，难的是基于韧劲的长期始终自律。于此，作者的有限经验是，韧劲固然需要，休假时不妨适度放松一下自我，原因很简单，人是平衡性动物，需要调适以求平衡，否则难以持续。

4.Role-modelling（榜样）

不说“榜样的力量是无穷的”这类套话，作者所熟识的法总们往往都是非常hands-on（亲身实践），即便其全球法总一再对其强调，那么大的辖区、那么大的销售额、那么复杂多变的事由与工作、那么大的队伍，一定要从法律合规专业工作中抽身，更多乃至主要做 people management（人员管理）的工作。何以至此？闲聊中，这些法总们无一例外都告诉作者：其一，是出于对法律合规工作的热爱；其二，法总若不“下地干活”，又怎知团队伙伴之辛苦与困惑，从而施以指导与帮助？又怎会洞悉公司法律合规工作面临的新问题与新挑战，从而给决策层以基于事实的扎实建议与战略性咨询？

5. Quest for excellence（追求卓越）

得益于中国企业“走出去”乃至到发达市场经济法治国家的一系列经验教训，中国法律合规部人才的集聚度、专业度及国际化飞速提升。于前述背景下，作者观察到，某些富有前瞻性且自我严苛的法总不仅对标同行里的翘楚，而且还嫌不够“刺激”，逐渐把自己以及自身法律合规部伙伴们的对比标杆下移至下一代的才俊，以其作为“假想敌”，比差距，找不足。这样一来，他们一方面能更深地扎根于中国公司法律部的业务实践，扎实研究其中层出不同的新问题、新商业模式；另一方面持续拓展自身国际化视野，学习主流市场经济法治国家的核心商事法律与实践，从而逐步培养提高自身的跨法域工作能力与经验。问及原因，回答很简单：要对标的“假想敌”只能是“F-22 猛禽”，不可能是印度的LCA，这样才最终不会掉高度！

三、从自我领导开始

虽然自上述而言，领导力内涵与要求图景不那么美，甚至充满挑战与艰辛，但若仍执意培养领导力以求最终育成，作者认为，初始第一步也是最重要的一步，便是从自我领导开始。盖因领导力此等大事，唯发自自身内心，方可真正育成，且可持续。

置于公司法律合规部的情境下，自我领导意味着秉承Ownership（认领感）、乐于Self-sacrifice（自我牺牲）、时时Self-discipline（自律）保持Grit（韧劲）、勇于Role-modelling（树立榜样），最终追求卓越，认真对待每一份法律文件，关注每一笔交易款项与花费，对标高层次“假想敌”，最终成就最好的自己与法律合规部，并助力公司。

人间四月芳菲尽　山寺桃花始盛开

记暗流涌动的中国公司法律合规部

热词

公司法律合规部　外部律所　变化　挑战

本文认为，中国公司法律合规部正在发生或经历比较深远的变化，其将持续对中国法律实务界（外部律所与公司法律部）构成战略层面的挑战。文章分析了变化的体现、缘由及其对于外部律所的挑战，以及法律实务界迎接这一变化和挑战的策略与方法。

又是一年暮春，回首今年伊始至今，于守岁声中跑完 2018 年“最后一公里”，便继续开始一年周而复始的紧张职业工作。一边继续作者在公司里的紧张工作，global deal（全球协议）、regional deal（区域交易）、local deal（本地交易）、公司成套法律文本更新、响水之炸后的 SHE 合规、数字化环境下的广告监管合规等，一边应邀但有选择地出席些研讨会与论坛，其间得以与各位法总、公司法律部同仁乃至外部律所律师一起沟通交流。其间最为深刻的感受便是：过去的三四年以来，中国公司法律合规部暗流涌动，正在发生或经历比较深远的变化，而且此等变化已经并将持续对中国法律实务（外部律所与公司法律部）构成战略层面上的挑战。如何有效应对此种挑战，抓住其中的机遇？这是摆在中国法律实务共同体面前的课题，且就在眼前。

一、暗流涌动

作者初次去拜访某A公司法总时，因是同行，故A公司法总开门见山地提及，现在不时发现以下有趣的现象：许多情形下，跨国公司法律合规部年轻律师的专业法律英语的沟通与书写能力非常好，至少不逊于相当部分的外部律所律师或资深律师乃至合伙人。作者基于自身经验亦深表赞同。作者又记起曾与B公司法总聊到的他亲历的一件趣事。当时他需要与某外部律所资本市场部的律师合作，研究并编制一份拟呈报于海外总部的关于外国投资者对中国上市公司战略投资的商业与法律相结合的PPT，因为是要给海外总部的大佬们以信心与鼓励（只有一次机会，让海外总部大佬们读着舒服地道的英文，透彻理解其中内容，项目才有机会），所以对于PPT英文表达的地道与专业有比较苛刻的要求。外部律所合伙人很敬业很用心，于百忙之中调集了资本市场业务组的资深律师来准备PPT，并与B公司法总及资深顾问一起讨论修改完善。但不论律所的资深律师如何努力，囿于其自身主要接触国内客户且从事的是国内资本市场业务，其英文表达总是欠缺一定火候。无奈，B公司法总只能请求该外部律所从其公司与并购组调来另一位英文表达精准且有一定资本市场经验的资深律师相助，方得以顺利高质量完成该项工作。

以上片段轶事，加之作者的有限行业观察，作者认为，近三四年来，中国公司法律合规部正在发生以下深刻而悠远的变化：

1. 公司法律合规部在公司治理结构中的地位越发重要。现如今，继跨国公司早已设立并稳步发展的法律合规部之后，国内民营企业与国有企业 亦纷纷设立法律合规部，从初始的“光杆司令”（Solo Counsel）扩展至几人、几十人乃至几百人，如某些“独角兽”公司的法律合规部等。这相当程度上得益于 SASAC（State-owned Assets Supervision and Administration Commission）针对国有企业在海外的一系列法律风险而对企业法律风险的高度关注及强力推动。伴随着团队的扩张，公司法律部在公司的话语权亦与日俱增。现时，就跨国公司而言，法律合规部明确说 NO 的事情能继续往下走的可能性基本很小；而在国有企业法律合规部对一件交易持否定立场的情况下，如果国有企业领导或管理层仍执意为之，则其除了需要承担法律风险外，还需承担巨大的政治风险。此等法律风险与政治风险叠，会对国有企业领导构成毁灭性的打击。民营企业法律合规部虽然可能于老板面前话语权略弱，但已日趋规范严格的外部监管执法环境以及难再找到政府领导“站台”或“背书”的现实，亦使很多民营企业老板不得不寻求合法合规前提下的变通办法以解决问题，而不能像以往直接逾法而执意行之。

2. 公司法律合规部的工作职责与执业范围在飞速拓展。早些年，公司法律合规部的最主要工作是“老三样”：合规培训与调查、合同起草与审核及管理外部律所与涉讼争议（主要是诉讼与仲裁）。现如今，受益于依法治国宏观方向的指引以及中国经济深度融入全球经济一体化进程，公司法律部的工作职责与执业范围已在“老三样”的基础上飞速拓展，从境内并购重组、资本市场、PE/VC到境外直接投资（outbound direct investment，ODI）、境外合规乃至各种从现实空间到网络空间的法律风险防范与危机处置，是实实在在的巨大飞跃！

3. 公司法律合规部的管理制度与体系日益精准化。君不见，现如今，稍有规模的公司法律合规部，从签字、授权、印章到合同管理，从争议解决管理到产品召回危机处置，从各种法律文件模板草拟与定期更新到法律文件流转过程，从反商业贿赂合规培训到反垄断合规培训，各种法律事务管理制度已一应俱全，且仍在不断自我审视完善中，更进一步，比较领先的法律合规部已尽情拥抱数字化，从合同的云存储与管理、合规网上培训与跟进、通用合同例如NDA（保密协议）等的自动撰写与生成到公司文档的云存储与利用，其技术手段之先进、效率之高令人赞叹！

4. 公司法律合规部的人才素质快速提升。作者犹记曾拜读过的通用电气的传奇法总Ben W.Heineman，Jr. 先生（自 1987 年至 2003 年担任通用电气资深副总裁与法总，此后自 2004 年至 2005 年担任通用电气负责法律与公共事务的资深副总裁）在哈佛法学院法律职业项目发表的一份题为“THE GENERAL COUNSEL AS LAWYER-STATESMAN”的蓝皮书中所述，“The General Counsel must build a world class legal organization...hiring the best possible global talent which includes both top-flight generalists（to head legal teams at profit and loss centers）and world class specialists.These lawyers must be capable of handling the most difficult matters facing the company on their own, and, as necessary, in forging strategic partnerships with outside counsel”。如果说 Ben W.Heineman, Jr. 先生基于当年通用电气事实上享有的业界西点军校地位（包括但不限于：C-SUITE、公司法律部）才可以聘用最好的人才加入公司法律部的话，那么现时，这个对于许多公司法律部而言，已不再只是梦想，而成为了实实在在的实践。得益于中国竞争残酷、且比较公平精准的高考人才选拔制度，进入法学院深造的聪敏学生越来越多，而且近年来去英美德主流法律教育国家留学深造的学子也越来越多（仅举一例：为核实候选人执业与求学资历，作者曾登录美国纽约州律师协会网站，查看通过纽约州律师资格考试的名单，其中中国学子数量令人瞠目结舌）。另外，相当一部分国际律所与国内律所对于年轻律师的培训持续强化。所有这些，使中国的法律实务人才呈现雨后春笋之势（同时亦与中国法学院更注重学术教育而导致的法律实务人才培养的严重落后形成鲜明对比）。现如今，只要公司享有较高美誉度且预算不构成太大障碍，觅得称心如意的高质量法律人才，对于法总来说是完全可能的。现实是，诸多有感染力有魄力的法总在悉心分析自身团队强项与短肋后，聘用国际或国内知名猎头，展开人才争夺战，欲将各种“红圈宝宝”“魔圈新星”一一收入囊中。作者发现，近年来，知名国际律所与国内红圈所常成为此类人才争夺战的牺牲品，导致许多知名国际律所与国内红圈所，在应客户需求选择外派律师时，会颇费心力地选派与客户不在同一城市的律师为其提供服务。依据作者一直秉承的原则，虽有法律保护的择业自由权，但着眼于良好业务合作关系的维护，作者对于一起合作的红圈所与国际律所的人才即便再垂涎三尺，亦会顶住内心的冲动，包括但不限于已经接到前述律所offer的优秀候选人。

二、暗流涌动的背后

凡事皆有因。前述种种涌动的暗流与变化背后，作者个人总结与分析，不外有以下几点主因：

1. 中国现时社会治理结构与监管环境巨大与深刻的变化。自 2013 年以来，政府治理结构与实践的法治化与规范化一直稳步前行，加之一以贯之的反腐高压态势，依法治国已于普通民商事交易乃至一般基层行政执法实践中得到不错的贯彻与执行，从而为公司依法治理与运行提供了宏观的清晰预期与导向，且走回头路的可能性越来越小。

2. 中国作为全球第二大经济体深度融入全球一体化进程的要求。仍以 2013 年为“分水岭”，2013 年前中国企业走出去，多数选择在亚洲、非洲、拉丁美洲的发展中国家打拼，而这些国家与欧美发达市场经济法治国家相比而言，囿于经济发展阶段、政局及其他相关因素，法制相对粗陋、执行相对灵活，“因人而异”欠缺预期性与稳定性。而自 2013 年起，中国企业携这些于亚非拉国家积累下的所谓“国际经验”正式全方位“杀”入欧美发达市场经济法治国家，结果多数碰了个“灰头土脸”。其中难能可贵的是，大多数企业痛定思痛，开始重新审视并构建自身海外经营合规体系，从而推动市场对于法律合规部门与人才需求的快速增长。

3. 市场经济“看不见的手”主导人才的流动。得益于中国民营企业海外经营的拓展与国有企业“走出去”的态势，在市场这只看不见的手无声无形影响之下，高层次高素质跨国公司法律部人才与外部律所涉外法律人才开始向民营企业与国有企业流动，并带来示范与涟漪效应，在市场调节人才流动中居功至伟。这些人才虽然不可能第一时间获得与在前雇主一样的重要地位，但总是迈出了第一步，且正行进在路上！

三、暗流涌动对于外部律所的挑战

如前所述，中国公司法律合规部前述正在涌动的种种暗流及其发生的深远变化，对于主要为其服务的外部律所已经构成了挑战。如果两方不能相携共荣（请见下述），此等挑战则会越来越不容忽视，乃至构成障碍。作者总结起来，主要挑战不外乎于：

1. 公司法律合规部的持续不懈专业化及随之而来的对外部律所专业化不断提升的要求

依据作者有限之行业观察，与通用电气法律合规部的专业化分工经验（公司法律合规部有相当一部分依据实务执业领域划分，例如专门的劳动法律师、并购律师等）相似，目前具有一定规模的公司法律合规部内的分工已经高度专业化。很多情况下，相关 legal counsel（法律顾问）除负责一个事业部的所有法律事务用以积累法总经验外，还会基于其个人专业背景、工作经验及兴趣等被法总安排专门负责一个或两个执业领域例如劳动法或不动产法或并购等。此等分工的背后，是公司法总不遗余力的资源支持，包括但不限于：专业培训、专业训练及实战操练，另外还有海量的国际律所与国内顶尖律所的实务经验分享。由此，公司法律合规部的专业化程度持续提升，带动了对于为之服务的外部律所专业化水准不断提升的要求。当然，如果碰到比较勤奋与专业的法总，其对外部律所提供的相关专业领域律师的要求则更高。作者有位朋友是C公司法总，每个工作日6点50分起床。除却繁忙的工作，每个工作日至少会花四小时研修相关执业领域，周末花的时间更多。其海外总部一直为他何时休息而猜测不已，连其全球法总听闻后也很好奇他的入睡时间，至今仍未得到答案。此“变态法总”与专注于反垄断法的某“红圈所宝宝”合作一趟研讨会下来（其间“红圈宝宝”有几处“面红耳赤”）后，收到“红圈宝宝”诚挚的致谢邮件，称使其重新领悟与思考人生。难怪！

2. 公司法律合规部不断强化的实战能力对于外部律所服务实用性的挑战

从2018年俄罗斯世界杯得到启发，作者曾比较过中国的18号“郜林斯曼”与巴西队19号威廉，有两个发现：其一，无逼迫非实战环境下的足球技术，“郜林斯曼”绝不逊于威廉；其二，一上场真刀真枪地踢比赛，则高下立分。威廉那双腿，无论处于何种逼迫或何种高强度、高压力、高对抗环境，绝大部分情势下，总能让球像粘了胶黏剂一样很难被抢走。近年来，随着公司法律合规部越来越多、越来越深入地介入实战，其实战经验积累非常迅速，且在中国现时环境下，实际法律问题的解决，许多时候并不完全取决于法律因素，因而公司法律合规部必须“于游泳中学游泳”，其实战能力（类似于前述绿茵实战中的人球结合能力）亦不断得到增强。由此，自然而然地，公司法律合规部对于外部律所提供法律服务的实用性便提出了越来越高的要求。面对前述此等要求，如果外部律所仍仅仅局限于从纸面立法来解释法律，则必然有无法实际运用于商业实践以解决实际问题之大虞。由此，作者时常想如果中国律所对于自身律师的培训一直抓得挺紧的话，是否可以在此基础上更进一步加强专业法律服务与商业实际结合的能力培养呢？

3. 公司法律合规部持续增加的新法律领域的服务需求对外部律所的新要求

作为一位法总，作者曾与D公司法总聊及其作为法总，与外部律所合作中，近三四年最有效的经验就是定期询问相关律所能否提供高质量且可验证的新领域的法律服务，无论此种新领域是网络安全、个人数据还是环境法、职业病防治法，抑或 PE/VC。其每每得到满意的答复，且最终得到名副其实的高质量的相关法律服务后，心里一块石头方落了地。D 公司法总亦披露，每次他针对新领域的法律服务需求致电 relationship partner（合作伙伴），那位资深专业的红圈所合伙人也是竭全所之资源，结与客户之欢心。其间压力，可以想见。

四、"苦孩子们"相携共荣方为前方明途

一如中国律所终日辛劳敬业审慎执业，中国公司法律合规部亦从无人管无人问自生自灭发展至今日，成果喜人。然，论及社会地位、运用专业经验与知识参与社会经济生活的广度与深度，其仍然有无限潜力。一言以蔽之：来时路，双方诸多不易；遥望前方，亦各自征途迢迢。但谁让双方都是有情怀的"苦孩子"呢？

在商业世界里，作者认为，公司法律合规部与外部律所其实是相携共存共荣的兄弟与团队，而绝非对手。于公司法律合规部而言，在已经取得的成绩基础上，更加着重于提高自身协调公司各部门的能力，并最大化利用外部律师丰富多样的专业经验与技巧，从而引领整个团队完成相关法律工作或项目，方是正途；于外部律所而言，充分利用自身

丰富多样的专业经验，于平时业务培训中提升其对于客户商业模式、商业逻辑、关键环节、核心法律风险的洞察与了解，并据之以总结提炼出相关具有实用性的解决方案，才能真正地成为公司法律合规部的业务伙伴，从而推动业务拓展与壮大目标的顺利实现与可持续发展。

伏尔加河畔的余响

世界杯对公司法律部管理之启示录

热词

世界杯 公司法律部管理 公司商业利益 审时度势 团队管理

本文以绿茵沙场为引，映照法律事业沙场上的情势与战略战术，结合自身多年的法律事务管理经验，提出成功的法律部需要具备的条件，比如做到审时度势、精准制敌，还有团队平衡，方能达成法律部的终极价值。

自儿时九岁开始看 1982 年世界杯一直到现在，数十载观赏绿茵竞技之余，个人感喟：绿茵沙场上的击杀胜负及其背后隐含的道理，时常会给事业沙场上的我们以诸多启示。不久前硝烟散尽的第 21 届世界杯亦不例外。观赏竞猜之余，作者亦自然不时联想到公司法律部的运作与管理，以下一一道来，权与各位法律界同仁分享探讨。

一、VUCA 大背景下的世界杯与公司外部监管合规与交易环境：诡谲多变与失序

第 21 届世界杯首场开幕式鸣哨前，作者曾分别预测过八个小组的出线球队、八强、四强、决赛球队乃至冠军队伍。现时复盘，虽大多数皆中，然其中相关失准亦显示本届世界杯的诡谲多变，包括但不限于：日耳曼战车于小组赛

便被淘汰回家且被韩国队钉上了“耻辱柱”；拥有天王巨星梅西的阿根廷队一路步履维艰最后于第一轮淘汰赛中以一曲“别为我哭泣，阿根廷”而终场；八年之前的世界冠军西班牙始终绵软最终跛足于第一轮淘汰赛；C罗率领的葡萄牙队亦于第一轮便被南美杀手乌拉圭两球击杀出局……最后看进入四强的队伍：法国、比利时、克罗地亚及英格兰，老牌强队无几，新贵与黑马满满，诡谲多变与失序构成本届世界杯的鲜明特色，与现时我们所处的VUCA大背景相互映衬。

对照公司现时面临的监管合规及交易环境，其实又何尝不是如此：反腐败、反贿赂、反垄断等传统合规工作依然繁重，而数据安全与个人隐私保护、环境保护、税务合规等新工作亦扑面而来。一方面民粹主义驱使下的去全球化(de-globalization)催生越来越多的国际贸易争端，针对外国投资的国家安全审查制度日趋严苛乃至泛滥；另一方面中国为更深层次的改革而不断扩大对外开放带来了更多商业机遇。这边跨国公司总部一直在新兴市场经济国家苦苦寻求新的并购整合机会，而新兴市场经济国家中的法制仍难言完善，且国际化监管阻力与文化差异仍若鸿沟。一言以蔽之：各个公司的监管合规与交易环境日趋严苛，对其法律部工作的要求不断提高（虽然很可能资源配置并未相应提高），从而可以说时下是个坏时代！

二、传控战法（Tiki-Taka）之“世衰”？——再论公司法律部工作的终极目的

肇始于日耳曼战车德国队于小组赛便折戟沉沙，西班牙、阿根廷、巴西等一系列坚持传控打法（Tiki-Taka）的老牌强队无一例外纷纷被淘汰，打道回府；而有资本打传控打法的比利时与法国一改传控打法，密集防守并高效抓住每一次反击机会，一击杀死比赛对手。是传控打法世衰了吗？细细品读上述被淘汰的老牌强队所参加的比赛，答案倒不是。症结在于，在潇洒如风美轮美奂的传递与跑位中，没有球员能够实现足球比赛的终极目的：射门与得分，赢！解决问题！西班牙的科斯塔与阿根廷的梅西均老矣，德国队的克洛泽亦不在，而维尔纳尚稚嫩，最终均于漫漫传递与倒脚中不觉踏入万劫不复之深渊。

移目至公司法律部的实务工作，公司法律部工作的终极目的到底是什么？是一份用词华丽、双重否定比比皆是、一句话长达八十个乃至一百个单词的条款却始终没有牢牢抓住并体现合同项下交易本质的合同文本？还是只知书面法律法规而知之甚少乃至不知道交易背后商业逻辑的长篇法律分析？作者若干年的公司法律部实务实践皆指向以下：在合规基础上，实现公司的商业目的，从而

使公司的商业利益最大化，或表述虽不同但其实质与此无异。由此，作者个人笃信：公司法律部除了要增强对于相关法律法规的理解与透彻掌握外，更要花相当的时间与精力去深入了解公司的商业实践与终极商业价值，由此，方可为内部公司客户提供法律上正确同时更重要的是商业上行得通的法律服务与意见。这在数字化、大数据等正逐步深入乃至颠覆传统商业模式的今天，尤其具有了特殊的含义。

三、聪敏（Smart Agility）——公司法律部服务的聪敏

纵观第21届世界杯的比赛，其他球队不论，最终夺冠的法国队八分之一淘汰赛对阿根廷的那一场堪称经典。之所以经典，倒不在于进球多或世界波级别的进球，而在于法国队贯穿整个比赛的聪敏：一看阿根廷上场后的豪赌对攻架势，立刻于稳固防守的同时，增强了反击的坚决性与快捷性，其间尤以逼抢得球后突然变招，利用四脚传球，最终利用姆巴佩的跑车速度撕开对方防守直捣黄龙的进球值得称赞。再看比利时与巴西的比赛，审时度势突然提速从而完美体现聪敏性的战法已被证明是打对手一个措手不及的不二法门。

转换至公司并购交易中，随着内部研讨、尽职调查进行完毕，买卖双方的商业谈判往往会有若干个节点是可以“提速”的。比如，作者与团队曾完成的一桩交易中，商业谈判已经定期谋面按部就班地进行了相当一段时间，其时已近农历新年前夕。作者预测，双方如果过了春节再谈，很有可能又得从头一一仔细谈起。为避免此种情况，作者提议：双方各位大佬全部到场，来到买方所在的杭州西湖总部会所，闭门谈两天，如果谈不成，双方均不离开会议室，就在西湖边上过年。也许是“屈从”于春节可能不得不在西湖边度过春节的压力，也许是双方大佬一次到齐当场拍板的高效流程，此次“提速”的谈判进行得异常高效，在腊月二十九已悄然响起的鞭炮与礼花声中，双方小签了关键条款与条件清单，为两周之后的正式签署迈出决定性的一步。

四、精准制敌——公司法律部服务的精准性

作者不时想起第21届世界杯的若干精彩进球，其中不时浮现于脑海的，是八分之一决赛中乌拉圭队对葡萄牙队时，乌拉圭队苏亚雷斯与卡瓦尼之间宛如战斧式巡航导弹精准地传球与攻门得分。无论葡萄牙队C罗如何不可一世，乃至鼓励全队永不言弃，遇到乌拉圭此等冷

静而精准的防守反击杀手，亦只能是仰天长叹，落花流水去。

处于数字化与大数据时代的公司法律部，每天都面对浩如烟海的法律、法规、监管实践与纷繁复杂的案件与项目，如何在每件案件或项目中精准找到问题的关键点、争议的焦点以及影响交易成功与否的关键阻碍因素与成功助力，实在是对公司各位小伙伴们法律知识、经验、商业洞察力、领悟力及判断力的严苛考验。试举一例，一份共同研发协议，共同研发方可以讨论谈判许多事宜，例如资源的提供与分享、背景技术的分享乃至研发团队的构成，但最核心的是作为研发成果的知识产权的分享，研发成功后的商业化，乃至双方可能涉及的不竞争义务以及反垄断法考量。如欲展现优异商业洞察力、领悟力及判断力，则不可能亦不必要对于每一个项目或案件所涉及的商业领域专有知识都有全面透彻的了解，只有回溯至本文所论之公司法律部服务之终极目的，并始终秉承在合规前提下使商业利益最大化的原则，方可厘清思路，于苦苦自我思辨追问中，明晰自身于相关案件或项目的商业目的、策略及具体行动。而对于商业目的繁多且可能存在内部冲突的项目，更是如此。

五、球星还是团队——公司法律部的团队组建与平衡

克罗地亚掀翻梅西梅天王带领的阿根廷队，并经过三场加时赛、两场点球的苦战，最终杀入冠亚军决赛。相信能预测到此种战果的人士甚少。但仔细品味克罗地亚的每场球赛，除了其他例如球队的战斗精神与韧劲外，最让人敬仰的便是这支团队完美体现的球星与团队的平衡。莫德里奇与拉基蒂奇，一个是皇马中场的指挥官，另一个是巴萨中场的灵魂人物，率领一帮相比其他大牌球队“星味”不那么熏天的队友，精诚团结，永不放弃，最终让这个只有四百万人的小国为世界瞩目。球星与团队的共存，发展至今天，基本可以盖棺定论：没有球星可能不行，但只有球星没有团队亦不可能走远，一如拥有梅西的阿根廷与坐拥 C 罗的葡萄牙。

其实，在每个公司法律部的团队中，源于个人禀赋、智商、情商乃至后天努力勤奋的差异，都既会有若干“明星”成员，亦有相比较而言专业水准一般的成员。于此现实下，如何组建与平衡一支强大且和谐的公司法律部团队，便是各位法总颇费思量乃至挠头的重要问题。根据作者之有限经验：明星成员肯定要有但不宜过多，因为都是明星往往干不好工作。从此角度看，“梦之队”不一定能赢得冠军。而

平均水准的成员往往是决定团队业绩高度的最重要的一块拼图，需要招聘并保留相当勤勉踏实的队员，以做好日常法律服务工作，这是公司法律部生存并得到认可的基础。在此前提下，再使用些“明星”成员去处理最棘手的工作与项目，会使团队更加稳固，甚至锦上添花，更易获得公司管理层全面且踏实的业绩评价。最后对于“明星”成员与平均水准成员在公司的薪资与晋升，应力争做到标准合理（应有不同评价标准），一视同仁；并为平均水准成员创造升华为“明星”成员的通道。例如更多地让他们参与重大项目，同时不时地敦促“明星”成员做些基础性工作，以不忘根本与基础。

六、审时度势的可调适性——公司法律部服务的柔韧性与灵活性

总体而言，法国队最终夺冠乃众望所归，然而亦有人士批评道：德尚所率领的这支法国队战法太过功利，往往是不同对手采取不同战法，最终只有一个目的：赢球获胜晋级，即所谓“看客杀鸡”。其实，有前述论调者，不妨参照下2016年的欧洲杯，德尚率领的法国队一路大杀四方，杀入决赛，却因未调整打法，最终被缺少C罗的葡萄牙队拖死，痛失冠军。显然是吸取了上次教训，此次德尚一直秉承不与

对手争一时短长的理念，不追求控球率，针对不同对手，对阵羸弱对手例如澳大利亚时，攻得多一些；对阵强大对手例如比利时时，先稳固防守，最终一击毙命。不能不说，这是其教练艺术与球队成熟的表现。

对照公司法律部的日常工作实践，如何针对不同的对手采取不同的策略，亦是题中应有之义。例如，当对方是国有企业时，如何准确把握国有企业运营决策的特质，调整自己的谈判策略（例如某些在对方看来可能涉及政治敏锐性的条款包括法律适用条款与争议解决条款）；当对方是民营企业时，如何抓住对方更多关注付款或其他眼前商业利益而往往罔顾其他陈述与保证乃至违约金条款的特点，是本方放弃蝇头小利但掌控整个文本的时机，这都再一次体现了审时度势并据以调整增强自身在谈判中的柔韧性与灵活性，从而最终达成交易并使本方核心商业利益最大化的极端重要性。

观赏并竞猜世界杯，是一个业余放松消遣的活动，但将若干心得影射、反思运用于公司法律部的运营与管理实践中，倒也是一件有益且有趣之事，所谓“关乎其中，得乎其外”。

备注：笔者竞猜本届世界杯结果：

1. 小组赛（共计 48 场）：猜对胜负共计 29 场，猜对净胜球共计 16 场，完全猜对最终比分 8 场。

2. 淘汰赛（共计 16 场）：猜对胜负共计 13 场，猜对净胜球共计 3 场，完全猜对最终比分 2 场。

3. 总计（共计 64 场）：猜对胜负共计 42 场，猜对净胜球共计 19 场，完全猜对最终比分 10 场。

巨婴之殇

从孙杨案看外部争议解决律师的选聘与使用

孙杨案 争议解决 外部律师 选聘

热

词

作者依据20多年的公司法律事务管理实务经验，结合孙杨案的相关细节，就相关当事人如何遴选与使用代理争议解决的外部律所及承办律师的选择及判断标准等，提出了多点建议。

2020 年 2 月 28 日，国际体育仲裁法庭(Court of Arbitration for Sport, CAS)发布世界反兴奋剂机构(World Anti-Doping Agency, WADA)诉中国游泳运动员孙杨和国际游泳联合会(Fédération Internationale de Natation, FINA)一案的仲裁结果：从 2020 年 2 月 28 日起孙杨被禁赛八年，即日生效。若对仲裁裁决不接受，可于 30 日内向瑞士联邦最高法院申请撤销前述仲裁裁决。消息传到国内，国民一片哗然，所谓“小事搞大，大事搞炸”(当然孙杨案缘起绝对就是大事，毕竟是中国国宝级运动员又事关其所处黄金运动生涯的延续)。细阅各类报道与分析(舍去相当一部分不着调的“阴谋论”)之余，除其他外，各类专业分析均集中指向一点：孙杨所聘的争议解决律师出现了严重的问题，此点不仅在于其所聘律师围绕己方指定仲裁员的遴选与确定、辩护策略的研判与确定、核心抗辩要点准备与组织并于庭审中全力实施（所谓“胜负手”，于中国司法实践中即是对“争议焦点”的抗辩）、针对孙杨于庭审中如何应答提问的准备并于庭审中实施、针对已“胜诉”的“一审”（FINA 内部的兴奋剂法庭对原告为 FINA，被告为孙杨一案的审理）裁决完全吃透及充分借鉴利用，均出现重大失误，甚至都没有预见法庭中可能会出现的翻译准确性与通畅性问题并采取预防或应对措施，完全地“弄砸了”！

结合作者本人逾 20 年的公司法律事务管理实务经验，包括但不限于：遴选与使用代理争议解决事务的外部律所与承办律师，这篇小文就适当结合孙杨案的相关细节，来聊聊相关当事人如何遴选与使用代理争议解决事务的外部律师。

一、谁来拍板？

依据前述仲裁裁决新闻稿发布后孙杨母亲自述，貌似中国律师与瑞士当地律师均为国家体育管理总局水上运动管理中心的某位领导指派或推荐，无论其指派或推荐的律师水平如何，首先得问个最根本的问题：这样的领导是否有专业资质、经验及见识来指派或推荐律师以服务孙杨应对如此重大且复杂的国际体育仲裁案件？律师行业发展至今，随着律师执业领域的高度专业化细分化，遴选与聘用代理争议解决的外部律师已是一件需要高度专业资历、经验及见识的工作，理应由相关公司或政府机关的内部法律顾问或外聘常年法律顾问来提供建议乃至决定，而非由完全不懂行的领导来决定。言及此，作者想多问一句：作为均享有相当行政级别的国家体育管理总局或其下属水上运动管理中心，是否内设有法律合规部或聘用外部常年法律顾问？如有，那么内设法律合规部或外部常年法律顾问对孙杨案聘用相关律师事宜的失声就是严重失职（不一定由其自身过错而造成，而可能是行政机关决策机制使然）；如无，则享有相当行政级别的国家体育管理总局或其下属水上运动管理中心便是典型的风险防控机制缺失！

再读孙杨妈妈上述感慨与抱怨，似乎她很后悔碍于面子乃至某种威胁没有坚持要求替换上述领导指派或推荐的律师，然事实是，即便被同意替换，孙杨妈妈又有何资历、经验及见识来遴选代理律师呢？

二、律所的遴选与聘用

针对孙杨的国际体育仲裁案件，参照良好惯例，其律所的遴选与聘用一般采用中国律所作为牵头与协调所（所谓“leading counsel”），加之争议解决地所属法域执业的专业律所("当地所",如适用,当地所所安排的律师还应熟稔相关争议所适用法律),组成一个团队工作。牵头与协调所及当地所以下合称为外部律所。之所以有牵头与协调所这样的设置,是考虑到作为客户的当事人缺乏相关法律知识与经验(包括但不限于争议解决地所属法域的司法实践)、法律理念与文化差异、语言沟通的便利与精准及庭审准备工作的便捷性。基于此,对于外部律所的一般要求在于:

1. 相关律所应具有相关法律服务领域的扎实经验与业绩。就孙杨案所涉的国际体育仲裁领域而言,其所处体育娱乐法领域于中国属于比较小众的法律服务领域,律所挑选余地较小,而专业性又极强,这一切均使挑选的余地与难度极度增大(由此,孙杨案中当时代理"一审"胜诉的专业律所更不应被撤换掉),但尚可以通过聘请于争议解决地即瑞士执业的专业律所来弥补。论及扎实经验与业绩,依据作者有限经验:不仅得研读相关专业机构(如钱伯斯、ALB、Vault 等)排名、相关律所的网站宣传、口头及书面介绍,还应主动在不影响商业秘密的前提下向曾被相关候选律所服务过的公司法律部同行了解他们接受服务的体验与观察;在特定情形允许时,甚至可请相关候选律所提供若干曾就与相关争议相同或近似的争议解决接受过其服务的其他公司提供相关客观评价(于不影响商业秘密的前提下)。

2. 相关律所应具有良好的治理体制与强大的团队协作

机制。所谓良好的治理体制，对于客户而言，最重要的作用在于：当相关合伙人或律师与客户出现问题无法协调解决时，例如利益冲突、响应不及时、服务质量低下、无法就关键问题解决达成共识等，可以依赖相关律所的良好治理体制来求得问题的迅速有效解决。所谓强大的团队协作机制，对于客户而言，是要确保客户所委托争议解决代理的业务需要时，相关律所可以依靠其强大的团队协作机制，集全所内外之资源，响应客户需求。据作者多年观察，治理体制良好与团队协作强大的国际型大所与国内顶级本土所，这方面的保障于通常情形下可以让客户更放心。行文至此，作者不禁要问，孙杨案中被聘的相关律所是否具备此等良好治理体制与强大团队协作机制？

3. 有必要指出，坊间曾有言，选聘律师，主要是选合伙人。作者在一定程度上赞同此等经验之谈，但同时坚持认为，律所的文化、治理体制及团队协作机制仍然同等重要，因为前述要素可以于宏观体制上确保客户所委托事宜得到专业高效的处理，即便在与承办合伙人或律师协作出现问题时，亦可依据前述机制得以纠偏除错。

4. 最后一点但也是至关重要的一点是，如何确保国内牵头与协调所与当地所无缝连接紧密协作？依据作者有限经验，除了在相关律所聘用协议中全面清晰地分别界定牵头与协调所与当地所彼此的义务与责任、权利及相关违约救济措施外，还应定期组织相关牵头与协调所及当地所审视相关工作进程、案件审理准备及相互协作成果，一旦有问题，应立即商讨解决。为了确保牵头与协调所与当地所持续保持敬业工作精神，从实际角度，还应发现乃至增大促使牵头与协调所与当地所敬业工作的“砝码”，例如相关案件处理成功会给相关律所带来新的业务机会、更广泛的社会美誉度及相关专业机构评选投票。就孙杨案而言，考虑到孙杨的知名度与此案的社会影响度，此类文章是完全可以好好做，以确保外部律所最大限度地敬业工作的。

三、承办合伙人与律师的选择

聊完律所，再来聊一个同等重要的问题：承办合伙人与律师的选择。除了相关承办合伙人与律师应具备相关法律服务领域的扎实经验与业绩外，依据作者有限经验，对于承办合伙人至少有以下要求：

1.“下地干活”（所谓“hands-on”）。对于类似孙杨案的复杂争议解决，承办合伙人不“下地干活”，不能始终保持对于案件进度的全程掌控，不具体深入案件处理的关键环节并向客户提供战略性建议及策略指引，是无法确保案件处理始终走在正确的轨道里的，毕竟律师这行业，一般情况下，执业年头与工作经历就是经验。承办合伙人于此应该对得起合伙人这个称号，而不应仅仅停留在合伙人会议讨论年终分红的时候。就作者经验而言，声誉卓著的国际大所与国内顶尖本土所，承办合伙人“下地干活”的传统保持得一直不错。有次，作者曾与一家美国顶级争议解决律所中国区管理合伙人闲聊，问及他为何一千多份证据坚持自己一一仔细看过。他笑答：一千多份证据，只要其中有一个有价值的点，往往就能决定客户的生死，所以必须亲力亲为。将争议解决事务托付给这样的专业承办合伙人，方可放心。

2. 高效协调与指引。作为与客户沟通的主要界面，承办合伙人除了需下地干活外，还需要基于对客户的透彻了解与精准领会以及案件进程的全程即时掌控，协调团队律师、全所资源及客户相关人员，全力推进案件处理进度。这对承办合伙人的综合办案能力、协调能力、沟通能力及商业领悟力是一次大考。

对于从事争议解决的律师，除其他外，严谨细致与悟性至关重要。所谓严谨细致，主要在于相关事实、证据的收集、整理、初步研判及相关细节的处理，例如孙杨案中的翻译问题；而悟性之所以重要，在于迅速了解领会客户对于争议解决的目的、考量、立场，并将其结合进自身的工作中。言及孙杨案，如何摒弃客户的情绪化，专注于案件本身，就是对相关律师工作经验与专业含金量的最好考验。

回顾围绕孙杨案的种种评论，有一种观点直指相关当事人的“巨婴症”，然回顾当下，患有“巨婴症”的又何止一人？中国正在走向全球，不可避免地需要面对法律争议，且该等法律争议还得按照既有的法律规则来解决，而非独创一种自认可以接受的规则裁判。如何抛弃因此而导致的种种不适与滋生的各种“阴谋论”与情绪，冷静理性地回归事物的本质，借鉴相关发达市场经济法治国家的成功遴选与使用外部律师的经验，为我所用，助力争议解决大事，方为正道。

从爱马仕、香奈儿、路易威登、普拉达、缪缪到蔻驰

公司法律合规部选择外部律师再思考

外部律师　法律服务

热

词

公司法律合规部如何选择外部律师？这是律师和律师事务所均希望能找到答案的问题。本文从法律服务产品的 4 个特性，法律服务的 3 大类因素以公司法律合规部的角度，回答了这个问题。

一如流行感冒，坊间不时有传闻，若干外部律所参与某公司法律服务招标，因最终未能胜出而不服气、愤懑但又百思不得其解；或某些外部律所为争夺法律服务市场份额，在以极低价格获取项目后又草草应付，最终贻误客户工作。关于公司法律合规部选择外部律师，笔者此书中上一篇小文讨论关于孙杨国际仲裁案中孙杨一方对外部律师的选择（注：“巨婴之殇——从孙杨案看外部争议解决律师的选聘与使用”），然而“流行感冒之所以不时流行”，恐怕在于有些问题尚未想明白，故借此篇小文，基于作者的有限经验与观察，再做一番思考。因法律服务市场的层次分级与奢侈品市场颇多相似，故而命了个比较奢华的题目，以求代入感与生动性。

一、法律服务产品的特性

外部律所作为法律服务市场上最主要的法律服务提供方（另外一家法律服务提供方便是公司法律合规部），其提供的法律服务特性。概言之，有以下几点：

1. 有效性

所谓有效性，意指外部法律服务作为一种解决方案，能够有效解决客户面临的问题。一如争议解决事务外部律师，其对于诉讼案件或仲裁案件乃至替代性争议解决（alternative dispute resolution，ADR）事务提供的战略分析、策略选择、具体证据收集分析组织、权利主张及举证或者抗辩，于通常情形下，均能有效解决客户的问题（为避免疑义，此处有效解决并非必然指胜诉，而是指依据所适用的法律、可获得的事实与证据从外部律师角度解决客户的问题，而非问题依然是问题乃至越弄越糟，即便此种解决意味着客户依法应损失部分利益）；再如非诉事务律师，其对于待解决事宜或交易事务中的尽职调查，待解决事宜或交易中的风险识别与防范、交易架构的搭建与优化，乃至相关法律文本的起草与谈判，最终皆应处理完毕，或完成交易的交割。依据作者听到的诸多法总和/或合规总的一些分享，其均建议，无论是律师还是刚独立接待客户委托的合伙人初期执业时，皆须思考清楚自身法律服务的有效性问题，且将其作为最重要的第一步。思考清楚前述问题的过程，将迫使相关律师与合伙人花些必要时间与心力来厘清客户的商业目的与诉求，从而完成法律服务的定位。作为反例，某些“大撒把”的合伙人“接完客”后，将后续全部工作扔给下属律师，而下属律师由于阅历与执业经验尚未成熟，大概率会造成混乱“翻车”现场。

2. 精准性

所谓精准性，有两层含义：一则外部律师对于客户面临的法律问题及其涉及的客户商业特定实践与限制性有精准全面的了解与掌握。许多法律上正确的法律建议，或由于客户财力、人力、物力，或由于客户商业考量（如诉讼仲裁中的和解协议可能由于“涟漪”效应波及客户庭外正在与诉讼对方进行的商业谈判）而无法付诸实施。二则外部律师提供的法律服务应充分结合本段前述一而针对客户的诉求、考量、现状及限制进行精准全面的定制。言及此，作者在审阅外部律师的memo时，非常赞赏外部律师于行文分析中或能够洞察到公司的实际商业需求，或能够体恤到公司现状与限制，因其一则体现了外部律师是真正用了心，毕竟对于相当程度上与海底捞等行业相似的法律服务行业来说，态度与用心太重要；二则无须再与外部律师商讨如何微调，节省了时间与外部律师费。此点经验对于市场上的以下做法也许不无启迪：一个项目一个律所，十个项目十家不同律师，每家律师都需重新了解公司的运营与管理实践，作为按工作量计费的律师，如何计算并收取此等学习时间的成本费用？也许有读者会问，外部律所如何获取前述对公司商业实践与限制的精准洞察呢？依个人有限经验，作者认为，这需要外部律所与公司法律合规部的共同努力，而且外部律所应该更勤勉些，多与公司法律合规部交流沟通，不时了解客户发展动态（不要过多过频地于朋友圈发斩获各等法律大奖的信息，法总们都看得到，如果想看的话）；公司法律合规部亦不要频繁地、机械地更换外部律所，一事一换，一项目一换，而是妥当建立一个外部律所池，依据不同专业擅长、不同费率乃至不同服务风格，定期审视维护，平时亦主动利用外部律所研讨会、公司活动如年会等，抓紧时间更新外部律师对公司的了解与动态认识。这样做是很辛苦，但成本节省是肯定的。试举一例：通常，比较稳定长期使用的外部律所在起草与谈判交易文本时，对于公司的风险好恶、文本风格，都会基于先前的服务经验，可以一步到位，而无须重新教起，从而至少在陈述与保证条款（reps and warranties）、杂项条款（miscellaneous）等方面上，会节约时间与成本。

3. 战略性与引领性

山外有山，人外有人。做到了有效性与精准性，是否就是华山之巅？答案当然是否定的。市场上总是有些外部律所能够领先其他同行，其中的一个关键要素就是它们法律服务具有战略性与引领性。何为战略性与引领性？就是相关外部律所提供的法律服务不仅能够解决眼前的问题，还可预见客户未来的商业需求而提供些富于预见性的法律服务。试举一例，在争议解决中，如果预见争议折射出的商业运营模式的缺陷与法律风险，则可更进一步做些引领性的提示与分析，从而必然会为客户所欣赏；又如在非诉事务中，如果能够基于自身对于相关行业例如汽车行业或新能源行业的透彻了解与洞察，为未来监管趋势做些战略性分析，则必然是顶级法律服务，而顶级法律服务自然应按顶级费率收费（所谓“premium rate”）。外部律所与律师欲达到此等境界，单独精通法律肯定是远远不够的，于相关实务领域的商业智识、对相关监管趋势的视野与判断力，以及相关实务领域作为一个生态圈时里面各种力量的互动与博弈，皆应了然于胸。犹记某红圈所房地产业务大咖的自我总结：真正做成房地产领域的大拿律师，则必然是房地产领域的专家，而不仅仅是熟稔房地产法律与实务技巧。还有一次，作者的一位法总朋友聊及自身携手华尔街一家年营收二三十亿美元的白鞋所对阵全球并购业务的巨擘所

Wachtell Lipton Rosen&Katz（Wachtell），完成了一件总交易金额数十亿美元的全球收购。由于涉及法国工会、劳动及危险化学品问题，交易复杂度与难度巨大。Wachtell 牢牢专注交割这一核心问题，富有战略性与引领性地提议了staged approach（分步交割方案），即全球先交割后再利用economic benefits transfer（经济效益转移）于各法域分别交割的交易交割，最终把这一交易顺利完成。一如 Wachtell 一贯的风格，它做完全球交易架构搭建与文本（也是利润最丰厚的部分），便将剩下的“打扫”各法域“战场”的活儿转给了另一家全球遍布办公室年创收亦为二三十亿美元的国际所。

4. 客户体验感

聊完法律服务产品最实质的三种特性，再来聊聊有些抽象但又比较实在的客户体验感。有道是一千个读者就有一千个哈姆雷特，不同的客户体验感由于公司文化、决策风格、管理外部律所的理念等不同，往往各不相同。但就法律服务来说，大多数还是注重法律服务产品的前述三种特性，所谓“专业是金”。笔者认为，于此有必要多说几句法律服务交付时的客户体验感。在法律服务完成时，如何以符合客户预期且让客户舒服的方式交付，亦是一处值得思量的细节。经多轮修改后提交合同最终草稿文本时，是否另加一份显示与上一次版本不同的修改之处，以利客户聚焦审阅修改之处？同时发送给法律合规部与业务部门的PPT，是否少些法言法语，不堆砌法律条文与分析，多用直接简要的bullet points（要点）？与客户电话会时，是否少提些法律上最稳妥（许多时候也是最保守，恰如苏力先生所告诫，“法律从来都是社会中一种比较保守的力量，而不是一种变革的力量”，而法律执业者例如律师亦是生性保守的一个职业群体）但商业实践中难以乃至无法实施的建议？例如，建议将过去三年几百份商业合同全部审阅，以便作出法律结论等。再稍微说得远一点，外部律所与公司法律合规部的日常互动，是否可以更多地考虑客户的体验感？外部律所与专业评级机构合办的评奖活动，诚挚邀请各位法总不远万里来到，典礼完毕，pitching 完毕，是否可以安排个自助餐，而非完事抽身走人各自散去，惹得某些心直口快的法总当场发飙？一言以蔽之，大至专业研讨会，小至前台接听电话，这些日常工作中的细节是否适当考虑了客户的体验感？就这点，谨建议：各家有所欠缺的外部律所是否可以考虑多学习下真正的“以客户为中心的服务精神”。

行文至此，小结一下，外部律所依据对前述四点的匹配程度，基本上可以对自身当下的服务品质与努力方向有个定位，一如此文标题所示。

二、没有最贵，只有最适合的法律服务

从公司法律合规部的角度，外购外部律所的法律服务亦是一个依据公司自身实际与待解决法律问题的特定情况而遴选最适合服务的过程，而并非一定要选择购买最贵的法律服务，正所谓“丰俭由人，适合最重要”。依据作者的有限经验与观察，决定是不是最适合的法律服务，通常有以下考量因素。

1. 不同法律服务市场的行业平均费率水准与取费惯例及趋势

就法域而言，法治完善且好诉的法域例如美国，外部律所的费率普遍较高，甚至有点“离谱”。作者有位法总朋友，就曾在外聘某全球性华尔街大所处理集体诉讼时收到先预付两百万美元的要求。法总朋友不但付了，还心甘情愿。又如，我国香港特别行政区以及法律服务市场“寡头垄断”严重的韩国，头部律所费率常年均居高位。对于管辖不同法域外部律所的公司法律合规部来说，需要定期了解并研究辖下不同法域法律服务市场的行业平均费率水准与取费惯例及趋势，带着这些智识与经验，与不同法域执业的外部律所谈判，方可有的放矢，以便最终达成“双赢”合作。即便于同一法域内，由于不同城市的商业与经济发展水平

差异，外部律所费率也是千差万别，在二线城市十几万元外部律师费的一件诉讼代理业务，到了北上广，费用就可能变成七位数；另外，不同档次的外部律所也会有不同的费率区间，乃至呈现天壤之别。故此，于同一法域内，公司法律合规部亦需做区别性研究与掌握，并据之以遴选和决定聘用不同律所。

2. 公司营业规模、业务增长模式、所处行业、利润率及经营业绩

一般而言，公司营业规模大，所需外购的法律服务量大且复杂，从而外部律师费用预算也较高；公司业务增长模式如果以自身销售有机增长（所谓“organic sales growth”）与并购重组双轮驱动，则对于并购等交易性法律服务需求也大；公司所处行业与利润率为高利润行业例如制药行业，则对于外部律师的费率包容度一般较高；公司经营业绩较好时，外部律师费用一般不会成为公司各部门挑战的重点。对于公司法律合规部而言，最大的挑战在于公司经营业绩下滑而法律问题又增多例如诉讼频发时，如何高效购买与使用外部律师法律服务。对于公司法律合规部而言，如何厘清公司于上述方面所展现的特征，从而确定自身对于外部律所的遴选原则与合作安排，是不得不做好的“家庭作业”；对于外部律所而言，如何研究并准确定位每个客户于上述方面展现的特征，并据之以确定自身的报价策略与费率，也着实是考验外部律所合伙人商业智识与经验的必备基本功。

3. 不同法律事务的重要性、复杂程度、紧急程度及工作量

在公司法律合规部的工作中，不同项目和不同法律事务的重要性、复杂程度、紧急程度及工作量存在不同层次的区分，一件交易价格几十亿美元的全球并购肯定比法律合规部年度的商业合同模板更新修订重要得多；一件可能引发集体诉讼的产品质量案件可能比单个劳动争议案件更加重要。因此，对于公司法律合规部而言，如何区分不同法律事务的重要性、复杂程度、紧急程度，并预估工作量，从而客观理性地确立自身对于外部法律服务的预期，也是法律合规部有效管理外部律所的基本功之一；对于外部律所来说，基于自身服务经验、教训以及对客户的深刻洞察，区分不同法律事务的重要性、复杂程度、紧急程度与工作量，力争较为精准地报价，也是一门必备功夫。

综合上述，公司法律合规部对外部律所提供法律服务的考量因素繁而多变，理应逐件判断厘清，确立对外部律师费用的合理预期，而并非凡事必找圈所或鞋所，亦并非凡事皆找经济实惠所，所谓“没有最贵，只有最适合的律所”。从公司法律合规部自我批判的角度来看，目前跨国公司一般均有 preferred law firm(所谓“PLF”,首选律所)的池子。法律合规部可以更进一步,对于每件拟外包委托事务,皆于情势允许时理性客观地分析,确定每件拟外包委托事务就上述几个角度体现出的特征,从而与候选律所进行合理的议价,力争精益化管理外部法律服务费用。对于外部律所来说,如何区分不同客户的特征与拟接受委托法律事务的特点,进而聪明地估定一个让潜在客户感到舒服的报价,的确是件考验合伙人经验、情商及智商的工作。

三、法律服务招标再检讨

近年来,随着当代商业公司治理的进一步完善,作为公司外购服务的一部分,诸多商业公司兴起了将法律服务采购归集于公司采购部的浪潮,而欲降低成本,请各家候选律所竞标乃至相互 PK,就成为公司采购部百试不爽的不二法门,从而法律服务招标即所谓 beauty contest 也愈演愈烈。对此做法,依据作者的观察,至少有以下几点值得再检讨:

1. 法律服务采购是否应归集于公司采购部?

作者认为,此种安排其实源于一种错误的假设:公司采购部具备遴选公司所需各种物资与服务供应商的全方面智识与经验，但事实并非如此。一个公司采购部，无论多么专业与强大，均不可能精通公司所需各种物资与服务采购所必须的行业智识与经验，法律服务尤甚。如何判断一家律所的业界声誉、合伙人专业能力、服务态度是一件专业工作，没有接受系统的法学院教育并具有一定时间的法律实务工作经验与洞察，根本无法切实履职，而采购部参与其中，就只能纯粹盯着价格，弊害莫大于此矣！正因前述，所以比较睿智的商业公司，仍然会将法律服务的采购，通过由公司采购部授权给公司法律合规部的方式，让真正懂行专业的法律合规部管理自己的供应商。

2. 如何务实且富有效果地完成一份法律服务招标？

如果招标不可避免，则首先法律合规部应成为法律服务招标的主导者与最终决定者。原因如上，此处不赘述。其次如何科学合理地设计招标评分的各项指标并有效付诸实施，的确很考验法律合规部的实务功力及其对法律服务市场的熟稔程度。依据作者有限观察，一如并购交易中的尽职调查问题清单（due diligence checklist），切不可一份邀标模板用到底，其中缘由在于，每件招标的法律服务与项目都有各自特点，从而评价各候选外部律所的各项指标也不尽相同。例如，一个并购项目的法律服务招标与一件诉讼案件代理服务的招标指标便完全不同（不仅是因为非诉业务领域律师与争议解决领域律师的评价标准迥异)，因此大多数情况下需要“一标一表，一事一表”。最后也是最难的，是如何确保评标过程中个人主观感受引起的偏差。作者认为，法律服务，对于作为客户的公司而言，本质上是一种服务，而接受服务的主观感受，所谓“一千个读者，就有一千个哈姆雷特”，纠正偏差的可能方法之一在于扩大评分者的范围，然后取平均分，以尽可能避免单个评定者个人主观感受带来的偏差。

对法律服务招标作完上述检讨后，留给公司法律合规部的命题，便是如何持续优化自身法律服务招标评价指标体系，并对每一个项目“度身定做”。留给外部律所的，则是仔细研读客户标书，力争读透其中的关键评价指标，并结合自身特色，完成标书填写以及当面解释陈述投标书。

四、法律服务低价竞争的罪与罚

承上述所述法律服务招标工作的再检讨，价格是不是法律服务招标中的决定性因素？举凡一般商业项目招标，价格至关重要；但在法律服务招标中，作者认为，价格不应成为决定性因素，而只能作为在决出 shortlist(决选名单)后进行最终定夺时的辅助性因素。原因在于，法律服务的有效性、精准性、战略性与引领性及其客户体验感，都决定了各家外部律所能够达到的层次或境界皆不同，而将不同层次与境界的法律服务放在一起，用价格这把尺子去衡量，乃至做出决策，这本身就是件错误的事情！

由是观之，时下某些律师协会颁布律师行业收费指导价规定，审阅一份合同人民币5000元。试问审阅一份合同人民币5000元，如果一份合同长达两百页或者所涉标的数千万乃至过亿，是否仍应是人民币5000元？更有甚者，一些不端律所以低价抢夺客户资源，而于获取客户订单后却因自身能力局限，或者价格过低业务利润微薄，从而服务质量低劣，最终导致客户权益与商业利益蒙受巨额损失，这实在是双输的结局，理应被有识之业界人士所抵制乃至摒弃，以维护法律服务市场的有序性与可持续性。

至此，作者力图通过对法律服务的特性、最适合公司实际的法律服务、公司法律服务招标的再检讨以及低价竞争的罪与罚等的思考与分析，廓清公司法律合规部选择外部律所的一系列关键问题，希冀能对公司法律合规部同仁在处理相关问题时提供一些思考进路，以裨益问题的解决。一言以蔽之，选择外部律师，每次都是“最大牌”肯定不必要，真正健康与可持续的选择，应该高中低品牌皆有，针对不同法律事务或项目，予以妥适搭配，适合的才是最好的。

马步的扎法

——一位法总眼中的法律功底

法律功底 法律服务 公司法律合规 法学研究

热词

法律功底是法律人执业的基础与生命线。不同的法律从业者，其应具备的法律功底有何差别？该如何夯实自身的功底，以实现自身的业务目标？本文基于作者的实务经验和观察，对外部律师、企业法务和法学研究者的法律功底，从不同的维度及其角色需求，进行了分析和建议。

作者小文即“民法典扯出的闲话——公司法律合规部专业研习浅议”发表后，清澄君（张巍先生）亦于其个人公众号“比较公司治理”发表了《法律人，你得学好法律》，对法律人应该学好法律予以更为深邃与切中肯綮的分析与探讨。拜读清澄君前述佳作数遍之后，笔者又基于法总的有限观察与体会，对中国法律人应具备的法律功底做了一些思考，于此一并记下，权作一些思考的记录。

武谚有云：要学打，先扎马。法律功底作为法律人执业的基础与生命线，其重要性怎么强调都不过分。就外部律师、公司法律合规部及法学研究者而言，由其职业使命决定，对其法律功底的要求亦有若干不同，以下一一分述之。

一、何为实践中的法律？——外部律师

外部律师作为运用法律智识、技巧及经验

为客户解决实际法律问题的职业人士，其终极使命在于，厘清熟稔“实践中的法律”，并在业务中娴熟运用，即将相关法律于执业实践中自如运用。依据作者多年但仍然有限的观察，其着重点，除其他外，在于以下：

1. 于特定实务领域的法律智识、技巧及经验的系统全面性：不同于立法可以单独成篇，相关法律于社会治理和/或商业实践中的运用皆与许多因素例如行政执法考量、相关利益方的博弈等共生并相互作用牵制，从而法律功底的炼成绝非仅仅熟记法律条文、文件模板即自足，而应将相关专业领域作为一生态系统，其中各种因素皆应视其权重有效掌握，最终融会贯通，并基于系统全面的法律智识、技巧及经验，向客户提供优质精准的法律服务。试举一例，就海关法而言，如果仅仅熟稔相关法律、行政法规、部门规章及各种 GAC（general administration of customs，海关总署）通知、决定、复函，仍然无法向客户交付解决实际问题的法律服务，必须对前述立法背后的政策考量与具体海关执法实践，乃至内部执法口径例如海关内部行政处罚指南等，亦有所了解。言及此，作者想到粤菜大厨的名谚：粤菜不可碎骨。所谓不可碎骨，于理念上，就是每一部分都是整件食材不可缺少的，必须系统全面地对待与处理。用于此处，窃以为倒算形象与恰当。

2. 于特定实务领域的法律功底深度：作者在接受不同

外部律师pitching的时候，若作者对相关实务领域有所关注，则会非常希望听到外部律师对于相关比较“骨头”的法律条文或所谓“痛点”“难点”“敏感点”等实务问题的个人理解与观察。如果外部律师对相关条文或实务问题的理解比作者更深入、更准确、更别致，乃至更“异想天开”，那么作者对相关外部律师的印象分则会陡然而升。此等印象提升的背后，折射出的就是相关外部律师对于特定实务领域的精深研究。外部法律服务，一般而言，以系统全面为基础，以精准为灵魂，是为终极总结！

承上所述，作者于日常工作中，最不忍看到以下法律意见：开篇足满一页，共计四五大段的相关事实概括与假设（时刻“你要谋害朕，我得先防着你”的暗示，此等暗示，除了会激起法总关于彼此是否相互信任从而值得托付的疑惑外，并无其他实质性益处），然后对于相关法律条文翻来覆去地予以文义解释。这里既无对客户待解决法律问题从商业角度的深刻洞察从而运用相关法律智识、技巧及经验为客户度身定做的解决方案，亦很少乃至没有具体的行政执法实践、交易市场惯例或司法确定规范，并将之结合进对客户待解决法律问题的分析，进而提供具有建设性与可操作性的解决方案选择，最终是“误了客户误了自己”。对于来pitching的外部律师，与其全过程“秀”各种各样的法律市场服务机构的排名与各个大交易或案例（这些是重要证明，但公司法律合规部可以自己去查去看，不要将对双方均宝贵的 pitching 时间浪费于此），倒不如就如下方面和公司客户进行沟通：我们对贵司业务的理解是否到位？需要解决的法律问题有哪些？针对这些法律问题，我们需要进一步厘清的要点有哪些？我们准备如何提供法律服务解决这些问题及预期交付时间？

行文至此，忆起不时有红圈大 par 抱怨时间不够用。作者完全理解，但只想问一句：事情多如牛毛，如何把有限时间用最有效的方式利用呢？例如，对于双方均很宝贵的 pitching 时间，如果不浪费在寒暄、互赞乃至排名与奖状上，如何在半小时到一小时之内准确击中潜在客户心目中最有共鸣的那一部分，或者至少让客户有您能助力客户的印象，实在是一项易被忽略但绝对值得琢磨与练习的本领。

二、何为“公司需要”的法律？——公司法律合规部

一如清澄君于其前述佳作中所精准概括，公司法律合规部的法律研习特点在于“博”。虽有博，但亦非绝对自由，以下几点仍值得注意：

1. 法律研习的范围与深度很大程度上取决于公司业务需要。与外部律师很大程度上需要不断拓展法律研习范围

从而不断开发新客户不同，公司法律合规部的唯一客户是公司，因此其法律研习从而提供更好法律服务的出发点与终点都在于公司业务需要。由此而言，所任职公司若无 PE 业务，或不涉及与 PE 打交道，公司法律合规部便不应于此花费太多时间与精力。就深度而言，公司的业务一般而言需要处于基本平稳但又不断动态发展之中，故而法律合规部的研习，于特定情势下，亦需有足够的深度。就此点，最突出的例子就是公司的数字化转型。它给法律合规部带来了繁重的网络安全、个人数据与隐私及电子商务研习任务。就作者过去四五年的观察，针对前述实务领域所花费的外部律师费用、法律合规部内部人力、时间及资源，已蔚然大观。

2. 克服法律人的"高大上癖好症"。多年的法学院教育训练，加上毕业后多年的实务执业经历，使中国法律人一般都对富有法律逻辑思辨性、理论与实务分析推演要求高的实务领域甘之如饴，例如并购、公司法、知识产权法等，而往往轻慢了许多并无多少法律逻辑思辨性亦无多少分析推演要求的规制性、管理性法律、行政性法规、地方性法规及规章等。然而，就商业公司运营而言，此等法律往往直接规制了公司业务运营，且往往事关公司成败乃至存亡，例如海关法、税法、环境保护法等；又如，某些特定行业的法规与规章，例如化妆品行业的"化妆品卫生监督条例""化妆品卫生监督条例实施细则""进出口化妆品检验检疫监督管理办法”“化妆品标识管理规定”等。任职于这类公司的法律合规部不熟稔这些法规、规章，难以想象其能够成为值得信任的公司卫士与商业促成者。同样道理亦适用于其他强监管行业，例如医药与金融行业。

长期以来，由于公司法律合规部服务对象的特定唯一性，即通常只为特定公司服务，因此，其法律执业与专业研习的范围与深度，与外部律师相比，往往很不那么“高端”，从而导致其专业性被认为不及外部律师。作者认为，就特定实务领域例如并购或知识产权领域而言，此点结论不错；然而从属于公司决定了公司法律合规部应以公司业务需要为指引，在特定领域内精耕细作，因此其于特定领域内的积累，往往并不逊色于外部律师的专业性与深度。而如果是业务多元化的公司集团，则其公司法律合规部的专业广度与深度会进一步加强，且与法律应用于商业的主战场更为贴近，因此也更注重法律实用，从而亦不逊色于外部律师。

三、何为法律之造化？——法学研究者

写完上述这个分标题，作者心中掠过一丝犹豫，毕竟1999年阴错阳差告别法学研习圈投身法律实务已久，其间虽不时与仍致力于法学研习的同窗们把酒言欢，听取些研习圈轶事，然毕竟离开法学研习圈已久，权且就个人极其有

限的观察唠叨几句：

1. 批判性思维为核心素质。清澄君高度概括法学研究者的法律研习重点在“远”，意指提供见识，从而为未来发展指明方向。作者深以为然。既然立意在远、在发展，则应不满足于解释与周延现行法律，不屈从于有权机关或利益相关者的压力或推动，批判性地观察现时法律运行图景，并尖锐地指出其不足、缺憾乃至错误，始终为法律的完善“鼓与呼”，方为法学研究者的最大要务与学术思维品格。

2. 治学为民。一如“承诺”“担当”诸词，“为民”已然被滥用。之所以仍沿用“为民”，恰恰是因为其被滥用之后，并无真正落到实处。如果法学研究者的法学研究无法助力中国法律实际问题的最终解决，乃至提供战略性、前瞻性指引，而仅自我沉迷于借用经济学、社会学的学术研究范式、分析框架，嫁接混育自己的“奇技异巧”，并自我陶醉，则其用何在？最终不过是一大堆“社会科学专著”，而社会经济运行的法律规制仍然粗疏地在原地打转（花样变化是有的，但始终离不开原地）。

生有涯而法律研习无涯，在这个心内与窗外一般湿热难当且郁闷困惑交织的夏季，作者也唯有继续自己的个人研习，求取内心平静，以静待秋高气爽的到来，但也许很远很远。

少几枚"杠精"，多几枚菁英

公司法律合规部实习生观察

实习生　法律合规部

热词

十年树木，百年树人。本文从企业法律合规部招聘实习生的流程说起，尤其是对于实习生的遴选和后期的带教，基于实践经验和涵育优秀法律人才打造未来法律共同体的期望，提出了很有意义的建议。

大疫之年，经济下行，绝大多数国家“各扫自家门前雪，莫管他人瓦上霜”，单边主义与去全球化不遗余力。于此一片惨淡灰暗下，中国就业市场亦难幸免，从而地摊与夜生活经济吊诡地被重新作为鼓励事项进行推广。一切的一切，只为四个字：先活下去！置身其中，最苦莫过毕业生，首当其冲的便是法学院的毕业生。因此，去外部律所、公司法律部及相关司法机关、行政职能部门实习，便成了难得的机会。如何成功获取实习机会？从实习生在实习过程中反映出的问题，反思中国法学院教育的缺憾，以及中国法学院学子如何从实习中获得自身职业规划的若干线索，便成了一个有意义的话题。

一、立意

就公司而言，招聘实习生的目的不外乎以

下几个：一是经适当培训后协助处理公司一些重复性的秘书类行政类事务，以分担公司工作负担，例如合同的扫描、输入上传至公司合同管理系统、相关法律文书的接受与送达、简单的法律检索及法律文件翻译等；二是通过实习期的观察，对于其中被证明是优秀者的正式发出聘用通知，以补充团队新鲜血液，使团队构成多样化。近几年，由于经济不景气，公司对法律合规部的预算与员工人数控制日益趋紧，前述第二个目的即为正式聘用而利用实习期展开观察遴选的渐少，而招聘实习生分担公司工作负担已为主要目的。

暂时将前述表面原因搁置一边，往深处说，公司招聘实习生，从企业社会责任角度考虑，亦有涵育优秀法律人才助其形成较完善的价值观、视野及职业素养的重要考量。此点置于时下的情境中，迫切性与重要性日益重要。让作者非常困惑不解的是，过去四五年间，空前海量丰富多样的学习机会与资源即全球化、互联网全球连通、讯息即时化所带来的全球智识与经验，可以无障碍分享给法学院学子，而与此形成剧烈反差的是，某些青年学子却不幸沦为“杠精”、“愤青”。本文不讨论其间缘由，只是想揭示一点，法学院学子完善的价值观、视野及职业素养的育成，绝非仅仅依靠空前丰富的学习机会与资源就可以自然达成，更遑论一蹴而就。而如何利用公司法律合规部丰富的商业实践资源与相关法律合规部专业人士的言传身教，助力培养哪怕是一位到两位价值观完善、具有开阔国际化视野与良好职业素养的实习生，都是一件颇有意义的工作。易言之，吾辈亦逐渐步入职业生涯的后半段，前半段掉过的“坑”，与其将从未为人知的囧事隐于心里某个角落，倒不如坦诚倾囊相授，裨益后生，亦是专业人士一大幸事。

二、“掐尖”

基于前述立意，对于实习生的遴选与面试，一般从书面简历审核开始。就作者个人经验，在书面简历中找寻以下信息至关重要：

1.GPA（学分绩点）与年级排名：既为学子，学业当然为第一要务。衡量本科四年与硕士三年的最主要指标，便是GPA与年级排名。它不仅是简单的数字，其背后透出的，便是相关学子求学期间所作所为的最主要反映。进而，如果GPA为3.75/4与年级排名前百分之五，则取得前述业绩的学子积累起来的心理优势，也是日后进一步职业精进的良好基础。

2. 奖学金获得情况：由于相关高校的行政化一直未有改观，奖学金的评选与获得亦难免受行政化干扰，不乏借由学生干部身份获奖无数但并无实际价值的事例，从而可能是个“坑”。针对此，每次作者都会叮嘱助理核实清楚相关“一等奖”的评选基准与程序，以力求对相关学子实际学业能力有个较为基准的判断，所谓“成色与含金量”。当然，既是学霸又是学生干部，所谓“又红又专”，则自然更好。

3. 专业英语能力：客观地说，想端全球化这个饭碗，强悍的专业英语能力一直是必备武器之一（也因此害得老家伙如作者，仍然不敢放松学习）；进而，具备强悍的英语能力也意味着相关学子能够直接充分全面地吸收全球前沿智识与经验，逐步树立自己宽广理性的国际化视野与格局。

4. 社会实践活动：应该说，现时年轻学子利用课余时间充分参与社会实践活动的意识非常强，基本上每份简历都洋洋洒洒一大串社会实践经历。对于这一大串纷繁多彩的实践经历，仍需透过现象看本质。一是看社会实践活动是否与本专业活动有关，例如律所或司法机关的社会实践，但作者对于低于两个月的社会实践经历会比较小心，因为不排除是实习生问题，又如浮躁、难以浸入式学习或沉下心去做事情等；二是看社会实践活动是否与社会公益有关（法律人本就不应高冷而应有温度，每天接触或处理的都是人间烟火问题，因此是否参与有价值的社会公益活动是反映其是否有温度有情怀的重要指标之一）；三是对于奉行政指令或基于所谓个人不纯目的而参加的社会实践活动，则可以忽略不计。

5. 兴趣爱好：法律人不可能是工作机器或永动机，如果是，则不符合人体结构与心理规律，更不人道。有些自我的兴趣爱好例如吃喝玩乐，对于日后平衡紧张工作与闲适放松至关重要，因为人天生是种平衡性动物。而于年轻学子的诸多兴趣爱好中，作者最看重的是他/她有无健身锻炼的习惯，因为钢铁的意志力来自钢铁般的身体素质；更重要的是，日后成为栋梁，能否长时间可持续发展，往往取决于身体素质。作者曾叮嘱过几位实习生，在人生的某个阶段，他们将会意识到，只要有好身体，就一定能完美应对工作挑战，最终取得成功（因为技巧与经验已久炼成钢）；而健身锻炼一如储蓄，现在不日日存储，将来是没得用的。

书面简历筛选完毕后，进入面试环节。回顾起来，作者于面试中最喜欢问的有以下问题：

1. 有无去英美德主流法律教育国家进一步深造的计划？现时公司与商务法律实务的集大成者，无论是否愿意承认，皆源于英美法系国家。再读几年书，将自己像一颗菜心充分浸泡，然后于当地工作几年，其对于回国后发展的后劲积累与厚积薄发，往往是最为关键的助推器之一。

2. 三年以后职业发展想达到怎样的高度？五年后职业发展想达到怎样的高度？如何去一步一步实施？许多可塑之才，都会有个大致明确的计划与实施方案，并依靠自己强大的内驱力分步实施，直至最终达成。

综上所述，于实习生的遴选与面试环节中，“掐尖”并综合考虑各种因素遴选确定总是难免的，此点对于尚在法学院就读的学子应该有相当启示。

三、带教

经过一番遴选，千挑万选的实习生到岗后，最辛苦最有技术的就是带教环节。言及带教，首先值得思考的问题便是向实习生提供多少资源。由前述所决定，在完备的实习合同、保密及职业教育完成后，一般公司法律合规部的参考性资源例如图书馆（线下与线上）、各律师事务所、各外部咨询顾问机构的研讨会、公司通用范本数据库等，应该开放提供给实习生，以加速其成长。作者观察发现，前述公司法律部的丰富资源对于刚毕业的法学院实习生冲击还是不小的，折射出的则是我们法学院教育的实务性与与时俱进性仍然任重而道远。从实习生的角度来看，许多时候跟随老前辈去参与一些专业研讨，带来的思想震撼会更大更重。作者就曾遇到一位Z大本科报送P大国际法学院攻读美国法硕士还要到美国继续读J.D.（法律博士）的实习生，有次听了一位“非典型金刚娃哥哥”在研讨会上用流利地道的英文全程讲述的演讲，回程时一路无语。作者可以感受到小朋友内心受到的冲击与震撼及由此催生的源源动力，所谓“山外有山，人外有人”。机会适当时，作者也会带比较优秀的实习生出席一些与大咖与“非典型金刚娃”的饭局，让他们看到未来的自己。“百闻不如一见”“卓越需要被看见”，效果不错。

其次，因材施教。具体而言，越牛的实习生，越要安排他/她多干脏活累活乃至很 low 的活，无他，完全出于对他们的爱护以及为了他们以后的职业发展奠定坚实基础。其中道理，某些超级厉害的综合性大学学子很聪慧很灵敏，但往往就是“不着地”（引用作者在某大学法学院任教已为中国商法学研究名家的某位同窗的说法）。“不着地”没关系，可以去法院旁听日常民商事案件审理，听听家长里短，可以去消费者协会听听家庭主妇的抱怨。作者经常告诉小朋友们，未来即便卓越如你，于大多数情势下仍然没有选择客户的自由，其客户可能是泰森，也可能是伯恩斯坦。真正伟大的律师能搞定并有效掌控各种客户，所以铸就卓越，就从认真聆听菜场大妈的一把鼻涕一把泪起步。

最后，定期沟通与反馈。确切来说，公司商业环境的沟通与法学院师生之间的沟通有许多不同，其中最大的不同就是，公司商业环境下的沟通更注重开放性与平等性，一般而言，此等沟通，其目的在于持续改进。实习生往往需要有个适应过程，因此沟通应该开宗明义，向实习生说明相关沟通的目的。优点与不足都应及时坦诚反馈，唯有如此，实习生的成长才会更快速。

十年树木，百年树人，于区区几个月乃至半年的时间里彻底影响一名实习生不大可能，但秉承前述之立意，基于从企业社会责任角度出发涵育优秀法律人才的需要，仍需仔细遴选，悉心带教，最终助益法律人共同体少些"杠精"，多几枚菁英。

六年之痒

公司法律部招聘的那些事儿

公司法律部门 招聘

热词

人才是企业发展的原动力。如何找到合适的人才？如何从候选者的学历看到其本质？面试中如何对候选人进行准确判断？如何构建一个高效工作的团队？这些都是很多法务部门的痛点。本文作者基于近20年的法务部门管理经验，分享了公司法务部门在招聘前和招聘中找到合适候选人的关键要点与实务技巧。

一、“六年之痒”之由来

回望作者的公司法律实务来时路，带团队迄今不觉已逾十八载。其间带过的团队成员亦已有一个排（三十几位）之多，其中大部分团队成员基于自身悟性与能力，已成长为相关跨国公司、民营企业集团的总法律顾问，或资深法律顾问，或国际律所海外分所相关业务领域的新锐律师，现还不时在各种研讨会或论坛或各种聚会相见。在此要为他们点个大赞！

回想起来，与他们合作共事期间大致在五年到十一二年之间，而其中第六年是个关键节点。无论作者如何尽力呵护，有了好机会，大家总是要“另跃高枝”。作者发现，六年届满之时是个离职变动高峰期，即所谓“六年之痒”。对于“六年之痒”，作者一向持开放态度，一如作者平日里对各位伙伴所言，现在本人只是在培养未来的总法律顾问，希望他们离开时，已然专业强悍到能够独当一面，此点最重要！

二、招聘前之定位——招聘展业三原则：了解公司、了解客户及了解团队

既有“六年之痒”之现实，那么招聘面试便成为作者不时需要着手的工作。如何进行招聘面试呢？首先从理念上讲，作者多年个人经验提示，应将每次招聘都当作是补强团队增加团队阵容和厚度的好机会，缘由在于，随着这么多年中国法学教育的进步，去英美德等主流法律教育国家留学乃至考各相关海外法域 bar（律师资格）的学子越来越多，以及国际律师事务所或国内一流律师事务所对年轻律师培训的强化，法律人才市场上常常可以“淘”到好宝贝。于此甚慰！

树立了此等理念，下一步就是确立应聘空缺职位人才的工作职责与素质要求了，即确立所谓 job description（岗位职责索引）或 JD。可能有人认为，确立 JD 不过是件流水常规的事情，对此作者不敢苟同。作者认为，确立 JD 仍需做些必要的“家庭作业”（homework），即所谓招聘展业三原则：了解公司、了解客户及了解团队。

所谓了解公司，即是准确全面了解与把握自身所任职的公司、公司的愿景、文化及价值观等所谓“公司之脉”。作者认为，对于公司文化与公司之脉的把握是可以于相当程度上避免招聘到才华横溢但与公司文化格格不入的人才，

从而避免人才与公司文化不匹配乃至相互排斥。举例而言，如果一家总部位于美国的上市公司，其对于公司法律部人才的要求可能是比较有进取心（aggressive）且执行力强；而总部位于欧洲的上市公司，可能对于人才稳定性的强调要强于对于进取心的强调；再如总部位于日本的上市公司，对于公司管理层的尊重与对企业的忠诚可能是至关重要的因素。

所谓了解客户，即是透彻洞悉空缺职位所需服务的公司内部客户与外部利益相关方（如相关行政执法部门与司法机关）对于该职位任职者的期望与要求。不得不承认，偌大个公司集团里，某些内部客户并不是很好"伺候"，或源于其领导比较严苛，或源于其下属资深经理比较刁滑难缠；论及外部利益相关方，如果相关候选人应聘的职位需要负责税法与国际贸易及海关合规事务，则谦卑坚忍是必须的性格品质，其中原因不再赘述。

所谓了解团队，即准确全面把握现时团队成员的性格特征并观察总结拟新加入人才的性格特征，以确保新人加入团队后能够产生良好的而非恶性化学反应（adverse chemistry）。就此，在招聘面试过程中，作者有邀请富有潜力的应聘者与现时团队一起吃顿工作午餐的习惯。其间，作者会注意观察新加入人才与现时团队成员的交谈与互动，看两者之间是否有化学反应，以及会有怎样的化学反应。行文至此，依多年的个人经验，作者认为，公司法律部成员最好每个人的性格均不同，才华能力亦有一定程度差异，这样的团队可能是最有活力亦有利于团队可持续发展的。这倒并非是刻意满足总部一直强调的多样化与包容（diversity and inclusion）的要求，而是公司法律部团队成员性格的同质化，对于保持团队的活力，可能弊大于利；另外，每位成员才华存在些许差异，有助于稍弱者迎头赶上；进而，一如现代战争一样，公司法律部既需要有“首战用我，用我必胜”的“空军部队”，即攻城拔寨的人才，亦需有勤勤恳恳扎扎实实把公司法律部日常工作扎实做好的“陆军部队”。当然，对于总法律顾问而言，最大的挑战就是对不等才华团队成员的业绩评价、薪资设计与奖金给予，需要“一碗水端平”。而能否一碗水端平的关键则在于针对不同团队成员的不同职责，确立不同的评价标准，并客观公平地实施。

扎实完成上述展业三原则，厘清、界定并编写JD，便可以在相当程度上确保下一步简历筛选的明确标准与准确指向。

三、纸面尽调——书面简历的解读与人才素描

JD做完，下一步便是发布招聘广告。目前各公司做法

不一，有的是人事部接手，有的是公司法律部继续引领整个过程。作者个人经验倾向于后者，原因在于：招聘法律部人才其实是件需要专门知识、经验及技巧的工作。客观地说，要求人事部同事准确全面了解中国比较好的法学院、比较好的律所、比较棒的公司法律部乃至域外主流法律教育国家的法学院总体排名与专业排名，在大多数情势下，乃是苛求。作者尚属成功的经验为：事先充分与人事部详尽沟通对于人才的期望，并请求其严格依据事先拟定好的JD来初步筛选简历，同时，通过公司法律部自身比较信任的猎头公司（此等猎头公司对于公司文化与总法律顾问的招聘口味及偏好比较了解）在市场上开始搜索。这样不同渠道同步开始工作，效率更高。毕竟，除非有服务期限制，或即将离职的伙伴比较给总法律顾问面子，愿意多留一段时间，或临时借调外派律师，否则，只留有短短三十日，总法律顾问在此期间招到合格接替者，基本上属于不可能完成的任务。

人事部与猎头公司紧锣密鼓地搜刮了一下市场，将十几份乃至几十份的书面简历发到总法律顾问的邮箱，总法律顾问比较享受亦比较考验脑筋的时间到了，即通过书面研读候选人的简历，初步解读候选人的执业与求学经历、性格倾向，以对候选人做个“书面尽职调查”。言及享受，是因阅读比较好的简历，可以让人深刻感受到中国法律教育与实务的飞速发展；而比较考验脑筋，则是阅读到比较“色彩缤纷”的简历，例如四年之内换了三份或四份工作，或者一会儿创业一会儿又做法律工作的。对于此等“色彩缤纷”的简历，除非候选人的书面简历的确显示其有过人之处，并于后面的面试环节提供针对“缤纷”令人信服的解释，否则，作者于此时一概“色盲”，将这些许缤纷收放于电脑里某个文档里，再不打开。

上述书面尽调中，以作者个人经验来看，主要需要注意以下几点：

1. 本科毕业院校的问题。一位根正苗红的资深猎头曾与作者聊及候选人的本科毕业院校问题，她比较看重候选人的本科毕业院校。对此，作者于相当程度上同意，暂且不论中国高考深层次弊病多多（中国教育的诸多问题本质上更多的是中国社会体制与教育体制问题，为高考命题者力所不逮），但其作为选择学习能力强的学生的终极工具，还是相当精准的，比如P大法学院的本科生总体思路之活络及英语能力之强悍有目共睹。作者与现于北大法学院担任博士生导师的同窗谈及他给P大法学院学生授课得出的印象时亦有印证。但笔者亦同样注重硕士就读学校的问题。作者不时关注到某些本科毕业于一般院校的候选人，硕士生考入非常不错的法学院，在作者看来，至少可以得出这一结论：候选人曾有过成功的心理体验。作者认为，此等成功的心理体验对于候选人以后的自信心乃至继续保持勤奋都非常重要。概言之，本科与硕士经历皆比较重要。对于本科是否就读法律专业，倒是各有利弊。本科就读法律专业的候选人，可能一般法律功底相对扎实；本科就读非法律专业的候选人，可能视野与观察思考问题进路更宽广更多一些，不可“一刀切”。

2. 英美德主流法律教育国家学习经历的问题。由作者任职公司的全球化业务与管理流程决定，作者过去五六年招聘的团队成员绝大部分均具有英美德主流法律教育国家一等法学院的学习经历，但亦有国内比较厉害的某大法学院（包括但不限于F大）的高材生。总体而言，一定的英美德主流法律教育国家学习经历，对于候选人加入后尽快融入国际化的团队会有所裨益，另外，此等经历对于日后处理跨法域跨国界的法律问题，亦会节省乃至避免“上手”成本。有必要指出，海外法律教育国家学习经历与文凭只是表面，关键是候选人应通过学习对于现今主要法域特定相关部门法或实务领域有扎实与体系化的了解，例如CFIUS（美国外资投资委员会），否则在处理涉及对美投资与美国同事一起协作时可能存在问题与障碍。再来聊聊考bar的问题。作者偶尔会读到有美国法学院学习经历但未考bar的简历。对此，作者比较困惑，花了那么多的财力、精力及时间去学习，没考个bar，即便候选人回中国法域执业，但凡事总有个交代与总结吧。在作者看来，这至少对于候选人思考与处理问题的全面与成熟度是个减分项。虽有前述，但必须强调，不能唯海外法学院学习经历是瞻。作者面试经历中不乏能写很棒的法律英语但言之中国法知之甚少甚浅甚弱的中国国籍候选人。一言以蔽之，候选人是否需要英美德主流法律教育国家学习经历，最终取决于公司业务与管理流程的国际化程度，所任职若为中国公司则该中国公司是否有走出去的需要与项目等，盲目招聘法律海龟，最终只会被证明是英谚所谓"白象"*(white elephant)，还耽搁人才前程，贻误自身工作。

3. 项目经验与执业履历问题。先说项目经验。也许是受益于中国近年来蓬勃发展的律师非诉业务，作者越来越多地收阅候选人列出长长的项目清单(很多尾随令人咋舌的交易金额与交易结构复杂度描述)。作者甚少关心交易金额与交易结构复杂度，而更喜欢仔细在简历中寻求候选人在相关项目中承担何种角色的描述，并于面试环节中予以一一核实。比较细心的候选人亦会仔细标注自己于相关团队中的作用(增分项)。再来说执业履历问题。相对而言，作者更倾向于从律所挑选候选人，缘由在于，一位法律人才法律思维、执业经验及技巧的养成，与培养一位法律人才的商业感觉与经验相比，需要耗时更多；另外，来自所里的候

* 指昂贵而无用，华而不实。——编者注

选人进入全新的公司商业环境，亦会因感觉新鲜觉得有许多东西可以学习，从而自然延长任职时间。当然，如果有商业感觉与法律逻辑结合得很好的候选人，则是难得人才，必求而得之。

4. 留心一些硬指标。一如作者前面对于中国高考的论述，现如今，社会中莫名有对于学业成绩与考分的轻视，所谓“注重能力而非考分乃至彻底荒废考分”成为时尚。此等矫枉过正，不仅在继续误导中国相当一部分具有“国际视野”的中产阶级“鸡妈”“鸡爸”们，亦不符合事实。部门里有毕业于美国某厉害法学院的伙伴曾悄悄告诉我，所谓的美国法学院常年三甲，即哈佛、耶鲁及斯坦福，通常只招P大的学生。因此，学业成绩与考分仍然是重要的，那些GPA过3.4(/4)的，或司法考试过400(/600)的候选人，大概率有过人之处。

经过上述四方面的书面简历解读，基本上可以初步勾勒出候选人的大概执业与学习轮廓，这些可以带入下一步面试环节去一一验证。

四、面试——提问与答问

首先，带着对候选人的初步素描，进入面试环节。作者依个人经验，总会从候选人此前的执业与求学经历问起，主要还是观察候选人论述的逻辑性与完整性及肢体语言。在此提问环节，举止过分紧张与过分放松的，都会导致作者继续追问更多问题。在作者的有限经验看来，成功且双方均满意的面试，大概率是比较自然且顺畅的。作为候选人，自然与顺畅体现的是自信与从容。提问并核实完执业与求学经历，一般会与候选人探讨些专业问题（对于作者亦是很好的切磋与学习）。为公平客观起见，作者一般会问候选人对哪一部门法或哪一执业领域最感兴趣。如果是功底比较扎实的候选人，会从法律法规聊到实务操作乃至个人体会。于此环节中，作者倾向于对法律法规比较熟稔的候选人，理由很简单，若如候选人自述，做了那么多单业务，却连做业务的法律法规依据都不清楚，说明至少平日里做完交易完成工作之余，没有进行总结与体系化思考，因此其执业经验的可信度与扎实度均会打折扣。当然，作者亦有幸遇到这样的情形，作者讲到法规上文，候选人立刻接上下文，这样的演练持续了半个小时。

其次，可以问一问候选人对于未来职业的规划。许多候选人不一定会回答出十年以内的规划，但如果未来两三年都没有清晰规划，那作者只能认为，在相关职位于候选人那里，这很可能只是一份受薪工作。而年轻法律人才的自我职业规划是太过重要的一件事情，如果候选人前述回答顺畅自然，则作者会有意问一问候选人个人的爱好问题。

最让作者沮丧的回答是没有爱好，或者爱好就是看法律书籍。从事高强度高压力高对抗性（所谓“三高”）的公司法律部工作，没有一两个可以让自我充分浸润其中完全放松的业余爱好，则该才俊的职业与生活平衡及可持续性发展，很可能是个大问题！

最后，作者想着重说说英语与中文能力问题。先说英语。首先，听到候选人脱口而出一口标准的伦敦腔或纽约口音固然是好，但考虑到中国执业环境毕竟非候选人留学英美的语言环境，只要能够流利自如比较准确地用英文表达自己的观点，一般应该就可以。英语之中更为关键的是书面英语表达能力。比较令作者抓狂的是，候选人可以写很 fancy（棒）的英文，但就是找不到亦抓不住重点，更多的是卖弄词汇选择与语法结构的纷繁变化，例如，过多的不必要的拆分词组或炫技性的双重否定等。此等人才一旦招聘进部门，则恭喜总法，多了个业余家教的工作！再来说说中文。可能中国这么些年过分强调英文教育，在律师服务业尤甚，渐渐地我们祖宗的文字都运用不好了。作者在面试笔试环节，亦曾遇到过候选人不问行文对象是谁，行文目的如何，对着拟定为经济开发区管委会主任的行文对象，就来一顿法言法语的狂轰滥炸。

流程走至答问环节，依作者个人经验，不管候选人从何角度提出问题，面试官于此环节的重要作用，是将整个公司的全球运作、区域运作、全球法律部及候选人拟加入团队的情况，简洁全面地介绍给候选人，以便候选人判断选择。此外，要客观如实地介绍公司与团队的文化，既要讲优点，亦要坦承不足之处，以免构成“重大误解”乃至入职以后的串串麻烦事儿。最后，亦应清晰明确地告知对于招聘职位最终人选者的期望，以便候选人适时进行自我对照判断。

总体而言，如果能够于面试环节识别出以下特征的候选人，则可以在很大程度上避免入职以后的麻烦：

1.“草莓型”候选人：一如草莓，表面光鲜，一经摩擦碰撞，立刻面目全非。这类候选人通常纸面简历光鲜无比，面试环节中规中矩，但通览其简历，貌似从未遭过挫折。此类候选人亦需多问多观察，至少这类候选人以后面对工作中的挑战能否从容应对是个问号。

2.“怪问”候选人：此类候选人经常会问一些奇怪的问题，例如是否可以对出差频率予以限制？是否可以参加公司商务应酬不饮酒精性饮料？其实出差与酒精性饮料都是可以避免的，但面试中问此等鸡毛蒜皮的问题，背后反映的往往是对商业公司文化与治理运作体系欠缺必要了解与阅历。

3.“浮云系”候选人：一如浮躁乃这个社会的流行病且大家病得心安理得浑然不觉一样，现时候选人中坐实“浮云系”星座的往往也不在少数。作者认为，法律实务的研究，一如粤菜料理之煲汤，省掉必要的时间而图快疾与省力，则必定是歧途。由是观之，频繁跳槽乃至专业实务兴趣多变的候选人，亦应予以警惕，否则总法律顾问必然终日面试，疲于奔命。作者想要指出的是：浮躁心态驱使下的资历尚浅者，往往不明就里就开始频繁跳槽，对此，面试者不妨尝试开诚布公，多给些职业生涯规划的指引与建议，希望能够对其有所裨益；万一未果，亦可轻道一声：Good luck（祝你好运）！

五、会商与敲定

依通常程序，海外总部法律部一般都会进行最后一面。在此面试环节，作为当地法律部这边，最重要的工作就是观察并纠正海外总部法律部囿于总部（处于不同商业与文化环境）经验局限而对候选人作出的一些不准确判断，例如，被候选人标准地道的英语口音所迷惑而忽略了对其中国法基础的考察，或者过分看重候选人的演讲能力而忽略了其实际工作能力。作者就曾有过将一位演讲能力无比强悍英语无比地道但实际工作履历比不上另一位候选人的候选人淘汰的经历。在这一环节，误判的风险是可能有的，但基于细致全面观察、中国本土洞察力及直觉经验所作出的判断，仍应得到充分尊重！

六、未尽之路

历经千辛万苦，总法律顾问终于招聘到了自己比较中意的候选人。即使其融入公司文化比较顺利，与团队的化学反应亦正常，但仍有未尽之路，即如何继续关注与培养新入职候选人的商业意识、法律实务经验及技巧与商业逻辑及时间无缝结合的能力，将是在候选人入职后展现于每位总法律顾问面前的无尽之路，而此未尽之路，将时时伴随，且诸多艰辛，仍需常做常思，常做常新。

《民法典》扯出的闲话

公司法律合规部专业研习浅议

热词

民法典　公司法律合规部　法律研习

作者借《民法典》颁布后法律界的巨大学习压力，结合自身的法律研习经验和观察，对于公司法律部门基于不同的法律进行法律研习的方式和范式进行了分享。

肇始于 2021 年，延宕至今日，随着中国经济与社会发展演化导致的法律规制的急剧调整，加之国际上将中美贸易第一阶段协议相关约定落实至中国国内法，导致法律更新急剧加快，这对法律人的勤勉研习提出了迫切要求。VUCA 时代，没有最高潮，只有更高潮。2020 年 5 月 28 日，第十三届全国人大第三次会议表决通过了《民法典》，并于 2021 年 1 月 1 日起施行，全七篇共一千两百六十条；而于此轮立法中最高人民法院早于 2020 年 3 月 19 日便公布，自即日起直至 2021 年上半年，要完成 49 部司法解释的制定工作。一时间，法律圈“哀嚎一片”，绝大多数法律人都觉得研习任务与压力巨大。作者在此就借《民法典》，扯扯公司法律部专业研习这个“闲话”。

一、时时自我研习——法律人躲不掉的宿命

曾有一位执业三十余载的中国红圈所元老贤达在为青年律师编著一本入门级书籍时感慨道：虽已执业近三十载，但仍然无法喜欢律师这份职业，其中一个主要原因，就是需要时时学习。一语中的！就作者有限的二十载公司法律执业生涯而言，每日（包括周六与周日）若无电话或视频会议或应酬，工作日官方下班后的时间或周末空闲时间，基本上除了回复工作邮件，大多数的时间都花在了自我专业研习上，固定四宫格：法律、法规及司法解释 / 案例 / 专业分析与评述 / 高质量文本。作者知道，许多同行只会比作者更加勤勉用心。

从人性角度来说，前述此等"自我强迫症"貌似极度不符合常理，然其事实上却是法律人的宿命。美国联邦最高法院大法官霍姆斯有云："法律的生命在于经验而不在于逻辑。"既为经验，便时时处于积累演变之中，从而对法律的时时研习便成为必要，此所谓法律人躲不掉的宿命！

二、先天不足——公司法律合规部专业研习的缺憾

与外部律所相比，应该说公司法律合规部的专业研习

存在若干重大缺憾：首先，从机制上，与外部律师需要时时掌握立法与相关司法、行政执法实践最新进展从而确保向众多需求各异的客户提供高质量的法律服务不同，公司法律合规部在许多情势下并无固定的专业研习机制；其次，与外部律所执业绝大多数情况下聚焦于法律领域不同，公司法律合规部的法律服务绝大多数情势下均需与公司商业实践紧密结合，从而导致纯法律研习的重要性于无意中被忽略；最后，从研习文化氛围来说，不同于绝大多数为法律同仁的外部律所，公司内部由业务部、各职能部门及法律部构成，就法律研习的文化与氛围而言，亦非佳境。

正是因为有了上述种种缺憾，公司法律合规部的研习首先需要的，不是心力与时间的付出，而是克服不友好氛围的影响，创设并维护自身研习氛围的过程。

三、“牛排”还是“佛跳墙”——针对不同法律与实务领域的差异化研习方式

与外部律所对于不同法律与领域采取差异化的研习方式相似，公司法律部针对不同法律与领域亦应度身定做研习方式，因时、因地、因事制宜。

(一) 明确专业研习的目的

身负公司卫士(corporate guardian)与业务促成者(business enabler)的两重角色,公司法律合规部的研习目的,除其他外,主要还是在于:其一,即时关注跟进相关部门法领域立法、执法及司法领域最新进展,并据之更新公司合规制度与实践,确保公司始终高标准合规;其二,即时关注并分析研判相关立法、执法及司法最新进展对于公司业务发展所可能带来的挑战与机会,给予公司业务部门前瞻性与战略性的法律建议,并确保相关业务部门在法律合规角度的营运自由(freedom to operate,FTO)。例如,公司数字化与电子商务实践中,对于中国颁布的《电子商务法》的研习,比如电子商务合同的成立与《民法典》合同编中的合同成立的相关规定就存在显著差异,即为一典型事例。

(二) 区分待研习法律的不同性质并确定不同的研习素材与范围

区分待研习法律的不同性质即所谓区分国际化色彩浓厚与本土化特征突出的相关法律。依据作者多年积累但仍非常有限的经验,特定部门法或法律实务领域,例如反垄断法、知识产权法、跨境并购交易等,缘于法律移植或舶来品之故,国际化色彩浓厚(所谓"牛排"),因此相关的专业研习应大量阅读以英语撰写的立法、司法、执法及执业相关资料。试举一例，现如今，若想对欧陆风味浓重的中国反垄断法理论与实务有所心得，如不仔细研读欧盟的相关竞争法实务书籍与资料，绝无可能打造自身强健的反垄断分析思维与理论逻辑。与之相对应，另外一些特定部门法或实务领域，例如劳动法、税法、海关法等，缘于其自身发展驱动力主要来自中国相关执法机关，本土化特征鲜明（所谓“佛跳墙”），故对于此等法律的研习，则应扎根于中国立法条文、行政执法、司法实践，逐渐形成立足本土的扎实理论实务框架与核心要点。虽有前述，然参之以经济全球化从而折射于国际商事法律立法与实践的趋同化特点，上述“牛排”与“佛跳墙”之分并非亘古不变，而是在不断演化中，因此，作者认为前述分类仍应动态对待之，例如中国海关法中关于知识产权保护的相关规定，即一定程度上借鉴了相关的国际惯例。

（三）区分待研习法律的不同属性，决定不同的研习方式

依然依据作者多年积累但仍非常有限的经验，在公司法律合规部的日常执业实践中，特定管制性行政法规，例如市场准入、证照审批，一般而言，在掌握其框架的基础上，通过研习，牢牢掌握其核心要点，即禁止性规定、授权性规定等即可，所谓“消灭盘子里的那块牛排即可”；而对于特定部门法核心法律，又可再细分为两种，一种是作为相关部门法核心法律且富于专业逻辑与思想沉淀的，例如公司法，则除了需对《公司法》第十三章第二百一十八条中的核心条款了然于胸之外，还要熟稔相关的司法解释、法理逻辑及代表性司法案例，最终形成自身扎实的公司法领域的实务思维；另一种是作为相关部门法核心法律且于旗下衍生出许多行政法规与部门规章的，例如对外贸易法，对其研习则不仅要包括作为核心法律的对外贸易法，还要包括其下第二层级的货物进出口管理条例、技术进出口管理条例，亦要包括与其紧密相连但从属于它的海关法，掌握其规制框架、核心条文及分析方法。所谓“佛跳墙”，不仅盅中之物珍贵，盅中之汤水亦是宝贵营养。

四、“单练”还是“切磋”——公司法律合规部研习范式

如前所述，囿于公司所处商业环境，公司法律合规部的研习氛围与环境与外部律所相比，存在并不友好的先天不足，那么要克服此等先天不足，则公司法律合规部研习的范式便至关重要。兹分述其要点如下：

1. 法总的榜样示范作用——犹记曾有两位专门研究法

总的美国学者（Prashant Dubey 与 Eva Kripalani 合著 *The Generalist Counsel*，牛津大学出版社）所言，公司法律部与法总发展至今，法总必须得成为通才与多面手（generalist）。而成为通才与多面手的背后，是艰辛的自我研习任务。也许不可能成为公司商业运营所涉及各法律实务领域的专家，但必须得对相关领域具有基础的了解与把控，否则无以指导团队成员的工作，以及无法完成与外部律师及其他法域同事的沟通与协同。

2.“单练”与“切磋”相结合——区分公司法律合规部内部不同的业务单元与实务领域分工。法总可以安排相关法律顾问分别对其负责的相关领域的新法律进行专题研究，并在定期团队会议上，就相关新法律与公司业务相关的要点相互交流切磋。个人陋见：此等单练与切磋相结合，可兼顾专攻与高效分享。

3. 公司内与公司外相结合——就特定专业性强的领域，可以邀请专业造诣精深的外部律所与公司法律合规部团队共同举行研讨会或闭门会。例如就收购中国上市公司而言，分别从外部律师角度与公司法律部实务操作及协同各业务部门的角度，分享自己的研习心得，以期形成智识与经验的聚合（fusion）。

4. 国内与国外相结合——就前述国际性色彩浓厚的部门法或实务领域例如反垄断法，充分利用总部法律部与各兄弟公司法律部的经验、智识及资源，通过网络视频分享会(virtual meeting)、SharePoint 数据库等，共享不同法域的观察、执业经验及智识，反思自身实践，持续改进，最终实现全球智识与经验共享，共同精进。

行文至此，就《民法典》的研习思路，参照本文分享的个人有限经验，作者认为，可以将《民法典》归入与前述公司法一样的类别，即作为民法的核心大法且富于专业逻辑与思想沉淀，从公司运营实践角度，先适度搁置与公司业务实践一般不太相关的部分，例如第五编婚姻家庭与第六编继承，而后将剩余五编即总则、物权、合同、人格权及侵权责任再依其与公司商事活动关联度分为两档：第一档为合同、物权及侵权责任；第二档为总则与人格权，分别分配不同的时间与关注度进行研习，特别关注其中创设性条文实质性调整条文例如保理合同、物业服务合同、合伙合同及由担保法中拿出置于合同编中的保证合同，并结合相关司法解释、案例及专业分析评论，进行代入式研习，最终更新自身的民法理论与实务框架并丰富自身的实践沉淀。

附作者个人偏好的法律研习资源：

Lexology(包括但不限于：Getting the deal through)/www.acc.com/www.findlaw.com/www.law.com/www.iflr.com...

Warren's Forms of Agreements

Vault 排名前二十律所网站

英国魔圈所网站

中国各大红圈所网站

LexisNexis

Time is of the essence

公司法律合规工作的时间因素

公司法律合规部 时间节奏 公司治理结构

热词

在公司法律合规部的日常工作中，针对工作事项，节奏到底该如何把握？何时该迅疾？何时该从容舒缓？本文基于作者的实践经验，针对两种情形，提供了珍贵的实践策略建议。作者认为，在公司法律合规部执业，每日都在修行，不仅修行专业智识及经验，亦修行人生阅历与人性把握。

早些年法律人在起草合同时，通常为强调及时履行合同的重要性，一般会于一般规定（所谓 Miscellaneous/ 杂项条款）中嵌入一句 Time is of the essence for purposes of this agreement（对于本协议目的而言，时间至关重要）。那么在公司法律合规部的日常工作中，何时该迅疾何时该从容舒缓，从而找到黄金一般珍贵的节奏感，倒是值得总结厘清的话题。

一、那些"时间紧任务急"的时刻

就公司法律合规部的日常运营而言，第一个时间紧任务急的时刻就是争议解决事务，即公司涉入诉讼、仲裁及其他争议的解决时。由相关诉讼、仲裁过程中的时效与法规的强制性决定，相关证据的收集与准备、争议解决策略的研判与确定，乃至正式介入争议的谈判与解决，"分分秒秒都关乎走势与成败"。对于具有职业敏捷性(professional agility)的公司法律合规部而言，妥善处理与应对前述时间与压力并非难事，挑战在于公司里其他“朝九晚五”的部门，是否能够予以迅疾支持与配合，是不少法律合规部小伙伴们挠头的问题。

对此，作者的有限经验在于：(1)平时与公司相关部门确立快速反应与绿色通道机制，例如对于诉讼费用的缴纳，公司一般为保护现金流都有固定付款期限，法律合规部必须得享有绿色通道机制，即付即到；(2)升级上报，在相关部门不配合、不支持时，及时升级至该部门领导并最终上报至公司最高管理层，以确保问题的及时解决。当然，许多时候仅仅需要“CC”相关部门领导一下，利用“CC”这把无声手枪就可解决问题(备注：作者不赞成使用“BCC”这种“威力更加巨大”的无声手枪，无他，比较伤人品)。

如果争议解决事务是一般公司的规定动作的话，那么对于交易性公司，并购这一规定动作，对于时间的要求就更高。作者多年但仍然有限的经验无比鲜活地提示，许多并购交易一旦超出了合理的时间框架，曾经的“沉鱼落雁之容”，亦会退变为“明日黄花”，因为市场在变化，目标公司的其他竞争对手也在切实精进或“人工美容”。鉴于此，作者认为，其一，应在项目立项之初即设立项目的不同阶段与预计完成时间表，并努力契合该时间表。一旦发现逾期现象，就应及时审视对整个项目(特别是商业目的)实现的影响，出现严重逾期时，需要重新设计项目工作流程。例如，尽职调查报告完成后已有若干时辰不再反映目标公司最新情况，需要安排确认性尽职调查（confirmatory due diligence）乃至最终放弃项目（当目标公司已经不再诱人时）。其二，工作实施应尽量带着“向前赶”的节奏。所谓“向前赶”，就是能做的先做掉，不要“等、靠、要”。因为并购过程事实上是非常动态的，特别是在特定交易形式例如竞争型出价交易（competitive bidding process）中，各家竞标买方的反应速度往往是“抱得美人归”的决胜因素之一，正所谓“交易一如人生”。

危机处理时刻，作为时下 VUCA 时代难免会遇到的情况，治理结构良好的公司一般都会有相关危机应对处理预案。对于危机应对处理预案，作者有限观察如下：(1)需要定期逼真演练，即便无法做到美国空军“红旗”军演的逼真程度，也仍然要尽量逼真才有效果；(2)演练中一定要发现流程中的不足或不实用之处，并力改之，例如程序烦琐乃至事事需要汇报总部等。

再聊聊与 C-suite（最高管理层）相关的“时间紧任务急”事项。各位公司大佬平日表面上运筹帷幄决胜于千里之外，但依作者观察，大多数都有不耐心的特质（从某种程度上来说，耐心不着急也坐不了那些个每日需要“征讨打杀”的位置）。针对他们的服务需求，作者一直叮嘱部门成员：C-suite 无小事，一旦大佬提出服务需求，务必力争第一时间响应。之所以如此，倒无关乎“办公室政治”，也不仅仅是屈从于大佬的性格特质，而是在于 C-suite 向法律合规部发出的服务需求往往是管理决策链条中的重要一环，此环不过，链条上还有许多环节无法进行，耽误不得。

最后聊聊公司法律部与外部律师如何应对“时间紧任务急”的事项：

首先，要从执业理念上去接受客户由于时间紧任务急而看重的反应速度与实用要求。例如，不让出正式 legal opinion（法律意见），而只接受 executive summary（执行概要）乃至 bullet points（要点）做法。

其次，于服务提供方式上有相关的灵活安排。有正式工整的 legal opinion 与 documentation（文档），亦得有 executive summary 与 PPT 乃至电话解答（囿于时间与敏感度要求），让客户切实获得灵活、多样化、敏捷的专业服务。

二、那些“沏壶茶嘮嘮嗑”的时刻

通常情形下，从经营效率角度来说，当代商业公司均以快速敏捷为惯常追求。然而，于特定情形下，快速与敏捷不再适合作为运营追求之唯一或最重要的目的，究其缘由，或者因为特定非商业公司能够控制的因素，例如相关行政主管部门的审批与工作效率问题，或者因为外部专业机构的工作效率与质量之间的冲突，或者因为“拖一拖，晾一晾”可能会更有助于事情的解决与项目的推进。

就非商业公司能够控制的因素而言，通常涉及第三方工作进度的问题，例如相关行政主管部门的行政审批与工作效率问题。公司内部管理层如果不熟悉中国国情，常倾向于催促相关行政主管部门。姑且不论此种催促是否会起到招致相关行政部门不悦的反效果，单就相关行政部门在被催促下的工作质量问题，例如行文的精准性，就存在切实的风险。作者的一位法总朋友就曾收到过相关主管海关因为被催促而在其出具的补税通知单中错误援引法律条文的情况，更糟糕的是，待发现后再行申请更正，花费的精力与时间使早先催促带来的时间效益荡然无存且后遗症多多。再就第三方审计或评估机构的工作进度而言，由于不审慎区分事情的重要性与关联性，一味催促，导致审计或评估报告工作质量低下，最终不得不在纳税申报时推倒重来，时间未省，效率降低，还要冒着税务合规的稽查风险。

应该说，“拖一拖，晾一晾”与商业公司治理结构完善所要求的“responsiveness”（反应灵敏）于一定情势下可能存在冲突，然“responsiveness”并非放之四海而皆准的教条，仍需区分不同情势，决定是否及如何“responsive”，否则，教条套用，只会将待解决问题弄得更糟。总之有些时候，可以把手头之事放一旁，一边“沏壶茶，唠唠嗑”，一边坐等手头之事在各种因素相互作用博弈最终成型而后解决之。作者一位法总同仁曾聊到2008年中国雪灾时他处理过的业务终止加大规模裁员的事儿。因为相关部门业务于中国多年发展不振，全球管理层最终痛下决定，关闭业务并全面裁员。决定一宣布并实施，供应商、经销商、直销客户及员工的各种谩骂、追讨、索赔、威胁以及准备来位于上海的中国区总部闹事的邮件，一如冬季窗外的雪花一样飞舞。外派至中国区担任管理层的外籍同事未曾见过此等架势，异常紧张，整天待在法总的办公室催促法总一一回应，即being responsive。那位法总嘱秘书给这位大佬倒杯咖啡，指向雪花飞舞的窗外，告诉大佬：既然要回应，针对各方所提问题或诉求的解决方案有吗？大佬回应：没有。法总答道：既然没有，如果贸然回复却没有任何解决方案，徒增对方愤怒。大佬问：如果他们来上海闹事咋办？法总回答：本人查过天气预报，此场大雪预计将持续数周，数周之内不会来；即便数周之内前来，天寒地冻，对方需要住所吃饭出行，诸多不便，从而对方的“战斗意志”与韧劲都会经受巨大挑战；而且，上海的世博会准备工作紧锣密鼓，各地方政府与上海市政府亦不会允许企业正常秩序与社会稳定被破坏。大佬听完法总细致耐心的分析，将信将疑地离开。后来事情发展一如法总所料，雪灾期间无人前来，雪灾数周之后，各方经过数周时间的沉淀，怒气已平息大半，最终绝大多数均通过理性平和的协商得到圆满解决。所谓拿捏“天时”之重要，于此案中得到生动体现。往深处说，在公司法律合规工作中，一件争议或一个交易或一个事宜，处理过程中均存在各种因素相互作用与博弈的情形，所谓“天时、地利、人和”。如何综合观察并把握各种因素的发展与相互作用，从而作出最精准的判断，实乃法律合规部专业修为、实战能力乃至人生阅历的真正考验。

三、节奏

快速迅疾也好，徐徐为之亦好，其实背后揭示的都是公司法律合规部工作的时间因素与节奏问题，易言之，不可能所有事情都需火急火燎，也不可能所有事情都可以从容不迫。依据作者多年但仍然十分有限的经验，决定何种节奏的因素，主要有以下：

1. 法律与法规的相关强制性的时间要求：此中最典型的，便是诉讼与仲裁事宜，期日与期限问题总是至关重要；

2. 合约性义务的时间性要求：例如合同中关于履约期限的条款与条件；

3. 法律关系各当事方的预期与诉求。有必要指出，在商业实践中，除去各当事方之间的合约性义务，法律关系各当事方的预期、诉求及其变化以及前述对时间因素的影响，亦值得关注，缘由在于：如何维护本方利益并基于善意原则配合其他方诉求的实现，非常考验公司法律合规部的法律功底与商业智慧结合能力。

在公司法律合规部执业，每日都在修行，不仅修行专业智识及经验，亦修行人生阅历与人性把握。而对于其中时间因素的考量与把握，更是“夫大人者，与天地合其德，与日月合其明，与四时合其序，与鬼神合其吉凶”。

饭局的艺术

法总饭局轶事

饭局　法总　公司法律合规部　利益相关方

热

词

饭局于中国人的社会交往中始终是最重要的形式之一。对于公司法律合规部与法总而言，如何针对不同场景下的饭局，精准考量、妥当出席及完美收官从而实现交流放松与工作两不误，乃是放在面前必须做好的功课与工作之一。本文不仅总结了法总们通常面临饭局的四大特点，更是基于自身经验和见闻，提供了高效处理相关饭局的实务艺术。

公司作为商业世界的一个重要部分，一年到头，各种商业应酬与饭局在所难免，作为公司业务部门的伙伴与公司利益的卫士，公司法律合规部也难以置身事外。然不同于俗世日常生活中的饭局可以纵情享受友情、亲情及爱情，商业世界里的饭局总是难免夹杂着商业与公司的因素，如何合规得体有效率且富有成果地赴好每个饭局，吃好每顿饭，亦是对公司法总软实力、阅历及情商的考验。以下就基于作者有限经验，叨絮一二。

一、与外部利益相关方的饭局

因不同公司所处行业、商业运作模式及相对应的法律规制环境与整体外部商业生态环境不同，其外部利益相关方亦有不同。作为公司风险管控的核心部门之一，作者一直认为，公司法律合规部的基础能力（essential capability）

之一便是对公司各外部利益相关方进行全面、准确识别，并据之确立实施正确的应对与合作机制，同时定期更新。无独有偶，一位有心且敬业的法总曾给作者展示过一张类似军用地图的其任职公司外部利益相关方图谱，其中小到某制造基地所属辖区的消防支队（注：消防主管部门现已成建制并入应急管理部），其细致全面值得称道！

既为外部利益相关方，饭局就没有那么好组织或好赴。首先就面临合规的考量。参之以发达市场经济法治国家反腐败的良好实践，公司对于中国相关政府职能主管部门与法律、法规授权的具有管理公共事务职能的组织，不应主动组织饭局并邀请其参加均有明确规定，以避不合规之嫌。另外，从反垄断法合规考虑，对于组织由相关行业协会、具有竞争关系的同行及交易相对方的饭局，亦应严格禁止，缘由在于，酒过三巡，席间一开心，谁的嘴里飘出个有关价格或市场或客户的话，就足以让席间各位头大。所谓“人在江湖走，哪有不挨刀”，理当小心。对于参加而非组织由相关行业协会、具有竞争关系的同行及交易相对方的饭局，亦应小心，事先约法三章，避谈关于价格、市场、客户及其他竞争敏感型话题，毕竟饭局吃的是开心，而非担心乃至闹心。

其次就是得体。如果出席由相关政府部门组织的饭局，赴局前就得琢磨清楚如何得体地出席，从着装、待人接物、寒暄都需适当考虑体制内领导的行事风格与习惯。言及此，不禁想到某位法总曾与作者说到的领带问题。按照西方宴会礼仪，出席宴会务必上下精心收拾，西装革履，以示对主人的尊重。然作为宴会主人的许多体制内领导每天忙得要飞起来，组织的饭局亦是一天中众多场子的一个，如果不注意事先协调，客人西装革履，主人一身工作短打扮，双方很可能都会感到不自在乃至生疏。又如，席间应该尽量避免回复邮件与长时间接听电话，也是真正体现对主人的尊重。

再次，如何高效率地赴饭局？作者熟识的某位法总有个很好的经验：赴饭局的路上，先把工作邮件放一旁，思量思量此次饭局如何进行席间沟通，以期达到怎样的目的，此处不涉及功利或势利。商业世界里，大家时间都很紧张且宝贵，充分利用出席饭局的宝贵时间沟通、商讨以达成理解或共识乃题中应有之义。前述这位法总所任职公司既从事个人护理、家庭护理，亦从事工业产品，多年历练，这位法总练就了一个本事，席间领导问及公司所从事行业，法总能在一分半钟内清晰全面说明，有业务介绍、有品牌、有生活消费经验分享，深入浅出，浅显易懂。这位法总专业之外的功夫也是下足了！

聊完“程序问题”，再来聊聊“实体问题”——酒量问题。出席饭局期间，如饮酒，一般情况下应适度。作者熟知的法总们的有益经验是：如若出席饭局当日身体不适，或一向不喜杯中之物，最好开门见山言明自己不喝；另外，即便法总喜欢饮酒，一般情况下亦应适度。法总如果不注意审慎自控被灌倒最终说错话、做错事乃至弄砸饭局的"杯具"故事也就是大概率事件了。虽有前述，若相关法总海量，则聊至尽兴而归亦并非不可，然底线是保持清醒，因为自身本质还是位律师，豪爽与失态往往就是一杯酒的距离！

最后来说说法总可能面临最多的与外部律所之间饭局的问题。在与一些法总交流中，作者倒是观察到一种比较独特但非常有效率的做法，即与其赴外部律所的饭局（严格说来，有一定利益冲突嫌疑特别是存在业务合作可能的外部律所），倒不如请外部律所吃饭，不仅请吃饭，还要于公司业务应酬标准范围内请吃好餐馆。其中考量若干，分述如下：其一，外部律师平时工作辛苦，与公司法律部一样，所谓"高强度、高压力、高对抗"的"三高人群"，请各位外部律师于百忙之中放松一下，共享美食畅叙，放松身心，以示感谢，至少外部律所在日后的业务账单上会"客气"与"理性"一些，不会瞎折腾出让人"惊悚"的账单；其二，年终组织饭局，请核心外部律所的联络合伙人（relationship partner）与骨干合伙人及律师，聊聊即将过去的一年相关法域立法、执法及司法的进展与值得关注的动向（或者饭局前索性组织个闭门专业研讨会），介绍下公司的业务发展情况与挑战，听听外部律所关于相关执业领域的人员流动与本所的发展情况，法总可以在心中及时更新相关信息，又不会产生账单，外部律所亦了解了客户的发展从而调整适应，实乃“双赢”之举！

二、与外部非利益相关方的饭局

聊完稍微有点戒备的与外部利益相关方的饭局话题，换个轻松的聊一聊——与外部非利益相关方的饭局，例如其他公司的法总与合规官、法律媒体与法律科技公司等。

就与其他公司的同行法总与合规官的饭局而言，一若得闲，作者还是会不时自掏腰包或AA制参与或组织相关公司同行法总与合规官参加的饭局，这么多年一直把这种饭局当做是学习、探讨、相互安慰与鼓励的好场子。一如作者书中“人间四月芳菲尽　山寺桃花始盛开——记暗流涌动的中国公司法律合规部”一文所分析，因应时势，从无到有，从有到强，中国公司法律合规部从本身素质到资源拥有量都经历了突飞猛进的发展，其间厉害角色乃至大师多多，既有基于自身履历与公司业务领域喜好反垄断实务的人士，亦有专注于公司税法的专家，亦有专攻合规的巨擘，实乃学习之佳地。择大家皆有空闲之日，各带一支好酒，觅个好餐馆，剪几支古巴雪茄，聊聊各自近期关注的法律实务问题、行业总体发展现状与前景、相关外部律所与合伙人的服务水准与工作风格、带领培养部门伙伴的经验等，正所谓放松且自在的“学习会”。当然，如若要聊得好有收获，好餐馆还是必须的要件之一，所谓“吃得好，聊得开”，此言不虚。

与法律媒体公司与法律科技公司的饭局，如果是高度专业的法律媒体公司与法律科技公司，席间听听相关法律媒体人分享下法律共同体的共同关注，或法律科技公司以通俗易懂而非满屏密密麻麻的slides的方式介绍分享下法律科技的最新进展，在多数情势下信息的获取因轻松自在反而效率更高。

三、与公司内部利益相关方的饭局

言及与公司内部利益相关方的饭局，首先要说的便是公司年会。鉴于公司年会与各部门年会往往于年底年头扎堆乃至需要打飞的赶场子赴局，选择其中比较重要的出席，例如涉及中方伙伴的合资公司、有现时承办案件或项目或有潜在业务协作可能的部门或关联公司、平日里比较难搞的部门或关联公司，并礼貌谢绝不能出席的部门或关联公司年会，方可最大限度地节约精力及时间，以不耽误工作。

其次，对于母公司总部来访，一般而言皆是贵客或要客，因此对贵客与要客的背景了解、饭局的组织、沟通谈话要点及呈现方式都应事先有所考量。之所以如此，是因为帮助总部的贵客或要客客观全面地了解中国当地的实际情况，形成对于中国的正确印象并从之争取最大限度地支持，将会大大有助于日后的工作与协作。

最后，聊到公司各部门之间的饭局，一般而言，要看公司法律合规部分别对职能部门与业务部门的支持与协作关系如何。如果公司法律合规部平日里对职能部门支持极大亦无迫切事情需要协调沟通，则从节省公司成本角度考虑可以减免；而对于“真正”为公司产生销售收入与利润的业务部门，作者观察到的某些法总的有益经验便是，公司法律合规部年底请各业务部门老大与法律部一起组个饭局，借助宽松的气氛，仔细聆听各业务部门对于法律合规工作的反馈，既有认可与表扬，更有富有价值的批评与建议，以利公司法律合规部日后工作持续改进。另外，借助此等饭局，也可裨益于新的一年里各业务部门的理解、配合及协调工作。

四、公司法律合规部内部的饭局

说一千道一万，最为重要的还是公司法律合规部内部的饭局，定期或不定期组织部门里的伙伴们放下手头繁忙的工作，于轻松愉悦的气氛中交流下彼此工作中不一定涉及很多专业但影响工作情绪的问题，然后大家于谈笑风生中商讨解决方案或良好做法，或部门老大分享下个人从总部得到的指示及对公司生态新近变化的观察，对于团队伙伴们的情绪舒缓并再次鼓足干劲继续向前，都至关重要。

饭局于中国人的社会交往中始终是最重要的形式之一，如何针对不同场景下的饭局，精准考量、妥当出席及完美收官从而实现交流放松与工作两不误，乃是放在公司法律合规部与法总面前必须做好的功课与工作之一，值得注意与总结提高。

你若不躺，世界便不平

一位法律人的当下

热词

公司法律合规 挑战 法律规制环境 调整 突破

本文纵览了当前公司法律合规部所面临的内外交困的情势与根源。在此极富挑战性情势下的中国法律合规部，如果选择不躺平，可以如何调整与突破？作者给出了自己独到的思考与实务建议，包括深度研习异法域相关热点法律制度，重温经典，求真务实研判当下实务问题并与海外总部交流等。

从事公司法律合规工作近二十年，个人以为，从 2015 年至 2019 年是第一道坎，彼时外面商业环境变化迅速加快，法律规制环境愈益复杂严苛，“一切不是从前的模样”；而从 2020 年到当下是第二道坎，新冠肺炎疫情突然而至，中国经受严苛考验，众志成城最终得以有效管控；而外面世界诸国初始品头论足津津乐道，却罔顾全球化时代“覆巢之下，安得完卵”的朴素道理，疫情之火最终将迅速蔓延。面对此人类之共同劫难，各国依旧以价值观与意识形态结群，相互指责攻讦，且纷纷针对全球化背景下的资本、技术及人员流动，扎牢立法与执法监管藩篱，以邻为壑，并与原有及新的地缘政治压力和对抗重复叠加。一切的一切叠加到已然是世界第二大经济体的中国身上，对中国来说必然是挑战重重，前路茫茫。所有这些折射到端全球化这只“饭碗”的笔者身上，自是挑战多多，疲累与迷惘之下，步步艰辛，并伴着些许无力感。然压力归压力，生活总是要继续。面对困境，无非是两种选择，“躺平”或调整与突破。笔者认为，总还是需要基于应激本能自我主动寻求调整与突破，虽然最终能否走出困局尚无定论，但至少可以体会到，你若不躺，世界便不平。故此，笔者于此分享一下自己的观察与一些调整尝试，希冀这些笔者掉过的“坑”与吃过的“药”，能对法务合规同仁有所“反面”借鉴与裨益。

一、“内卷”与“躺平”的由来——数字化时代的信息黑洞与价值观意识形态失速螺旋

一如当下许多新人生理念、许多新商业模式源于20世纪八九十年代乃至千禧年后一代一样，时下颇为流行的“内卷”与“躺平”，仍由前述人群提出，并成为社会热议话题。针对此等现象，作为一名出生于20世纪70年代的人，笔者一直在想，内卷与躺平到底有怎样的由来？比较笔者与前述人群的成长与工作环境，其中至关重要的一块背景板就是前述人群成长的环境以物质生活极大丰富、财富急剧增长、信息极大丰富为突出特征，而此类特征又得到了席卷全球的数字化浪潮的极大强化。然信息极大丰富固然是好，关键是信息的真实度及可信度如何？如果真实度及可信度存疑，则信息极大丰富无法助人心智，反而会织就“信息

茧房”(information cocoons)并造成“回声室效应”(echon chamber)(所谓“信息茧房”与“回声室效应”，意指互联网上海量的信息喂入，反而导致了大量的互联网用户成为如同困在茧房里的“茧”，只能看到自己眼前的“一亩三分地”；或者变成了困在密室里的孤独的说话人，只能听到自己的回音[1])，扰乱思维乃至误导判断与选择，最终“作茧自缚”。加之，当下各色人等处于不同的社会地位、经济地位，从事的行业及教育与工作环境迥异，从而价值观意识形态迥异，故一旦交汇，必然电闪雷鸣，惨烈翻车现场成为注定。其弊大矣。

言及此，笔者不禁联想到2020年春节期间，疫情刚刚席卷中国，各种消息与新闻及评论，或真或假，海量投喂，而普罗大众如吾等，跳入海量信息，并结合自身的喜好，或转发或评论，或在同学群、亲友圈里激辩，甚至导致许多“割袍断义”之尴尬结局。现时冷静下来，回顾才发现，期间讨论激辩时的情绪化、片面化乃至自身不觉误入的价值观意识形态失速螺旋，虽然好不热闹，但也确实无聊。吸取教训后，笔者后来也对自身的信息接收圈做了些清理，删减了一些明显炮制大量假信息或者明显三观不合的微信公众号，更多聚焦于一些真实性可信度有保证的自媒体公众号，例

〔1〕 参见徐英瑾：《人类认知与信息茧房》，载《读书》2021年第6期。

如，财新等，新增些思想性有保证的公众号例如“读书”“三联生活周刊”等。当然作为放松，也仍然看下八卦娱乐新闻，一般于大号之时，所谓“来也匆匆，去也匆匆”，权作娱乐与消遣。笔者发现，接收的信息少了、垃圾少了，心里也清澈了许多，从而冷静与专注方成为可能。

二、法律合规部面临的挑战

于这些非常不友好乃至极富挑战性的外部环境下执业，对于公司法律合规部来说挑战颇多，以下择其要点分述之：

1. 地缘政治压力推动下的异地法域法律规制环境的急剧变化

各法域的政府与立法机关立场不同，各自基于国家主权通过立法、执法及司法手段，打压遏制对方的商业公司与个人，乃至阻碍商品、技术及人员的自由流动，使贸易自由化与全球化已然处于分崩离析之态；加之疫情泛滥，供应链梗阻，原材料价格飙升，使各国更是基于保护本国关键产业的目的，纷纷出台进一步审查外来投资的法律与法规，导致异地法域法律规制环境急剧变化。因此，作为已然嵌入其中的中国公司法律合规部，其在处理法律合规事务时，必然需要面对越来越多的跨法域问题。而某些特定领域，例如制裁与出口管制、数据合规与治理，还需要相当程度的格局。整体而言，当下公司法律合规部处理的法律合规事务中，纯国内业务越来越少，而跨法域事务已然成为新常态。从此角度看，相关方面再次提出加快涉外法律人才培养，倒也是适时，但如何培养如何衡量，培养努力是否成功，仍然是需要解决的关键问题。

2. 中国再度倡导依法治国背景下的立法狂潮与执法刚性显著增强

基于中国社会治理现代化的迫切需要，过去的两三年间，中国立法机关颁布或修订了诸多新法律、行政法规及规章。其间显例便是《民法典》的颁布，共七编一千二百六十条；又如中国力图更加有效地运用法律手段应对制裁与出口管制而出台的一系列法律、行政法规及规章，对于公司法律合规部乃至所有的法律共同体成员，都带来了显著挑战。

3. 海外总部对于中国的态度变化

于文首所述第一道坎之前，中国对于跨国公司海外总部而言，通常因其靓丽的经营业绩与巨大市场潜力而成为跨国公司管理层眼里的“明星”与“香饽饽”。而文首所述第二道坎之中，一方面，跨国公司对于中国作为 first-in， first-out（先进先出去）的国家相比较而言最大程度地恢复正常感到欣喜并饱含期待；另一方面，对于已然成为世界经济一极的中国发生的深刻的社会与政治经济变化，基于过往经验，感到迷惑乃至不解。两相结合，导致跨国公司对于自身在中国的发展满怀热忱，同时又不无疑虑。而此等态度折射到中国关联公司运营上，往往是投资决策比较谨慎，且期间不无争议。身处其中，跨国公司于中国的法律合规部工作压力日复一日加重，然与加重的压力相反，许多时候其却并不能得到充分的资源补充。

三、中国法律合规部的调整与突破

笔者认为，针对前述所列诸多挑战，刚刚面对时可能会困惑、茫然乃至无力，然冷静下来，思前想后决定不躺平后，中国法律合规部仍可以作出以下的调整乃至突破：

1. 深入研习异法域相关热点法律制度

虽然各法域法律发展史、法律文化、公共政策乃至执法司法实践迥异，然不可否认的是，得益于全球化背景下的各国商事立法相互借鉴（所谓“法律移植”）乃至趋同，异法域相关热点法律制度仍然存在经过深入研习而被总体把握的可能。更何况，中国法律合规人具有历史悠久且已嵌入

DNA 的主流市场经济法治国家法律学习的传统与能力（无论是去欧美主流法律教育国家还是在国内），深入研习异法域相关热点法律制度应该具有可行性。行文至此，基于笔者的有限经验，此等研习应该多下“笨功夫”，即多读原版、多读经典，把相关法律实务领域的来龙去脉理出较清晰的线索，方可达到对于相关实务领域异法域制度的总体把握。试以制裁与出口管制为例，笔者读了美国若干执法部门与研究学者系统梳理美国对中国制裁与出口管制的著述，其中若干著述从朝鲜战争时期一直分析到奥巴马两度任期结束。研读之后，笔者掩卷而思，其实美国对中国的制裁与出口管制的整个曲线都以遏制与防范为主，虽然期间有 20 世纪 70 年代末到 80 年代末的一段小阳春微笑曲线，然遏制与防范一直为主线。基于此，笔者对于当下的制裁与出口管制有了更理性的预期与研判，故也不再不解与茫然。又如，于反垄断浪潮席卷下的中国，在各商业公司的合规日程上，反垄断合规课题已为重中之重，而从务实角度看，欲熟稔中国反垄断法之实践乃至未来发展趋势，深入研读欧盟相关竞争法著述与案例，便是一条貌似笨方法的捷径。之所以为笨方法，在于这种方法需要大量地啃读欧盟原版竞争法专著与欧盟竞争法案例，而之所以亦为捷径，则在于大量啃读领会后，习得的是理论基础与分析框架，所谓“渔鱼”之别。

2. 重温经典

言及中国立法狂潮下立法数量急剧增加的情势，笔者可能的倾向性建议是重读经典，温习曾经在法学院学习的学理框架与分析思路，站得高一点，再来看新的法条，可能才会“不仅知其然，而且知其所以然”。就笔者曾学习的国际经济法而言，重新翻翻国际经济法大家们例如姚梅镇先生、沈达明先生、冯大同先生、陈安先生的一些经典著述，会发现时下发生的一切所谓新动向新趋势，放在这些先生著述的框架里，都是相关法律发展的一个小阶段，而有了这些著述的框架支撑，再来分析时下的一些实务问题，会更通透，而非囿于一孔之见。同样的方法亦应一定程度上适用于对《民法典》的研习。

3. 求真务实研判当下实务问题并与海外总部交流

相比20世纪90年代“新荷刚露尖尖角”的跨国公司在中国的法律合规部而言，时下跨国公司在中国的法律合规部与海外总部的沟通更趋复杂深入，更加富有挑战性，不仅是因为中国业务已然是大多数跨国公司最重要的拼图之一，深度嵌入跨国公司全球供应链，更是因为已然成为全球第二大经济体的中国当下有了更多自己的声音与立场，而其中的许多声音与立场，对于海外总部同行而言，未必熟悉乃至习惯，且一不小心会落入意识形态乃至对政治问题看法的纷争中。法律合规部如果有前述 1 为基础，首先能分享对海外总部所处法域相关法律问题的若干观察与看法，自然会拉近与对方的心理距离，从而为进一步的探讨打下基础；其后，仍然需秉承求真态度，阐述与分享对于相关实务问题的看法，不罔顾事实，不回避不足之处，而应以具有国际化视野与调性的中国话术，讲好中国故事，力争多使海外总部打消对中国的疑虑，加大在中国的投资与发展。

四、期望管理与修为

客观理性而言，当下中国公司法律合规部发展面临的困局与挑战，因外部环境中许多根本性与战略性的问题，短期内无法得到解决，从而不友好乃至富有挑战性的外部环境预计将持续相当长一段时间，因此可能需要做好持久战的准备。而如何打好这一持久战，从公司法律合规部的个人修为而言，至少有以下几点值得注意：

1. 磨砺身体与心智：承前所述，既然是持久战与中长跑，那么在痛苦的征途中不掉队将是最终胜出的基础，而非初始一百米或两百米的冠军。因此磨砺身体与心智，切实提高自身的耐操性或坚韧性(grit)，为正在隧道中跋涉的你我储备“最后一公里”冲刺的力量，便至关重要。

2. 专注与深入研习：既然外部环境不乏信息黑洞，与其在价值观意识形态失速螺旋中空耗体力精力，不如专注于深入研习。专注于深入研习，乃是忘记甚至无视窗外浅薄喧嚣的最好办法。

3. 拥抱生活中的小美好从而达致人生的平衡：既然外部世界再无大喜，那不妨用心经营，拥抱生活中的小情趣小美好，作为求索紧张事业的一种必要平衡。无他，只为法律人心目中的诗歌与远方。

当法式长棍遇上大饼油条

跨国公司并购中国本土公司交易之战略篇

热词

- 决策与分权机制
- 风险识别与控制
- 全球化标准与本土化
- 协同效应
- 并购
- 战略考量
- 时间因素
- 交易战略目的

古人有云：自古不谋万世者，不足谋一时；不谋全局者，不足谋一域。在任何一个并购交易中，并购战略的确定都至关重要。它不仅关系公司在交易结构设计、谈判过程出现问题与困难时是否能作出睿智取舍与务实风险控制，亦能引领并购交易顺利交割并实现交易的商业目的。那么，在“互联网＋时代”的商业并购交易中，并购战略的确定一般会涉及哪些战略考量呢？

前言

近几年，中国外商绿地投资（greenfield investment）起起伏伏，但跨国公司于中国的并购投资却一直如火如荼，无丝毫颓势。究其原因，不外乎借助并购，从事实业的跨国公司能够迅速切入市场获取商业网络、核心技术及关键人才，从而迅速展开攻城拔寨工作；从事财务投资的跨国公司能够获取优质资产，择机变现或推向资本市场，从而获取丰厚溢价。然而，在浩浩荡荡的并购洪流中，总是不时有轰轰烈烈开场、热热闹闹签约、乱乱哄哄"反目"，最终冷冷清清收场的失败交易。如有些年头的达能收购乐百氏、欧莱雅收购小护士与羽西，近几年的科蒂收购丁家宜等。曾有国际律所资深合伙人与笔者不无感慨地聊及，交割之日起三年内会有一批被收购公司清算与注销，五年内会有更多被收购公司清算与注销，逐年类推。此种现象，乍一看非常不符合逻辑与情理：收购方皆为具有全球不同市场丰富业务拓展经验的公司内部团队，以知名国际律师行或国内顶尖律师事务所保驾护航的梦幻交易团队；被收购方多数为能成为行业翘楚或未来希望之星的本土头部企业，不乏激情、经验与企业家精神。一言以蔽之，当“法式长棍”遇上“大饼油条”，本应是天作之合然而最终却只得一声叹息。

欲探求个中缘由与曲折，唯有细析并购交易中每一阶段“法式长棍”所代表的成熟市场国家并购惯例、经验与“大饼油条”所代表的本土企业固有思想观念、约定俗成做法之间的冲突、对抗、僵局及解决方案，方可总结出其间经验教训与最佳做法，从而提高并购交易的成功率。易言之，跨国公司在中国并购中国本土企业，本质上是两种商业文化、理念及管理实践之间的交流与碰撞，更是两种法律实务文化、法律实务体系、法律实务惯例的交流与碰撞，唯有理解、分析并始终秉承建设性的态度来评估相关问题，方可最大限度地求同存异，实现成功交易并顺利整合的终极商业目的。

鉴于此，本章中，笔者将会结合自身逾二十年总计约三十件交易的并购实务经验，分别从作为买方的跨国公司与作为卖方的中国本土企业角度阐述分析并购交易每一阶段的冲突点、共同之处及冲突的解决方法，实现分别从买卖双方视角的经验分享。所谓亦西亦中，亦法亦商，珠联璧合。文中将不仅介绍和分析跨国公司丰富的法律实务经验与惯例，亦高度重视中国的本土文化与特征；不仅分享法律实务技巧，更强调作为法律实务基础的商业逻辑与判断，以期契合法商结合宗旨。

参照并购交易通常阶段，本章将会分别从战略确定阶段、组织阶段、尽职调查阶段、交易结构设计阶段一一分述之。

古人有云：自古不谋万世者，不足谋一时；不谋全局者，不足谋一域。于任何一件并购交易中，并购战略的确定均至关重要，其一直发挥着基石（bedrock）的作用。唯有清晰准确富有可行性的战略，方可使公司在交易结构设计、谈判过程出现问题与困难时作出睿智取舍与务实风险控制，亦引领并购交易顺利交割并实现交易的商业目的。

“互联网+时代”的商业并购交易中，并购战略的确定一般涉及以下战略考量：

一、时间因素

作为买方的跨国公司于中国境内收购作为卖方的一家本土企业，一般而言，视交易结构与安排的复杂程度与相关政府审批许可效率的不同，从买卖双方确立并购合作意见签署意向书（letter of intent, LOI）或备忘录（memorandum of understanding，MOU）之日起至交割（closing）的期间，介于八个月至十二个月之间为妥[1]。提出这一时间估算，盖因互联网+时代商业社会瞬息万变，一旦一件交易逾期太久，则外部商业环境很可能已发生变化，导致原先并购交易筹划时所基于的商业假设已发生重要变更乃至不复存在，目标公司业务运营与公司治理亦很可能发生显著的有利或不利变化，目标公司员工亦会因项目进程拖沓而陡增不稳定感乃至核心员工流失。而且，此等变更很可能导致买方需要重新做尽职调查（due diligence investigation），或至少在决定是否签署正式交易文件前做一次确认性尽职调查（confirmatory due diligence，CDD），以确定原尽职调查于签署正式交易文件时未发生实质性不利变化（material adverse change，MAC）。于卖方，随着并购交易进程拖沓，其对于交易确定性的担忧乃至焦虑增加从而影响其对于推动交易进行的专一程度与决心，甚至于极端情况下另寻他方（在未与买方签订独家谈判协议的情形下）。

鉴于上述情形，实务中比较好的做法是，交易各方一旦基于合理预期确定交易项目的时间期限后，即应分别界定每一阶段的预期起止时间，列明每一阶段需要完成的工

〔1〕 前述时间估算未包括经营者集中申报与特定交易下的国家安全审查所需时间，对于经营者集中申报与特定交易下国家安全审查的时间安排以下会有专门论述。

作和/或需要解决的问题(deliverables),并定期跟踪并购项目实际进展予以适时调整。一言以蔽之,Time is of the essence(对于交易各方而言,时间因素至关重要)应成为交易各方始终注意并尽力如期完成相关工作的座右铭。

二、交易战略目的

首先,每件并购交易,若无明晰稳定的战略目的,即便交易进程可以向前推进,进程中一旦遇到梗阻问题,则必然导致因无战略目的作为判断与取舍标准而误入歧途。试举一例,如果卖方基于对自身创立标的公司的热爱,拒绝买方全部收购(full buy-out),若买方未确定充分利用卖方积累的行业经验以使标的公司于交割后继续扩大发展的战略目的,则面对卖方前述坚持,谈判极可能陷入僵局乃至破裂。

其次,此等交易战略目的不宜过多(一般而言,以两至三个目的为宜)。其中缘由在于:(1)战略目的过多,意味着没有真正的战略目的。所谓战略,总是需要有聚焦的,否则即便交割成功,亦很可能由于战略目的过多、过于分散而无法有效利用资源实现焦点突破。(2)战略目的过多,很可能会导致各战略目的之间掣肘乃至相互冲突。比如,买方欲通过股权收购获取卖方所拥有的稀缺特殊行业资质与许可,并于交割后引进买方自身先进生产技术实现高效智能制造，因此在谈判中要求卖方解除富余员工的劳动合同作为交割的先决条件（conditions precedent to the closing）。但两个目的之间无法调和，而且卖方由于其国有企业背景面临大规模裁员的切实困难，无法接受买方要求，交易最终流产。

最后，交易战略目的一旦基于坚实商业案例研究（business case study）、推演估算及中国相关审批监管实践确定，可以视交易进行的实际情况予以适当优化调整（finetune），但不宜做根本性改变，应保持其于一定时期内的稳定性（至少于交割前）。此等稳定性，一则可以确保买方不至于在复杂商业谈判中迷失方向，一叶障目；二则可以有助于保持卖方对于交易的稳定预期，从而促成交易。

三、决策与分权机制的确定

对于诸多依靠“两条腿”走路，即依靠自身有机销售增长（organic sales growth）与并购（mergers and acquisitions）实现自身业务增长的跨国公司而言，并购一直是其总部关注的重点。而在作为新兴市场经济国家的中国所进行的交易，因其不同于成熟市场国家的审批、许可及监管环境，同时又因其在公司全球商业版图内的重要性，而更易引起关注。

然而，重点关注并不意味着跨国公司总部对于在中国进行的并购应该事无巨细，大包大揽。有个很有趣的现象，举凡任何靠总部团队不断当国际飞人往返于总部与中国之间的并购交易，其绝大多数不可能高效结束，而且并不可能取得很好的谈判成果。其中缘由，一如前述，跨国公司于中国并购中国本土企业，本质上是两种商业文化、理念及管理之间的交流与碰撞，更是两种法律实务文化、法律实务体系、法律实务惯例的交流与碰撞。如果整个交易由对中国无深入了解、不甚了解乃至不了解〔1〕的总部团队全部掌控，将会是一个于一头雾水中开始的盲人摸象的艰辛历程。笔者曾有次作为对家，与另一家跨国公司谈判一家位于中国的标的公司及其全球相关业务资产的收购事宜。笔者注意到，谈判桌那边全部是从总部千里迢迢飞过来的，无一人来自中国当地标的公司，而谈判肯定要涉及中国当地标的公司的实际业务与运营细节，谈判桌这边的作者和一众小伙伴们深深地醉了。

任何一件成功漂亮的并购交易，都离不开跨国公司总部与中国当地交易团队之间科学合理务实的决策与分权机制。哪个层面哪一类问题由总部决定，哪个层面哪一类问题由当地交易团队决定，均应有明确无误的合意并坚持贯

〔1〕 例如，具有中国特色的国有资产监督管理制度，拟转让国有资产评估作价、进场竞价交易，乃至买卖双方签订的出售与购买股权协议与相关产权交易所规定的国有产权转让合同造成的“阴阳合同”问题；再如资本项目下的外汇管制问题。

彻之。对于卖方，相关的决策与分权机制亦可供借鉴。真心希望，下一次与中国本土企业的老板谈判并购交易时，再也不是老板一个人带着两三个“心腹”（许多时候老板是不带外部律师或法律部人员的）没日没夜地与卖方众多团队成员折腾了。否则，这样既没效率，也不人性。

四、效率因素

总体而言，绝大多数并购交易都面临时间紧、任务重的问题（一如在前述“时间因素”中提及的）。而在此压力下，如何提高效率便成为各位总法律顾问乃至核心交易团队始终要考虑并解决的问题。

对此，笔者有如下建议：于中国项下的并购交易中，最不为交易各方所控制、最可能迟滞交易进度的乃是相关政府审批许可效率与各大强势第三方机构（如各国内商业银行）所需的审核时间。由此，应通过并联工作（working in parallel）安排来提高效率、缩短进程。

1. 一旦交易结构与基本框架文本确定，即可相应匿名咨询交易所涉及的政府审批与许可，即涉及哪一部门、哪些审批与许可、关键文件及所需时间，并立即着手准备好相关的审计报告草稿、验资报告草稿，草填好相关的表格，所谓“万事俱备，只留最后临门一脚”。

2. 一旦交易结构与基本框架文本确定，即可着手分析是否需要经营者集中申报乃至国家安全审查。如需要，则应准备收集相关资料、数据、第三方市场调研报告。如果合理预见有被竞争监管当局（如国家市场监督管理总局反垄断局）附条件批准交易的相当可能性，则可以事先研究救济性方案（如计划剥离相关资产给第三方以消除对竞争的排除与限制影响）。这样，一旦竞争监管当局要求，即可立刻提交前述救济性方案展开协商。此即所谓先把问题解决（fix the issue first，FIF）。

3. 针对各大强势第三方机构（如各国内商业银行）所需的审核时间，可在交易各方达成合意的基础上，先行准备相关银行处理付款所需提交供审核的文件草稿，乃至签署好相关支付指令，以便于交割前直接交付已适当签署的文件，使第三方机构及时进行操作。

五、风险识别与控制因素

结合笔者多年的并购实务经验，在并购交易谈判中对于标的公司不同风险因素的识别、定性（确定是高风险、中等风险还是低风险）乃至定量（需要补救或消除风险的成本是多少），往往会成为买卖双方争执的焦点。就拥有标的公司的卖方而言，其往往是凭着勇气与胆识掘到第一桶金的，加之其多年与各路政府监管机构周旋的经验，往往对于风险的接受度非常之高；而买方基于行政执法与司法实践高度规范透明统一的成熟市场经济国家经验以及必要的审慎角度，对于风险的接受度通常非常之低。由此，不同理念之下，极易形成“鸡同鸭讲”的混乱局面。

针对此等现实，可能买卖双方最需要做的不是争论孰对孰错，而应在充分了解风险产生的原因、现状及未来可能的解决途径的基础上，结合相关的风险定性与定量分析，共同协商，就风险的评估与未来解决途径达成一致，并体现在交易文本中。进一步，对于买方，如果经过充分论证并尽力与卖方协商后，仍未能就其确定的核心重大风险问题达成双方一致接受的解决方案，则应坚决停止交易谈判，礼貌道别卖方；而卖方应充分理解并尊重买方的核心重大关切，摒弃自身在行政执法与司法实践尚未高度规范透明统一的中国市场形成的成见与看法，与买方充分协商问题的切实解决途径。

六、全球化标准、伦理准则及管理流程与本土化的调适与平衡

古语云：橘生淮南则为橘，生于淮北则为枳，叶徒相似，其实味不同。跨国公司为履行其作为全球企业公民的社会

使命，无一例外均制定了并在全球运营的各个关联公司中实施的一系列全球化标准与伦理规则，例如商业行为准则、愿景与价值观、可持续性发展等。此等做法一直为全球社会所认同。然而，如在并购交易实践中亦不分青红皂白一股脑儿地将全球化标准与伦理准则强加于标的公司，则其害大矣。轻则囿于标的公司公司治理水准与员工素质，频遭抵制乃至最终成为摆设；重则让卖方平生困惑不解乃至不接受（在卖方于交割后继续任职于标的公司的情形下），从而最终危及谈判结果。

另外，为统一化全球管理，跨国公司经常在全球颁布执行高度统一化的管理流程。然而，跨国公司如果在交割后无视标的公司历史与现实情况而贸然实施此等管理流程，则多半会徒增标的公司运营成本与负担，乃至最终拖垮标的公司，导致并购交易最终彻底失败。

针对上述情形，作为买方的跨国公司应基于标的公司的历史与现时情况，在遵守所适用法律法规的前提下，制订并执行一份过渡计划（transition plan），在一定时期内允许标的公司逐步改进，并最终执行全球化标准、伦理准则及管理流程。此等过渡计划应设定有相应的调适与平衡机制，以避免全球化标准、伦理准则及管理流程与本土实际情况之间的极端冲突。

七、协同效应因素

在成功并购的实践中，交割后预期会产生的协同效应往往是作为买方的跨国公司非常看重的因素，包括交割后产能整合带来的高效、人员精简整合后带来的成本降低之类的防御性协同效应（defensive synergy），以及交割后切入新的市场乃至产品销售渠道整合之类的进攻性协同效应（offensive synergy）。然而，“理想很丰满，现实可能很骨感”。预估并测算并购交易所带来的协同效应时，不应闭门造车，纸面推演，而应结合标的公司的实际与可信的未来发展趋势测算、预估、推算相关的协同效应。其原因在于，“互联网＋时代”标的公司内部与外部情况每天都在变化，期间变化可能会对纸面推演出来的协同效应产生重大的有利或不利影响。

综合上述，在每件并购交易中，对于上述七点因素的战略考量与计划是其成功出发与前行的基石。正所谓，好的开端是成功的一半。

远离公司动物（Corporate Animal）

跨国公司并购中国本土公司交易之组织篇

热词

公司并购　交易组织　团队　公司动物　并购决策权　尽职调查　外部顾问

公司并购作为一种需要团队高度精诚合作的战略行动，如何组建一支精干的队伍去面对神一样的对手？这是决定并购成功与否的关键因素之一。本文以并购流程为线，从公司法务的角度，分析并购各阶段中团队的组织和运作，并强调，要实现并购的理想目标，必远离“公司动物”。

“不怕神一样的对手，就怕猪一样的队友！”以这样的网红语言开始跨国公司并购中国本土公司交易之组织篇可能欠妥，但公司并购作为一种需要团队高度精诚合作的战略行动，上述网红语言对公司并购的成败可谓是一语中的。买方的并购战略与卖方的出售战略一俟确定，便立刻面对交易的组织问题，尤其是各方交易团队的搭建、组织及协作等。而欲达到前述目的，则必远离“公司动物”，方能高效达到目标，即为使并购交易成功，请远离“公司动物”(corporate animal)！

一、定义：何为“公司动物”？

当代商业公司于社会分工日益细化与专业性要求越来越高的大背景下，无一例外均需设置各种职能细分部门，所谓“各司其职”。然而令人遗憾的是，由于公司组织体的庞大、信息传导路径的漫长乃至反馈决策机制的复杂，导致出现各种“公司动物”群体，该等群体仅以本人或本部门或本职能利益为终极乃至唯一导向而罔顾整个公司的各种战略性商业行为背后的战略利益与考量，迟滞、阻碍乃至妨害公司各种战略性商业行为的实施与进展。质言之，“公司动物”受本人、本部门或本职能利益驱动，通过玩弄“办公室政治”(office politics)或滥用公司赋予本人、本部门或本职能的权利以实现本人、本部门或本职能利益的最大化而最终妨碍乃至伤害到公司的整体商业行为与利益。

视不同情势，“公司动物”于并购中大致有以下几种类型:(1)自顾自型:针对整个公司的战略性商业行为，处处只考虑本人、本部门或本职能利益，将本人、本部门或本职能利益凌驾于整个公司利益之上，只求一己门前干净，所谓“各人自扫门前雪，莫管他人瓦上霜”;(2)“白痴”型:囿于本人、本部门或本职能部门能力和/或经验的局限、不足乃至缺失，针对整个公司的战略性商业行为例如并购，无法于预定时间内提交相关工作结果或配合，导致整个公司的战略性商业行为迟滞、拖沓乃至失败;(3)教条型:针对整个并购出现的棘手问题，只会依据书本指出问题而从不提供具有建设性可行性的解决方案;(4)“害人精”型:针对收购项目，不将精力放在自身工作与团队协作上，目光总是停留在其他部门遭受的挫折或所犯的错误上然后择机上报以谋私利。

从上述对于“公司动物”的定义与分类可以看出：无论是哪种“公司动物”，对于并购此种需要高度自我牺牲奉献品质且精诚团队合作精神的公司战略行动，“公司动物”由于只注重一己私利而格格不入乃至导致并购流产或失败，其弊害大矣，必远离之！以下还将进一步逐一分析“公司动物”于并购特定阶段的表现与弊害。

二、谁来当老大（Big Brother）？

从很大程度上来看，并购项目从始至终是一条基于商业战略目的不断探知目标公司潜在价值、发挥协同效应的潜力及潜在风险，从而设计交易结构与风险防范机制以期最大程度规避风险实现交易的艰辛征程，其间探析、判断、取舍都是并购核心团队每天乃至时刻面临的功课，无论探析如何细致、判断如何全面，最终取舍与抉择都需要有人来作出，由此，并购核心团队中决策层乃至决策层的领导力（leadership）就显得尤为重要。易言之，谁来当老大（big brother）？

笔者并购生涯中，不乏见识买方公司将并购决策权置于首席财务官或总法律顾问的，其背后逻辑无外乎目标公司的所有潜在问题与风险均会反映在财务或法律层面。前述选择更多的是基于风险预防性的考量，很可能已无法适应互联网+与VUCA（Volatility, Uncertainty, Confusion and Ambiguity）时代的并购市场与情境。其间缘由在于：互联网+与VUCA时代，速度（speed）、敏捷性（agility）及可调适性（adaptability）已成并购成功的不二法门；另外，财务大佬或法务大佬可能很擅长风险识别与防范，但对业务不一定有深入洞察乃至了解，从而很有可能构成并购后业务整合的显著障碍。参之以若干成功并购案例，业务部门领导或业务部门中负责战略拓展的专业人士（必须具有对本公司业务与目标公司业务的深入洞察以及丰富的并购实操经验）担任并购核心团队的最终拍板者（final decision-maker）是比较可靠的选择。究其缘由，在于以下两点：（1）业务部门领导或业务部门中负责战略拓展的专业人士一般基于日常工作已具有比较丰富的取舍与抉择经验，既不怕亦相对比较擅长做决定；（2）业务部门领导或业务部门中负责战略拓展的专业人士对相关业务具有深入的商业洞察力，从而可以结合前述商业洞察力、相关并购的商业目的与考量对并购中的种种风险以及并购整合阶段的战略问题予以权衡协调，作出最终决定与安排。

三、初相遇——与目标公司初步接触与熟识阶段的组织

并购项目通常肇始于初相遇阶段，即买卖公司初步接触并初步熟识。此阶段的要点在于买卖双方共同创造和谐坦诚的气氛、了解彼此对于并购项目的预期并建立起对目标公司的初步了解以及对彼此的信任。鉴于此，买方团队可由业务部门领导或业务部门中负责战略拓展的专业人士带领法律与财务专业人士通过与卖方团队的初步沟通了解目标公司的情况。笔者曾见过买方为显示对并购项目的重视，一开始就带上外部财务顾问（通常是四大会计师事务所会计师）和外部律师参加与目标公司的初次见面，但效果却往往事与愿违。究其原因，对于作为卖方的中国本土企业来说，思想认识上很可能不太适应双方初次见面在外部财务顾问与外部律师的审视眼光中进行，本能地会比较紧张乃至拘谨，更不要说，如果买方决策层场面控制不好，直接任由外部财务顾问与外部律师对卖方逐一开始全面严苛发问，这极易导致卖方的反感。其实，在此阶段，如果内部财务专业人士与公司法务有足够的经验与情商，完全可以通过与卖方貌似不经意的交谈发现目标公司的明显问题。不过，如果目标公司处于高度管制行业比如涉及危险化学品的行业，于初次沟通时带

上安全健康环境部门（safe health environment，SHE）的人士，以发现安全健康环境方面的明显问题，倒是值得推荐的做法。所谓每件并购案件，准备与实施皆需用户定制化（customerization），绝无“放之四海而皆准”的普适做法。

四、尽职调查阶段的组织

经过初相遇阶段，买卖双方觉得彼此可以进一步共同探求并购交易的可行性，通常会进入尽职调查阶段。买方通过尽职调查团队在卖方配合下对目标公司的财务、税务、法律、销售、营销、营运、供应链、安全健康环境、劳动、IT等各方面演变历史、现状及未来发展趋势进行穷尽式的全面细致调查，主要手段是通过仔细审阅、复核乃至求证卖方依据买方要求上传至数据库的文件、资料及信息，例如各种证件、执照、申请、报告、政府职能部门的批复、许可、章程、商务合同、保险单、劳动雇佣文件、说明书等各种文件、资料及信息，并结合现场实地考察以及与目标公司管理层的面谈（management interview），发现目标公司存在的合法合规方面的问题与风险及严重程度，并针对问题与风险提出可能的解决方案。

毋庸置疑，尽职调查是并购项目中第一个重要的阶段。

在很大程度上，除其他事项外，一套高质量的并购交易文本基本上会涵盖以下三方面问题：第一部分是尽职调查中发现的问题及其解决；第二部分是买卖双方在谈判中最终达成的条款与条件；第三部分是并购交易中的通常交易结构安排及相对应的通常条款与条件。由此可见，尽职调查于并购项目中的极端重要性。

针对如此重要的尽职调查阶段的组织，除其他事项外，应注意以下几点：

1. 尽早确立尽职调查核心团队（core team）。虽然对尽职调查小组而言，每一职能部门的尽职调查均很重要，但相对来说，其中财务、法律及业务最为重要，原因在于这三个职能部门的尽职调查会关系到目标公司的钱、风险及业务这些当代商业公司顺利高效经营的核心要素，理应成为核心团队。另外，视并购交易目的与目标公司的实际情况，税务（针对目标公司税务合规基础较薄弱的情况）、知识产权（当并购的主要战略目的指向目标公司的知识产权时）、人事（针对目标公司管理层与员工队伍构成目标资产核心部门或目标公司为劳动密集型公司的情形）、安全健康环境（当目标公司从事特定对安全、健康及环境敏感的行业时，例如化工行业）于特定交易中亦应被吸收进核心团队。

2. 各尽职调查职能小组（work-stream）应始终保持及时充分的沟通、协调，尽量避免对卖方针对同一问题重复提问，以提高尽职调查效率。当代商业社会中，公司运营既高度专业分工又注重高度融合协作，就尽职调查而言，往往某一尽职调查小组发现的问题与风险亦涉及另一尽职调查职能小组的问题，例如人事方面社会保险缴纳的问题必然会涉及法律方面的劳动法合规问题，财务方面的房地产抵押或银行贷款必然会关涉银行贷款合同与相关公司担保的法律审查问题。由此，各尽职调查职能小组应自始至终保持及时充分的沟通，通过每日例行交流会相互分享文件、资料及发现来共同确定相关风险与风险等级。此等相互协调的团队合作还可避免就同一问题对卖方进行重复提问，从而有助于提高尽职调查工作效率并避免卖方厌烦。

3. 合理调配组织公司内部与外部顾问资源，以最大化外部顾问适用效率降低成本。跨国公司一般进行尽职调查时，从审慎与风险控制角度出发，均会聘请外部财务顾问、外部法律顾问乃至安全健康环境咨询公司共同参与尽职调查工作。实践中比较不足取的做法是，相关尽职调查职能小组特别是某些“公司动物”完全依赖外部顾问资源，把相关尽职调查工作全部外包，自身完全成为“甩手掌柜”或监工。此等做法于某些“公司动物”，往往成为规避责任与风险的惯常招数，但就公司角度而言，其弊害大矣。原因在于，尽职调查不仅关涉目标公司风险与问题的甄别与风险，更涉及基于收购方公司自身业务实际、内部管理制度及风险偏好（risk appetite）对于目标公司相关风险与问题的判断与定性。外部顾问一般并无对收购方公司内部管理制度的充分了解，这样怎能作出适当乃至精准的判断与定性？其实外部顾问最大的优势在于其专业性，从而其应成为对于尽职调查中例如公司担保问题、银行融资问题等特定专业问题的智囊团与顾问，而非大包大揽原应由公司内部职能部门完成的工作。

有必要强调，为有效控制外部顾问成本，公司内部职能部门应切记，公司外部顾问是顾问与咨询者，不应成为尽职调查程序的主导者（taking the driver' s seat），否则如果公司决策层在审阅尽职调查结果时，只听到外部顾问在那里滔滔不绝，十之八九会想：公司相关职能部门做了工作了吗？有过贡献吗？

最后也是最重要的一点，针对尽职调查阶段发现的相关风险与问题，只要可能，均应于合法合规前提下尽可能地提供降低或避免风险的可行性解决方案。只是发现问题从不提供解决问题方案的尽职调查参与部门都是"耍流氓"，最终只会因为解决方案的缺失而导致并购项目停滞乃至终止。

五、交易结构设计阶段的组织

进行过比较审慎与全面的尽职调查后，买方交易团队会基于出具的尽职调查报告首先对收购目标公司的风险进行定性与定量的分析,此阶段的结果具有重要的枢纽作用。如果风险定性与定量在买方经过综合评估分析后可以接受,则实践中买方会进入交易结构设计阶段;如果风险定性与定量经买方综合评估分析后认为过高不可接受,则相关并购交易项目会终止。

一般而言,交易结构设计的组织主要涉及税务、法律及财务内部职能。鉴于外部顾问例如财务、税务、法律的丰富交易经验,此阶段中外部顾问的作用至关重要,需要公司内部职能部门与其充分配合,最终力争度身定做出最适合收购方公司的交易结构。这里有必要指出,某些交易结构可能从最大限度的合规角度出发,会比较烦琐复杂,此时“公司动物”可能会因自身职能部门负担过重而提出反对意见,例如外汇管制合规方面的要求与烦琐程序,或者银行贷款的偿还与房地产抵押的解除,或者特殊税务重组的安排等。此时,收购方并购团队决策层应力排众议,坚持确定对于收购方公司最有利而风险最小但可能有些许复杂烦琐的交易结构。最后,视不同目标公司的实际情况与所从事行业的管制环境,可能需要介入相关职能部门,例如化工行业中的安全健康环保部门。

六、交易文本起草与谈判阶段的组织

交易文本起草阶段，一般会以公司法务部为主导，充分利用外部律师的专业经验与知识技能，力争制备最完善的交易文本草稿。此阶段中，有以下几点需要注意：

1. 始终确保对于交易文本起草的主动权。一般而言，如果交易文本由哪一方起草，则该起草方于日后谈判与履行合同中获得的优势会非常巨大，因此，收购方不应吝惜外部律师费用，而始终将交易文本起草的主动权牢牢掌控在自己手中。

2. 交易文本草稿第一稿制备完成后，应首先与收购方公司各利益相关部门进行充分协商沟通，并力争达到各利益相关部门充分理解、认同交易文本项下的各交易结构与细节，例如付款安排与税务处理。

交易文本谈判阶段，一般由公司法律、财务及并购决策层参加，应注意以下几点：

1. 从有效控制成本角度考虑，视项目与交易文本的复杂程度，公司法务部应慎重考量并决定是否全程邀请外部律师或在交易文本谈判的某一重要阶段介入外部律师。

2. 如果介入外部律师，外部律师于谈判中应事先与公司法务部充分沟通协调，以确保友好与建设性谈判气氛的维持从而有利于交易谈判向前推进。

3. 于交易谈判阶段，很难做到买方一边倒，“公司动物”有时会过分要求保护自身部门的利益或诉求。此时，公司法务应与并购决策层充分沟通，综合判断，做出取舍，抓牢核心利益，牢牢守住核心条款，而用一些次要问题的妥协换得卖方的让步。

七、交易的交割与整合阶段的组织

再好的尽职调查，再完备的交易文本，再完美的谈判结果，如果没有井然有序的交易交割与交割后整合，都是无用功。

交易交割应在交易核心团队的指引下，充分介入业务与各职能部门，通力协作方可成功。其中，以下几点于交易交割与整合阶段的组织工作尤其重要：

1. 事先充分准备：预期交易交割即将实现时，应事先召开交割与整合准备会，会上公司法务应向各关键交割部门详尽全面地介绍交易结构、交易文本架构及各相关交易文本的核心与关键条款乃至时间节点，力争让每一关键交割部门都做到了然于胸。

2. 事中的密切监控与调整：公司并购团队的决策层应与公司法务、财务时时密切监控各交割工作的进展并针对问题及时提出解决方案。

3. 事后的及时审视与调整：交割与交割后整合完成后，公司并购团队的决策层应与公司法务、财务及时定期审视后续问题并及时解决，从而确保目标公司管理与营运尽快与收购方公司系统对接并开始逐步发挥收购所带来的协同效应。

4. 在交割与整合阶段，需要特别注意"公司动物"或以自身业务繁忙为由或因自身能力有限迟滞乃至阻碍交割与整合进程。如出现此种情况，应立即调整相关人员。

如前所述，并购是一项团队紧密协作的征程，其间"公司动物"往往基于其一己私利而拖整个项目的后腿，因此于并购组织中，尽量剔除"公司动物"或至少远离"公司动物"，方可实现组织高效运作以推动项目最终成功。

像雾像雨又像风

跨国公司并购中国本土公司交易之尽职调查篇

热词

并购交易 尽职调查 交易风险评估 交易架构设计 交易文本 并购后整合

为何有时买方尽职调查虽已完成但对于目标公司及并购交易的问题点与风险点认识仍是“像雾像雨又像风”？本文基于作者多年的实践经验，着重分析并购尽职调查中的三个关键问题：W（why），H（how）和O（optimize）。

跨国公司并购中国本土公司进入实务操作阶段，第一步便是对目标公司进行尽职调查，即通过向目标公司提出问题清单（checklist），审阅目标公司依据问题清单上传至数据库（data-room）和/或提交的书面文件，并结合与目标公司管理层的面谈、实地考察查证、向相关政府监管部门例如工商、规划与土地、房地产、环保部门等的查询与咨询乃至利用其他公共信息渠道例如互联网、司法裁判文书库获取目标公司各方面信息，从中了解目标公司的发展沿革、现状及未来趋势并发现其中每一阶段的风险、研判风险的严重程度与风险规避或降低方法，从而为交易风险评估、研判是否交易及交易架构设计乃至交易文本的起草提供坚实的事实与实证基础。一言以蔽之，一份充分、全面且具有战略前瞻性的尽职调查是所有并购项目实务操作中的第一步，也是最重要的基础性工作，一如大厦之地基，其重要性如何强调都不过分。然在并购实践中，由于尽职调查过程中的遗漏、偏差乃至错误导致后续阶段出现一系列连续性错误从而最终失败乃至并购双方最终对簿公堂的案例比比皆是。

就前述现象，究其原因，不外乎以下几种：

1. 将尽职调查例行化、公式化。既然每个交易都需要做尽职调查，就按部就班地按照例行的步骤与例行格式完成，并最终提交一份公式化而无任何针对目标公司“痛点”（问题点、风险点）或对“痛点”分析不透彻不全面的尽职调查报告，此等尽职调查报告通篇读下来，陈词滥调、泛泛而谈，无多少针对目标公司的深入发现。

2. 问题意识与风险意识的缺失。没有带着强烈的问题意识与风险意识开展尽职调查工作，从而导致尽职调查报告中没有或无法揭示所有问题与风险点，对于目标公司所存在的风险与问题更是言之寥寥。

3. 尽职调查过程中与各团队沟通协商不够。只关注自己的“一亩三分地”，未将自己尽职调查范围内发现的问题与其他尽职调查团队的发现进行沟通，进而得出统一全面的认识与风险界定。

前述种种，最终都会导致买方尽职调查虽已完成，但对于目标公司及并购交易的问题点与风险点认识仍是模模糊糊，所谓“像雾像雨又像风”，最终影响甚至贻害并购交易的后阶段工作乃至造成并购项目的失败。

基于上述，此处着重“拎出”并分析并购尽职调查中的三个关键问题：W（why），即为何要做尽职调查？H（how），即如何进行尽职调查？O（optimize），即如何使尽职调查工作成果的价值最大化？希冀能够重新唤醒对于尽职调查工作的正确认识，更好地做好尽职调查工作。

一、WHY——为何要做尽职调查

将此问题列为第一个问题并非老生常谈，而是交易型的跨国公司一般每年都有若干个并购项目按照例行的工作程序进行，久而久之，并购乃至尽职调查似乎已成为一种例行公事。而正是这种例行公事思维，导致并购团队往往会对尽职调查的意义与重要性习惯性地淡忘，惰性重重，从而对于尽职调查的主人翁精神（ownership）弱化乃至丧失。由此，实有重述与强调的必要。

首先，尽职调查是了解、研判及评估目标公司的过往、现在及将来以及发现各阶段所包含的问题与风险的必要前提条件。没有对于目标公司所提交的文件资料逐行逐字地研读与判断，没有与目标公司管理层反复多次的面谈及在目标公司允许情形下对目标公司员工的走访等艰苦细致的工作，了解、研判及评估目标公司及其风险便无从谈起。依据笔者经验，许多情况下，做完一份充分全面的尽职调查后，尽职调查团队对于目标公司应该已经有了清晰、明确、全面的了解与研判。

其次，尽职调查的工作成果也是并购决策层进行交易风险评估、决定是否交易及交易架构设计乃至交易文本起草的坚实事实与实证基础。如无充分、细致、全面的尽职调查结果，则目标公司有哪些风险、各种风险高低程度如何、哪种风险可能导致交易失败（deal-breaker）都无从有效获知，进而交易风险评估也无法进行，是否交易的决定亦无扎实理据支撑。即便由于种种原因继续交易商谈，旨在合法规避或降低交易风险的交易架构设计亦无法有效进行，从而使得铸成大错的可能性大大增加。承前述之，由于此前由低劣尽职调查所导致的一系列工作无法有效进行，从而交易文本中陈述与保证（representations and warranties）只能是没有针对性地泛泛而述，违约与赔偿条款也无法构成对违约卖方的足够约束力，至此，一套严谨全面的交易文本亦已成“镜中花、水中月”，最终导致合同履行与并购项目执行无有力明确的指引。

最后，尽职调查的工作成果亦是交割后整合工作（post-closing integration）的重要指引。依据笔者之并购实践，一般的并购交割后整合工作由两部分组成：第一部分是为实现并购交易目的与商业计划，买方对于卖方所实施的一系列业务（如销售与市场营销）与公司职能（如法务、财务、人事、IT、采购等）的整合优化；第二部分便是对于并购尽调中发现的问题与风险依据最终签署的交易文本与买方公司的准则与政策逐步解决。鉴于此，无充分、全面且具有战略前瞻性的尽职调查，顺利高效的交割后整合工作便是幻想，而不顺利高效的交割后整合又是导致并购最终失败的最主要原因之一。

综上所述，无论日常工作多么繁重、并购项目有多少，对于每一个尽职调查项目，都应像对待一个新的恋人，用心专心做好做细，方能避免从一开始就注定的悲剧！

二、HOW——如何做好尽职调查

如前述，一般跨国公司尽职调查都有固定的工作流程，然无论何种工作流程，具备以下特质的尽职调查工作方能产生高可信度、品质优良的尽职调查工作成果：

1. 与目标公司建立良好关系并取得目标公司信任，力争做到让目标公司多说多分享。尽职调查前，通常跨国公司尽职调查团队与目标公司并无多少直接交流，而尽职调查工作需要买方尽职调查团队了解获取目标公司诸多信息（很多信息甚至属于商业敏感信息），因此，如何与目标公司建立良好关系并取得目标公司信任从而力争做到让目标公司多说多分享就很见功力。而欲做好此等工作，尽职调查开始前做好了解目标公司的背景情况、关键人物的背景、喜好及性格工作就非常重要。前述“家庭作业”完成后，与目标公司相关高管开始面谈时，多聊些商业方面的问题，打开对方的话匣子；适当表达下对目标公司取得业绩的赞赏，并分享自身对于相关商业问题的认识与经验，往往都能取得不错的“破冰”效果，为后续尽职调查打下坚实的基础。

2. 全面性与多样性调查手段相结合。囿于中国的企业信用体系尚处于逐步建立阶段有待全面整合统一的现实，加之政府管理体系仍有“条条”（纵向自上而下的垂直行政管理例如海关管理、税务管理、外汇管理系统，所谓“职能管辖”）与“块块”（某地方政府在其辖区内的行政管理，所谓“地域管辖”）之分野，从而导致各政府职能部门间无缝共享企业信用与运营信息尚无可能，亦因此从不同政府职能部门获知的目标公司信息并不统一，无法清楚确认。再考虑到我们处于市场经济发展阶段，目标公司的诚信意识仍需提高与强化，凡此种种，注定了如在中国对目标公司进行尽职调查，单一手段、单一方法很可能会有遗漏之虞。因此，唯有立足于全面性，综合采用多样化调查手段，方可达到对目标公司的准确全面认识，正所谓“七种武器，缺一不可”。

笔者建议，实务中要仔细研读判断卖方上传至数据库的文件资料，有疑问时要苦苦追问求证，并在目标公司的实地考察及与管理层面谈中一一验证复核，耐心听取管理层在面谈时的口述，并去找其他证据或资料佐证管理层口述的真伪（必要时可以通过不同场合或时间询问管理层或在目标公司允许时，询问其基层员工同一问题或相关关联问题，以印证管理层是否有欺诈或误导性陈述或重大遗漏）。笔者有次面对一群人均年龄已过七旬的管理层进行现场尽调时，第一天问了个安全生产许可证延期可行性的问题，第三天又问了同样的问题，得到的回答并不相同，因此对于管理层的诚信度及时作出了必要下调。不仅要研读目标公司提供的资料与信息，还要通过其他公共途径（例如企业信用查询系统、工商档案、规划与土地管理部门档案、房地产管理部门档案、环境保护部门、安全生产管理部门、劳动保障监察部门颁布的行政执法公告、法院裁判文书公示系统以及相关商业征信系统例如天眼查等）获取相关信息以复核印证目标公司相关资料与信息的真实性与准确性。

3. 定制化尽职调查问题清单。相信绝大多数的买方进行尽职调查时都会向目标公司提供问题清单，各大律所亦会在向客户提供尽职调查法律服务时提供所里的标准问题清单。应该说，很大程度上，这些问题清单或源于买方公司实践，或出自法律专业人士之手，品质都有所保证，但参之以笔者多年于不同行业的尽职调查实践，对于标准化尽调清单完全沿用而非基于目标公司所处行业法律规制框架的特殊性及目标公司所处行业的商业实践可能高发的风险点，对于标准问题清单在使用前进行定制化改造，则很可能会造成“捡了芝麻，丢了西瓜”。试举一例，一家跨国化妆品巨头准备收购一家民营化妆品企业大部分股权，如果尽职调查问题清单中没有专门基于中国化妆品管理行政法规例如化妆品卫生监督管理条例、特殊用途化妆品管理法规等所提出的问题，包括但不限于化妆品卫生许可证、特殊用途化妆品卫生许可批件，那么，无论该潜在买方通常的公司宏观与商业层面尽职调查做得多么全面完美，都是一份不及格的尽职调查。理由在于前述问题关系到目标公司于交割后继续生产销售相关产品的根本合法性问题。作为一名商业律师(business lawyer)，还有什么问题比这个更大？

就目标公司所处行业的商业实践可能高发的风险点，仍然以前述案例为证，尽职调查清单中如果没有包含对于该民营化妆品企业劳动法方面的深入调查，也是一份不及格的清单。原因在于民营化妆品企业往往会雇佣数以千计的驻场促销员，而劳动用工基本上不规范合规，从而导致目标公司的雇佣不合规风险高到“爆表”程度，并直接影响到交割后业务整合是否顺利与高效。有必要指出，得益于公司法务对于相关行业管理法规的深刻理解与丰富的实践经验，本段所述定制化工作最适合的承担者是公司法务而非外部律所。

4. 尽职调查人员配备。因跨国公司在中国实施并购项目的常态化与普遍化，就笔者有限观察，近年来尽职调查团队的人员配备亦出现了缺乏长久眼光的“低资历化”“随意化”趋向，表现为：(1)公司内部团队方面，很多时候指派资历比较浅的员工进行现场尽职调查；(2)外部团队，例如外部律师事务所、会计师事务所，也是由于客户对于并购成本控制的要求，往往安排计费标准比较低的律师或初级会计人员进行现场尽职调查资深人员皆习惯于在办公室听汇报看报告。

此等做法可能降低了客户的成本，然而此等涉及密集企业风险识别与评判的重要工作，全然由资历浅的人员进行现场尽职调查，其弊害多多：其一，研读判断相关风险，单纯依靠书本上载明的法律、法规、规则的知识远远不够，从而导致误判；其二，研读判断相关法律风险，对目标公司企业运营中涉及的风险进行沟通、分析、验证所需的社会阅历、人情世故于许多情势下亦非常关键，决定了对目标公司的尽职调查能否顺利进行乃至对目标公司的风险判断是否精准或恰如其分。笔者曾经历过某个案，针对目标公司最大个人股东因前段婚姻涉及的对于目标公司与前妻分割的股权问题，笔者离开尽职调查工作室出去开个电话会议，开完会回来突然发现目标公司最大个人股东脸色变得异常难看，笔者赶紧提议暂时休会，然后打听原委得知，原来外部律师事务所一位比较“尽职”的初级律师于现场尽职调查前，了解到最大个人股东有婚史，详细研究了婚姻法与最高人民法院关于婚姻法的若干司法解释，对于该股东“打破砂锅问到底”，无意中多次触及该股东的伤心情感往事，惹得该股东异常不快，差点导致该并购尽职调查无法继续下去。易言之，如何发问，亦是一门艺术，需要内心修为与实践历练。鉴于前述，是时候重新检讨尽职调查团队人员配备并适当充实资深人员了。

5. 抓住并充分利用每次团队内部及与目标公司交流的机会。作为内部机构设置分工非常精细、矩阵型汇报结构非常普遍的公司组织，跨国公司不可避免地带有“各自为战”的弊端。此种弊端一旦带入并购尽职调查中，将会给尽职调查带来诸多弊害，包括但不限于因各公司职能部门无法沟通、交流、协调对目标公司风险的认识，无法形成对目标公司风险的总体认识与把握；受限于对于目标公司风险总体认识与把握的缺乏，导致最终并购决策团队无法作出是否进一步并购交易的决策。凡此种种，皆需并购尽职调查各职能团队之间于尽职调查中即时进行充分沟通交流协调，以确定对于风险的统一研判，特别是某些各职能部门相互交叉的领域，例如法律与税务交叉的税法领域、法律与人事交叉的劳动法领域、法律与安全健康环境交叉的环境保护法与安全生产法领域，交流沟通协调更是不可或缺。笔者之有限经验是：于每一并购尽职调查项目中，每个工作日的工作完毕后，各职能部门尽职调查团队成员一定要坐在一起约个饭局，吃饭不重要，关键是饭局中大家可以相互沟通交流彼此当日发现的目标公司主要风险并协调统一认识。如欲做到前述紧密交流沟通协调，尽职调查团队领导的强有力协调从而把各职能部门的工作有机融合在一起就非常重要。

另外，并购调查团队亦应充分利用于尽职调查工作中与目标公司的交流机会。例如，出于礼貌，目标公司往往会邀请尽职调查公司团队于工作日结束工作后聚会。除非跨国公司行为守则对于此等聚会持严格禁止态度，否则笔者便鼓励跨国公司尽职调查团队参加此等聚会。理由在于，除了保持对于目标公司的尊重之外，最重要的一点是于觥筹交错之中，往往能获得对目标公司的直观认知，特别是对于某些自我（ego）比较强大的目标公司私人企业家来说，酒局往往是彰显自我奋斗史的“黄金时刻”与“常规节目”。作为并购尽职调查团队，需要有成员保持清醒，冷静记录分析目标公司私人企业家的发家史与企业发展史。这些对于整体把握目标公司的历史沿革、现状及未来发展趋势都会是非常直观的感性认识与经验。最后，在目标公司允许的前提下，对目标公司的若干中层管理人员与基层员工进行必要访谈，并将该等访谈结果与管理层访谈结果相对照，既可以验证管理层访谈结果的可信度，亦可以了解目标公司员工队伍的素质与特点，从而为处理相关人事问题、并购后整合问题打下良好基础。

三、Optimize——如何使尽职调查工作成果的价值最大化

历经千辛万苦，尽职调查工作成果的集中体现即质量上乘尽职调查报告的交付。实践中，这份尽职调查报告通常被并购决策团队用作研判目标公司相关风险以及是否继续并购交易工作的主要依据。然而，如果仅仅对尽职调查报告做上述利用，则实在是大材小用。至少，尽职调查报告还可以被利用于以下几方面：

1. 交易架构设计：依据笔者之实务经验，在跨国公司并购中国本土企业的交易中，通常是由作为买方的跨国公司提议交易架构设计，此后与作为卖方的中国本土企业经过沟通谈判并最终确定。而在跨国公司设计初始交易架构时，除其他相关影响因素，例如本系列第一篇谈到的并购战略外，尽职调查报告所披露的各种风险（特别是高风险或对于实现并购战略目的至关重要的若干特定中等程度风险）往往是交易架构设计中的核心决定因素。例如在股权并购尽职调查中，针对尽职调查中所发现的劳动法律合规

问题，为避免作为买方的跨国公司于交易交割后背负相关风险，通常跨国公司会在交易结构中要求目标公司于交割前解除与相关员工的劳动合同，并履行完毕所有尚未履行的用人单位应承担的义务（包括但不限于支付解除劳动合同的经济补偿）；于文本方面，通常会将前述交易结构安排作为交割的先决条件之一，并要求目标公司股东对交割前发生的劳动法律合规提供陈述与担保，以最大限度地降低跨国公司交割后的风险。如果无有效尽职调查后发现的劳动法律合规问题，则前述交易架构的设计与实施便无从谈起。

2. 并购交易文件起草：在尽职调查完成、交易架构确定及主要商务条款例如购买价格、支付方式与条件等确定后，跨国公司通常会主动要求起草并购交易文件，以确保对于文件的掌控。而此等并购交易文件的起草，首先必须基于尽职调查报告披露的风险，设定相关风险消除及降低的合同机制，例如买方承担义务的先决条件（conditions precedent to the Buyer's obligations）、托管条款（escrow clause）、保留金额（reserved amount）、交割的先决条件（conditions precedent to the Closing）、陈述与担保（representations and warranties）、赔偿（indemnities）等。如无尽职调查报告揭示的精准恰当的风险，前述条款很难草拟得严谨全面和具有充分针对性与约束力。即便是交易文件中涉及卖方的条款，尽职调查报告揭示的风险仍然至关重要。例如，卖方披露函(seller’s disclosure letter)具体披露哪些事项不会不当加大买方于卖方违约时因卖方已于披露函中列明从而无法向卖方主张违约赔偿的风险，尽职调查报告所揭示的各种风险都可以作为侧面的重要参考。

3. 并购交割后的整合：承本文文首所述，并购交割后的整合工作一般由两部分组成，第一部分是为实现并购交易目的与商业计划，买方对于卖方所实施的一系列业务(如销售与市场营销)与公司职能(例如法务、财务、人事、IT、采购等)进行整合；第二部分便是对于并购尽调中发现的问题与风险依据最终签署的交易文本与买方公司的准则与政策逐步解决。并购交割后的整合乃是世界性挑战，放在中国，由于文化、商业环境、法制环境等差异，就更是一个大挑战。而欲高效顺利地完成整合，除了前述第一部分工作外，基于尽职调查中发现的问题与风险，依据最终签署的交易文本与买方公司准则与政策制定切实可行的工作计划并扎实分步实施，方可为最终高效顺利的整合打下坚实的基础。

画图与画画

跨国公司并购中国本土公司之交易结构设计篇

热词

尽职调查　协调　沟通　外部监管机构　公司内部　跨国公司　中国本土公司　交易结构设计

●●●

一个设计良好的交易结构，对于买方而言，无论如何强调都不过分。最棒的交易结构是什么样的？本文以笔者自身的经验、观察和分析，从四个不同的维度——充分利用尽职调查成果、与外部监管机构的沟通协调、与内部利益相关部门的沟通协作及不可预测因素的应对，阐述了在交易结构设计中，如何从“画图”这个技术层面走向“画画”这个最高境界。

完成对目标公司的尽职调查后，跨国公司并购中国本土公司的实务操作一般会进入第二阶段：交易结构设计。所谓交易结构设计，一般是指交易一方或各方基于交易目的、规制交易的相关监管要求、交易可能触发的税收与其他财务负担及交易交割须满足的条件等一系列对交易具有实质影响的因素所构成的制约框架而对需要参与交易的各方（包括但不限于融资提供方）、交易模式选择（最典型的例子便是到底选择股权收购还是资产收购）、交易步骤及进度所提议或经协商达成共识的预期结构与进度图。为以下行文方便计，鉴于此处所述之背景为跨国公司并购中国本土公司，从而绝大多数情况下，作为买方的跨国公司会基于自身经验与利益考量操刀交易结构的设计，以下所述亦将主要基于跨国公司规划设计交易结构的情形。

一、画图与画画：交易结构规划设计的不同境界与重要性

根据跨国公司并购中国本土公司的实践，交易结构规划设计的主导力量多数时候是外部律师事务所和/或外部税务师事务所和/或外部会计师事务所，究其原因，亦不难理解：外部专业机构具备交易经验丰富，对规制交易的相关监管最新趋势比较熟悉等优势。一般而言，前述外部专业机构所做的交易结构图从纯粹专业角度看比较清晰，一目了然。

然囿于中国作为新兴市场经济国家且正迈向法治国家的现实，上述交易结构图于许多情形下并不必然能完美付诸实施，究其原因，既可能是由于相关监管机构监管实践的“伸缩性”乃至随意性而与纸面上的法律法规并不契合，亦可能是由于相关特定的监管部门，例如，如环境保护局辖下的排污许可证，通常情况下并不为一般公司与商务律师所熟稔，还可能是由于交易各方内部的实际情况并非如外部专业机构设计交易结构图时假设的那么专业高效。前述问题自然引出以下问题：到底何种交易结构才是最棒的？是否有一种与各方商业实践高度契合从而可以顺利实施的交易结构？易言之，如果将上述交易结构图经过跨国公司法律部及其他相关部门的调适，蜕变成与商业实践紧

密契合从而能够顺利高效实施的交易结构，由图变画，"人画合一"方为交易结构设计的最高境界，此即为从画图到画画。

一个设计优良的交易结构对于作为买方的跨国公司的重要性无论如何强调，都不过分。

首先，可以提供交易与交割的可预见性与确定性，从而为交易交割乃至交割后整合的顺利高效实施打下坚实基础；其次，可以在法律允许范围内，通过最优化的交易结构，降低相关交易方的税负、其他财务负担、合规成本及交易成本（金钱与时间）；最后，可以充分基于对交易各方实际情况的考量，以最可行最有现实效率的方式进行交易，最大程度地避免因交易引起的对交易各方正常商业运作的影响，从而实现交易与运营两不误。

二、从画图到画画：如何规划设计一个专业且熨帖的交易结构

无论是画图还是画画，都是在画布或画纸上做成，而画布或画纸的四角与边界转换至并购语境中，便是规制和 / 或限制交易模式选择与交易行动自由的框架。易言之，欲绘就美画，必先明晰厘清此等框架。按照笔者多年主导交易结构规划设计的经验，一般而言，此等框架可大致分为以下

四类：

1. 尽职调查结果：很大程度上，对目标公司和 / 或目标资产所做的充分全面的尽职调查结果，相当于作画之前的必要基础课——写生，通过将目标公司和 / 或目标资产依据全面细致的尽职调查清单逐一对照，形成对于目标公司和 / 或目标资产的初步认识，并分析甄别确认可能存在的问题与风险，均对于交易结构的设计与规划至关重要。

2. 外部监管与规制框架：于交易的适用法律层面，将会或可能会规制和 / 或影响交易结构设计的法律、行政法规、规章、制度、政策、文件、司法解释等以及各相关行政部门的行政执法实践，乃至各司法机关的相关司法实践。

3. 内部运营实践与制约：作为跨国公司的买方，一般皆有庞大繁杂的内部运营系统与部门，既相互协作亦相互制衡制约，因而任何一个交易结构如果脱离跨国公司内部运营实践，实施起来必将阻力重重，乃至寸步难行。

4. 若干或于外部监管与规制框架或于内部运营实践与制约中出现的不可预测因素：所谓“半路杀出个程咬金”，此为是也。

以下将分别论述如何在上述四类框架中设计一个专业且熨帖的交易结构。

三、做好写生第一课——充分利用尽职调查结果规划设计交易结构

如前所述，充分全面的尽职调查结果类似写生。既为写生，大概的框架与主旨便需于此阶段确定。转换至并购语境中，如果尽职调查结果揭示目标公司因既有运营而存在较大的法律风险，例如，税务处理不合规、非法劳动用工等，则股权交易模式在此情势下便不应再成为选项，或者即便由于种种并购战略考量而不得不采用股权交易模式，亦应对于相关风险在法律、法规允许范围内作出最大限度地“切割”，并要求卖方提供全面充分的陈述与担保(representations and warranties)，且约定于交易文件签署后至交割前，卖方需承担一系列义务控制买方的交易风险。另外，由于目标公司和/或目标资产潜在法律风险较大而考虑采用资产收购模式，亦应富有针对性地对资产收购模式的种种弊端予以充分分析，例如，土地使用权收购中可能涉及的巨额土地增值税税负、资产收购中的增值税专用发票开具名目、财务处理及金额等，并通过书面协议形式予以明确约定，以避争议。

通常而言，基于尽职调查结果而规划设计交易结构，最主要的考量因素是税收负担。通常而言，相比较资产收购模式下的税负，股权收购模式下的税负更简单、直接，且相

对较轻。然而，仅考虑税负来规划设计交易结构又是远远不够的，至少以下因素亦应予以充分考虑并据以筹划：

1. 相关资产权属因并购交易转移的复杂程度、难度及时间效率性（是否会延误交易交割）；

2. 相关证件、执照及许可转移的复杂程度、难度及时间效率性；

3. 相关并购引起的变更是否会触发与客户签订的业务合同中控制权变更条款适用，以及对于业务运营例如客户销售关系、市场营销合作、供应链管理环节的潜在不利影响；

4. 相关并购交易环节涉及第三方交易协作方例如银行、保险公司等的专业程度、配合程度及所需时间。

四、如何不要冒犯“菩萨”——于外部监管与规制框架中规划设计交易结构

商业公司在中国运营，与在其他司法管辖区类似，皆受不同管制机构之规制约束；而与其他成熟市场司法管辖区不同，中国处于正向法治国家迈进的时期，此类管制机构数量比较繁多（所谓“菩萨多多”），且各管制机构之间的监管权限许多时候并不完全明确，重合监管或监管真空均可能存在。此等现实，对于习惯于监管体系明晰且监管实践一

致性强的跨国公司而言，在中国运营可能会成为其难以回避的挑战。

就跨国公司于中国并购本土公司而言，一般涉及的外部监管机构可进一步细分为以下：

1. 普适性外部监管机构，即每件并购交易都可能会涉及的监管机构，例如，商务主管部门、公司登记主管部门、税务主管部门、外汇管理部门、劳动行政主管部门等。

2. 特定性外部监管机构，即视每件并购交易的特定情势可能涉及的监管机构，例如经营者集中申报主管部门（依据 2018 年国务院机构改革方案，商务部反垄断局被并入新组建的国家市场监督管理总局）、证券监督管理委员会、发展改革主管部门、海关主管部门、生态环境主管部门（于 2018 年 3 月 17 日国务院机构改革方案所述“生态环境部”）、安全生产监督管理部门（依据 2018 年国务院机构改革方案，安全生产监督管理部门被并入新组建的应急管理部）等。

一般而言，对于前述普适性外部监管机构，无论是外部律师事务所还是公司法律部，因其监管依据的法律、法规、规章比较公开透明，且平时接触比较频繁，故应对该类普适性外部监管机构比较熟稔；而对于特定性外部监管机构，由于其监管依据的法律、法规、规章比较偏重于规制管控而无多少法律层面的复杂性，愿意研究并且熟之的法律实务人员并不多，加之平时接触不多，在交易进程中往往成为“拦路虎”与“绊脚石”。试举一例：在笔者曾经操作过的一起资产收购交易中，目标公司不动产涉及的消防验收许可颁发于20世纪90年代后期。对于在资产收购交易时是否需要将目标公司的消防验收许可更名至收购方公司名下，从通常法理看，貌似更名至收购方公司名下是最符合法理的安排。然而，经当面咨询消防主管部门的权威人士后，笔者方得知，于20世纪90年代后期颁发的消防验收许可针对的是特定不动产，除非该特定不动产已发生结构变更等触发重新申请消防验收许可的情形，否则其此消防验收许可仍继续有效，因而无须更名至收购方公司。此不甚符合通常法理但却权威的解释当时，着实给参与此件交易的一众律师（外部某红圈所律师与包括笔者在内的公司法律部）上了一课。

基于自身多年的并购实践，笔者认为，在我国监管语境中，需要特别给予关注的该类特定性外部监管包括：（1）药品、食品及化妆品监管。许多任职于高端化妆品公司的公司法律部同仁，对于特殊用途化妆品的批准文号与特殊用途化妆品的证书因为并购交易而触发的重新申请或变更程序之烦琐，都印象深刻；许多化妆品行业并购交易中买卖双方谈判的焦点，就是此类证照在交割后的妥善处理，以确保交割后业务的顺利延续。（2）海关监管。因为股权并购而导致的进口设备免税额度转移，或由于资产并购而导致的处于海关监管期内资产的处置与转移，都是多发“雷区”，一不小心，轻则构成“违反海关正常监管秩序”，重则会招致“走私”嫌疑。(3)安全生产监管。危险化学品生产许可证、危险化学品经营许可证、化学品登记等往往成为涉及危化品的化工行业交易能否顺利完成交割的核心条件。(4)环境保护监管，包括排污许可证、环境影响评价报告等。有必要指出，过去五年中，中央政府对于地方政府管控力度加强，亦似为呼应世界范围内强化监管的主流趋势，因此，前述特定性外部监管只会趋严趋紧，期望如若干年之前一样，通过地方政府关注从而以符合相关监管法律、法规规定等更便捷的方式解决相关问题的可能性已大大降低。主导交易结构设计的公司法律部对此应合理调整预期。进一步，正在实施中的国务院机构改革，亦对于公司法律部提出了新的迫切要求，需要密切关注并尽快熟悉改革后的并购外部监管机构的职责与监管实践。此即所谓：现在又开始进入“观察与学习时间”。

就上述普适性与特定性外部监管机构，笔者认为，相比资产并购模式，股权并购模式中相应的监管负担、挑战及不确定性较低。其原因在于针对股权并购，一般法理皆以收购方于交割后承继被收购方对于目标公司所承担的权利与义务为通例，除非收购方与被收购方另有安排。但是，股权并购中最重要的问题，便是如何力争使中国众多的外部监管机构充分了解这一模式中的核心法律性质——对于目标公司的相关权利与义务，由收购方于交割后承继，从而作出符合一般法理并尽可能方便企业运营的监管安排，例如证照变更问题。此类与外部监管机构沟通说明工作的核心要素，笔者以为，第一，要清晰全面；第二，针对若干监管法律、法规可能存在的不甚符合股权并购一般法理的规定，例如，无视对于目标公司的相关权利与义务由收购方于交割后承继这一核心法律性质，要求被收购的目标公司重新申报以获得相关许可证照——要如何据理力争，尽最大努力说服相关外部监管机构作出对于收购方友好的安排；第三，如果相关外部监管结构坚持己见，则应考虑是否于交割后及时进行相应变更，以避免延误整个交易交割进程。相比股权并购模式，在资产并购模式中，相关监管负担、挑战性及不确定性均显著增大，尤其是相关有形资产、无形资产的涉税、权属与相关证照变更等事项。如何针对相关外部监管法律、法规中对于资产并购处理的模糊规定乃至缺失空白，通过相关外部监管机构窗口工作人员（窗口工作人员的解释比较容易取得，但往往不具充分的权威性）以及专门负责的权威执法部门人员的解释，进而筹划与预演相关时间进程、安排统筹规划、设计好交易结构，这一系列问题都是公司法律部至关重要的职责与任务。

在中国监管语境下，由于相关法律、法规、规章（特别是上述特定性外部监管）规定的宽泛、模糊乃至缺失，并购交易团队经常需要拜访咨询相关外部监管机构。笔者基于多年观察与检验，有如下建议：

1. 如果可能，尽量向最权威的监管官员进行咨询。必须指出的是，大到国务院各部委办，小到市场监督管理分局各处室，许多时候，并不是职位最高的监管官员最懂业务且能顺手拈来。若干年前，笔者就曾碰到这样的情形，针对进口设备免税进口额度的依法转移，海关总署某司司长、某直属海关的处长给出的解释，最终都没有一个该直属海关具体负责业务的科长给予的解释令人信服。

2. 在咨询前做好"家庭作业"，明确需要咨询的具体问题与关键要点。考虑政府官员平时工作繁忙，为更有效率，咨询应言简意赅，切中要点，如此相关监管官员的解答方可击中要害，解决问题。

3. 充分注意沟通方式与技巧。监管官员多熟悉实务操作而不一定看重一般法理，因此，寻求咨询时，应力避不必要的"法言法语"或"律师腔"，要尽量采用监管官员习惯的语调与语气来进行有效交流；否则，轻者无法得到清晰权威解答，重者引发监管官员不必要的监管怀疑与关注。

4. 不必苛求监管官员予以书面解释。与成熟市场经济法治国家不同，出于种种考量，监管官员多数情况下不愿意就其所做口头解释出具书面文件确认。对此，首先不要苛求监管官员出具正式书面文件。其次可以考虑采取变通方式，例如将与监管官员咨询沟通的结果，以书面请示报告的形式记录，并呈交相关监管官员，请其予以简短确认性书面回复。许多时候，这倒是化解前述难题的有效方法。最后如果监管官员不愿意出具任何书面文件，可以考虑视情形制作会议纪要并保存，以备日后不时之需。

五、问问“屋里厢的”——规划设计交易结构过程与公司内部各利益相关部门的互动

进入大数据与人工智能时代，跨国公司在中国的运营亦紧跟跨国公司全球数字化战略，作为例证的便是整个公司管理的全面信息化与数字化，覆盖销售、营销、供应链管理、人力资源乃至服务外包或共享服务中心（share-service center）。君不见，各跨国公司 SAP 系统上线与更新一轮又一轮，智能工厂建设如火如荼，都是希冀能够通过管理的全面信息化与数字化，提升管理效率与透明度。然而，肇始于成熟市场经济法治国家总部自上而下的信息化与数字化运动，并不自然就能与作为新兴市场经济正迈向法治国家的中国监管环境完美契合，有时候甚至会出现“擦枪走火”，造成监管风险。笔者就曾遇到这样的案例：一家注册运营

于海关特殊监管区域的关联公司，因为SAP上线并控制整个公司供应链管理，导致该公司加工贸易手册出现遗漏，差点被主管海关以缉私案件查处。

切换至并购交易语境中，在规划设计交易结构时，相关核心交易团队务必要与公司内部各利益相关部门保持定期沟通与交流，听取各部门从其专业角度对于交易结构设计的意见与看法，以便于交易交割后顺利切换至收购方管理运营模式，包括财务、融资、税务、人事、共享服务中心、销售、营销、生产、供应链管理、健康安全环保部门等。一般而言，此等利益相关部门不应对交易模式的最终选择具有决定权，但各部门的关注与意见，对于优化交易结构从而顺利实施交割乃至交割后的整合，具有非常重要的意义。特别是在全面信息化与数字化管理的今天，整个信息化与数字化管理系统就是一个完全不同的新世界，既不可被逾越，亦不可被绕行，需要确保规划设计好的交易结构，能够与系统契合，从而能在系统中顺利实施，并高效运转。

从公司治理规范角度，笔者建议，交易结构一旦规划设计确定，各利益相关部门应以书面形式，对于该确定的交易结构予以确认，并及时做好相关调整准备，以迎接并购交易的实施。最怕的事情是，当并购交易实施接近尾声时，某一个或某几个部门突然跳出来说这个交易结构无法在其负责的系统中适用，因为其刚刚知道这个交易结构！

六、预防“程咬金”——规划设计交易结构中的不可预测因素

俗话说，“再好的计划也赶不上变化”。在交易结构规划设计中，不时会出现一些不可预测因素。通常来说，此类不可预测因素主要有以下几类：

1. 法律、法规及政策的变化。一般而言，宏观层面的法律、法规的变化皆有相关征求意见阶段乃至过渡期，并购交易团队不难预期并掌控；难度比较大的在于相关政策的变化，其往往无事先预警，突发而至，从而给并购交易团队规划设计交易结构带来重要影响。

2. 相关监管部门执法实践的变化。此等因素非常难以预测，除非时刻紧密跟踪。笔者就遇见并处理过一起资产收购交易案件，其目标资产扩建涉及的相关环境影响评价流程，由环境保护主管部门主导而变更为由企业主导，从而导致整个环评流程拉长，差点无法按时交割。

3. 相关人事的变化。最大的变数在于人，无论是具体监管官员的更迭，还是并购交易各方关键人员的变化，都会对交易结构可行性与实施效率性形成影响。

如何应对上述“程咬金”呢？笔者建议，在交易结构规划设计过程中，要密切保持对于相关法律、法规、政策的关注，并及时更新；在条件允许时，要保持与相关监管部门的

定期沟通，掌握其最新执法实践，及时掌握前述相关关键人事变动的信息，并据以调整应对，以在一定程度上避免其对交易结构的不利影响；最后，在规划设计交易结构时，于情势允许时，要设定一定的备选方案与缓冲期，以应对不可预测因素，此亦不失为一种周全考虑与安排。

综上所述，交易结构的规划设计，充分利用尽职调查成果、与外部监管机构的沟通协调、与内部利益相关部门的沟通协作及不可预测因素的应对四个角度，都对交易结构设计团队的统筹能力、沟通协调技巧及解决困难的能力提出了更高、更全面的要求，应予以充分重视，并予以统筹兼顾，方可从画图到画画，绘就一幅熨帖且富有生命力（可执行性）的画卷。

硬菜第一口

182 案之反垄断合规思量

阿里巴巴集团　反垄断　合规　数字化独角兽企业

热词

本文基于国家市场监督管理总局针对阿里巴巴集团控股有限公司滥用市场支配地位进行调查的案件以及笔者对于反垄断合规的实践与思考，反思了当前相关企业“先发展再合规”的现状，并分析了此案对于企业法律部在反垄断合规工作方面的启示，即回归本源，做好企业竞争图景分析的家庭作业；而对于独角兽企业，未来则需要将合规纳入企业的DNA。

一个周六的早晨打开手机，忽然中国市场监督管理总局针对阿里巴巴集团控股有限公司滥用市场支配地位进行调查的案件（以下简称182案）及作为调查最终成果之一的行政处罚决定书（以下简称决定书）与行政指导书（以下简称指导书）映入眼帘。通读两份行政执法文书数遍，发现决定书中除其他行政处罚外，第二项行政处罚赫然载明：对当事人处以其2019年度中国境内销售额4557.12亿元4%的罚款，计182.28亿元。数年之前高通公司罚款记录瞬间成为历史。刹那间，各种角度的观点与分析纷沓而至。作为一位反垄断法业余爱好者，作者曾于2020年2月24日在律商联讯《总法“悦”法》专栏发表过“中式欧陆硬菜，您准备好了吗——公司法律部视角中的《〈反垄断法〉修订草案（公开征求意见稿）》”小文，其间已预见中国反垄断法执法将会趋严，所谓“中式欧陆硬菜”。现如今，182案已然成为“硬菜第一口”。笔者通读决定书与指导书数遍后，结合之前随机看到的对阿里这么些年商业发展的一些论述，从公司反垄断合规角度倒有几点思量，于此写下，权作一家之言与记录。

一、“先发展再合规”之反思

不同于20世纪末21世纪初的互联网大潮与其后的互联网泡沫，经过前述泡沫破裂后的再次沉寂后，由于互联网以及数字化技术的强有力推动，特别是数字化技术的平价化、普及化及全球化，电子商务新商业模式得以迅速成长至今日商业世界里可以搅动任何行业的颠覆性力量。从其诞生初始，在商业模式上，它就是对传统商业模式的颠覆乃至摧毁；而在其发展过程中，已有法律规制框架既因电子商务新商业模式的颠覆性而无从立刻找到法律规制的妥适分析框架与工具，又有电子商务新商务模式发展的日新月异，对总体趋于稳定与保守的法律规制框架构成巨大挑战，导致规制无力乃至不能。基于前述，包括电子商务平台公司在内的新技术企业提出了“先发展再合规”的理念，即先发展起来再逐步落实合规。对此，作者有以下几点观察：

1. 先发展再合规带来的“原罪”问题：社会经济生活运

行,不可一日无法。即使当时因法律规制框架落后于商业发展而并未对颠覆性商业模式立刻提出挑战,然由于反垄断法一般并无追溯时效的限制,从而颠覆性商业模式野蛮生长中出现的合规问题,便必定成为一种所谓“原罪”,故将来某日被追溯处罚的风险便始终存在。举例而言,这些电子商务独角兽企业之前利用 VIE 结构“避开”经营者集中限制而于当下因为抢跑被一一处罚,便是再典型不过的案例。如何解决此等所谓“原罪”问题,目前看来并无妥善方案。作者以为,从企业风险控制角度,可以考虑的做法是基于审慎原则,对于“原罪”可能带来的合规风险予以充分预先研究,并提取充分财务拨备。推而广之,不仅是反垄断领域,“原罪”问题也普遍存在于诸如个人数据保护与隐私等领域。而因为法律作为一种保守力量必然导致法律规制的滞后性,此等“原罪”问题将永远伴随新技术企业,只可一定程度地提前做好准备,但并无万全之策。

2. 商业发展速度与合规:之所以有“先发展再合规”理念的提出,盖因于新技术企业而言,速度于其生死成败皆为灵魂,所谓“发展是硬道理”。从纯商业角度,发展壮大以后再或主动或被动清理自身原罪,从商业逻辑上来看并无问题。虽然从整个社会经济生活发展大局而言,新技术企业违规违法之处比比皆是,然不可否认的是,新技术企业对于社会经济生活运行效率的提高给消费者带来便利的增加仍然是厥功至伟。在商业世界中，没有更多交易，没有更高效率的交易，则无论法律规制多么“井然有序”，最终经济总量没有增加，从商业角度都不应一概予以褒扬从而死守。很可能也正是因为此点，182 案中的决定书与指导书仍然于相当程度上体现了审慎包容监管的精神，其间睿智与战略眼光，值得肯定。

二、回归本源——182 案决定书反垄断分析对公司法律合规部的启示

有趣的是，182 案公布后，作者于欧洲的同事迫不及待地向笔者索取相关法律分析的英文稿件，并分享于全球法律合规部反垄断专家组。究其原因，作者认为，还是因为对于数字化独角兽企业，全球主要反垄断法域例如欧盟、美国及中国都在摸索研究，而得益于中国突飞猛进的数字化独角兽企业发展，中国国家市场监管总局对于 182 案的行政执法实践也颇具开创性与可借鉴性。研读 182 案决定书数遍后，作者认为前述观察比较中允。具体而言，182 案决定书对相关市场的界定、市场份额的计算、市场支配地位的分析与认定、滥用市场支配地位行为特别是二选一的分析，都生动展现了如何运用基础的反垄断分析框架与工具，分析变化多端的电子商务独角兽企业的商业实践，并确定行政

执法理据与决定。

上述情况，对于公司法律合规部从事的反垄断合规而言，至少有如下启示：

1. 回归本源——牢牢把握反垄断基本分析框架与进路，充分运用反垄断经济学分析工具。商业模式可以每时每刻都在变化，然如果被不断变化的商业模式所淹没，从事反垄断合规工作，每日追逐于每一种商业模式及其变种的具体问题，罔顾反垄断基本分析框架与思路，则必然会导致工作迷失。此点从182案中对于相关市场界定的论述便得到生动体现，其采用的仍然是从商品市场与地域市场，仍然是从需求替代到供给替代，仍然是利用HHI指数（赫芬达尔—赫希曼指数）与CR4指数（市场集中度指数）这些最基础的反垄断基本分析框架与进路以及经济学分析工具。故此，建议还是要多多研读欧盟以及美国的一些反垄断经典原著与案例，夯牢自身的反垄断理论基础，方能为“以不变应万变”打下坚实基础。

2. 做好“家庭作业”——对公司所面临的竞争图景作出分析并保持动态更新。作者依据与相关法总及合规总的交流观察到，公司每寻求外部反垄断律师的深度专业服务时，公司法律合规部总绕不开的问题便是相关市场界定、市场份额、是否具有市场支配地位等；而于诸多情势下，相关公司并未有相关的竞争图景分析，从而对于相关反垄断问题的分析，或基于假设或基于推测，使外部反垄断律师相关工作成果的扎实度与精准度因为公司法律合规部此等“家庭作业”的缺失而受到严重影响。应该说，此等“家庭作业”的完成，于公司合规部而言，是非常重要但也是非常艰辛的工作。其间涉及与公司各业务事业部、市场部门与销售部门的沟通与协作，需要公司市场部门与销售部门在“本职工作”之外，额外先听取公司法律合规部的叨叙，且向外部市场调研机构购买具有权威性的市场调研报告，并结合自身销售数据，方能完成。然而考虑到此等“家庭作业”的基础性作用，此等辛劳又不得不为之。

三、合规之核——文化

行文至此，笔者不禁想到，中国已然成为世界第二大经济体。这几年中国公司取得了许多让世界瞠目的商业成功，然期间合规教训与案例亦比比皆是。合规到底最重要的是什么？资源投入？管理层表率？强有力的合规监控与系统？零容忍？貌似都不是。笔者以为，最根本也是最牢靠的，是合规文化。文化一词，感受起来挺实在，但归类总结时总是有些玄学。举个例子，数年前，作者一位多年好友亚太区法总曾与笔者聊起曾亲自处理过的某法域一件男士骚扰男士的性骚扰案例，法总朋友联想到之前不时通过当地法域肥皂剧洞悉的当地商业文化，加之全公司对合规培训记录的全面调查均亦未发现遗漏之处，只能最终将其定论为当地商业文化与习惯导致的不合规做法，而无论公司组织的性骚扰合规培训。文化是如此顽固的力量！因此，合规之所以难，根子里是难在力图改变已然成为文化的习惯与做法。无论前述困难，作为志向高远立志做“百年老店”的企业，合规应该成为企业的DNA，一如销售业绩与公司股价同等重要。既然是DNA，就应该是深入到企业运营方方面面的元素中。应该承认，包括阿里巴巴在内的中国数字化独角兽企业从取得的商业成功而言，都是很伟大的公司；且从国家竞争角度，它们至少确保了中国在全球各国数字化的竞争之中牢牢占有显赫一席。而未来如何以182案为鉴，将包括反垄断合规在内的各项合规变为企业的DNA，实现快速且合规的发展，一如曾经因为自身操作系统反垄断而疲于奔命最终于操作系统反垄断风波完结后实现华丽转身的微软公司。于继续保有创新精神的同时亦注重合规发展，当是作为让中国骄傲的数字化独角兽企业未来发展可以期许的进路与方向。

你是什么垃圾?

从魔都垃圾分类运动反思中国公司的合规化进程

热词

合规进程　法律规制体系　国际惯例　合规技术

作者从魔都的垃圾分类发展与企业的合规进程之间找到了异曲同工之处,即也许初始会让人抓狂,但最终将造福于坚持合规的企业。基于此,本文回答了以下问题:合规于中国企业的终极目的到底是什么?应合什么规?技术上如何合规?企业合规的未来如何?

回望2019年魔都发生的有意思的事儿，无论如何，垃圾分类都是件值得提起的一件。旁观此无论是视觉还是气味都不甚悦人的事儿，从最初的众人“草木皆兵”勤学苦练垃圾分类，到后面百姓怨声纷纭，直至最近渐渐恢复平静，作者时常联想起近年来国人曾引以为傲的若干民族冠军企业于欧美发达市场经济法治国家一系列因合规问题触发的意外与事件。作者以为，搁置其中的民族主义与地缘政治因素暂且不论，其间冷静反思仍为必须。而围绕垃圾分类所展开的种种故事与感喟，倒于相当程度上与中国企业正在恶补（至少从表态上是这样）的合规短板有颇多相似之处。

一、不合规到底行不行?

与垃圾分类是否有必要曾引起魔都各方争论不同，不合规到底行不行这个问题，于我国的演进图景倒很是别致。之所以说别致，在于明面上大家一致无条件认可合规的重要性，但内里对于不合规到底行不行却往往是另一番想法乃至暗藏套路，并非始终表里如一。否则，也不会出现前脚签完和解协议书，后脚就全部忘光一犯再犯乃至被相关法域监管机关"绝命追杀"的惨痛案例！

行文至此，作者认为要真正负责任地回答这个问题，必须展开坦诚至戳骨的自我追问：合规于中国企业的终极目的到底是什么？概言之，合规语境下的所谓"规"，除其他外，主要有两种渊源：第一种是国际公认与通行的商事惯例与企业价值观及伦理准则；第二种是相关企业于其中运营的东道国所适用的法律、法规乃至商业伦理准则。对于前述两种合规渊源，中国主流的国际法理论一直是提倡应予以严格遵守，而参之以雄心勃勃的中国企业与公司，欲于东道国成功运营乃至成为国际公认的全球性企业，必须全面严格合规以便获得东道国的相关市场准入与市场机会，进而积累自身良好商誉，从而成长为在任何法域皆被认可与信任的国际性与全球性企业。一言以蔽之，作为以盈利为主要经营宗旨的商事企业与公司，合规是其进入东道国市场乃至安全高效运营于全球各市场所必须付出的经营成本与代价。从此角度而言，合规与在东道国购买机器设备招聘人员等通常运营成本无异，且唯有站在此高度，方可真正客观准确地把握合规之必要性！

一句话小结如下:作为世界第二大经济体,中国企业与公司“走出去”,成长为全球化企业乃至“百年老店”,除合规外,别无他途。以垃圾分类喻之,垃圾分类必须得做,否则自己会每天自觉或不自觉地吃下塑料,还连带着子孙后代一起吃!于此,值得赞赏的是,对于合规,中国政府已经从政策导向上作出了毫不含糊的回答:合规为先。这于时下的世界语境中,完全值得一个大大的喝彩!有意思的是,在中国企业与公司走出去全球化必须合规的同时,中国国内对中国企业与公司合规的要求亦在不断提高。之前借助各种正当或不正当的力量绕着法律走即不合规的空间急剧被压缩与减小,虽然仍于个别领域存在微小空间,但总体是渐趋于0。因此,即便企业只在国内运营,若不厘清此等趋势,则对企业未来发展与风险防控有害而无利!

二、合什么规?

说完要不要的问题,再来聊聊怎么合规的问题。首先应追问合什么规?国人最早知道合规,多半是从美国《反海外腐败法》(Foreign Corruption Practices Act, FCPA)而来。从此角度,可以说合规是欧美发达市场经济法治国家的舶来品。但有必要指出的是:经过改革开放四十年的法治化进程,中国现行大多数与合规相关的法律规制体系已经与发达市场经济法治国家的体系趋同，且此种趋势有增无减。仅以 FCPA 为例，其中对于商业贿赂的规定已通过相当程度的法律移植或借鉴，高频率广泛化地存在于中国《刑法》《反不正当竞争法》之中，一些条文甚至具有高度相似性。再比较中国的《反不正当竞争法》与美国的《联邦贸易委员会法》，除却制定颁行的时间与立法旨趣相差较大，其中的立法精神与条文亦有相当近似度，例如虚假广告等。最后比较一下中国关于商业贿赂的法律规制体系（包括刑事立法与行政立法）与美国 FCPA，其中的立法指向与条款设置均有诸多相同之处，并无迥异[1]。

其实，回首中国近四十年的改革开放进程，大家会发现一个蛮有趣的现象：改革开放前三十年，我们逐渐意识到并强调国际惯例（包括但不限于合规）对于指引国家法治化的作用；最近十年，由于种种原因，对于国际惯例的重视程度逐渐不如以前，而更多地开始着力于我们自身创设乃至制定新的国际经济惯例与规则。考虑到中国已然成为世界第二大经济体的现实，此点考量从战略角度无可厚非，但事物的客观发展规律却不可违背，一如娃娃需要先学好走路才好跑步，必须在透彻熟稔掌握并运用现行国际经济惯例与

〔1〕 前述观察其实得益于作者前不久某次与美国昆鹰律师事务所中国合伙人刘骁律师、格芯中国区总法律顾问刘芹女士及法嘉创始人暨 CEO 周欣如女士于昆鹰所上海办公室一次关于合规话题的谈话中由刘骁律师分享，于此表示感谢。

规则(即便近来因蔓延世界的民粹主义影响而相关国际经济惯例的基础在经历严峻考验,但只要全球化进程曲折向前,则相关国际经济惯例亦会逶迤前行)从而引得其他国际经济交易利益相关方的充分信任后,方可建设性地参与现有国际经济惯例的改进与调整乃至创设。概括起来,就是先做好现行国际经济惯例的遵守工作,然后再图新惯例与规则的创设。

三、合规之痛

一如魔都开始实施的垃圾分类给各位市民从生活理念与行为习惯带来诸多不便乃至痛苦一样,合规也意味着不便、不适乃至痛苦。曾有一位法总与作者分享过他自己接待从总部来的老板的故事。他与他老板共事已逾十年。某年,老板照例飞来魔都进行年度例行巡视与交流。完全出于对老板的惺惺相惜,所以有次 one-to-one dinner(单独晚餐),他就带他老板去了魔都比较顶级的西餐厅。温暖的面包篮、酒体宏大回味隽永的红酒、超级棒的牛排,加之两人秉烛夜谈,异常美好的一个夜晚。第二天去接老板继续新一天的工作,上车后老板突然变得异常严肃,说根据他对公司餐饮政策的了解,昨晚的餐费消费已经超标了。起初是诧异,后来这位法总意识到问题的严重性,最终二人平分账单，自己买单！

普天之下，规则的制定与遵守总是意味着初期的不理解、不适乃至抗拒，然从效率的角度，从长期合规看，又是提高公司运营效率的隐形但却巨大的助推器。试举一例，作者对比跨国公司之间做并购交易与中国国内并购交易之间的异同时发现，得益于跨国公司良好扎实的合规基础与公司治理，在并购交易中，尽职调查通常通过于虚拟数据空间（virtual data-room，VDR）上传交流相关信息与资料，就可以解决掉大部分的尽调问题；与之相对照，在中国国内并购交易中，囿于交易双方合规与公司治理基础的薄弱，审慎的交易方是万万不敢仅通过交流研读书面资料就决定交易的，而必须得进行实地尽职调查，反复多遍，方可完成尽职调查工作。一正一反对比，其中人力、物力及资源投入的效率高低立见！除却前述降低交易成本的益处，其实合规所带来的最大益处还在于商业世界中，基于合规而建立起的彼此信用与信任有助于推动信心的树立，而信心与信任在商业世界中堪比黄金还珍贵。故此，从短期看，合规可能会有不便乃至痛苦，但长期来看，其是件回报隐形但巨大的有意义的工作。

四、合规是件“技术活儿”

依据作者有限观察，魔都的垃圾分类之所以让人抓狂，很大程度上在于其中蕴含的“技术含量”，即干垃圾、湿垃圾、可回收垃圾及有害垃圾等分类。鉴于国人饮食烹饪手法的多样性、电商横行时代的过度包装等诸多原因，作为老百姓的我们面对志愿者阿姨“你是什么垃圾？”的问题时，对于垃圾的准确分类，往往颇费思量。同样的挑战在相当程度上亦适用于合规工作。早些年的FCPA、英国的Bribery Act，其中的普通法体系法律语言、结构的精巧，加之美国山姆不甚合理的“长臂管辖”，对于中国的企业在合规上亦足以构成挑战（作者曾于一次论坛上评论道：培养真正称职合格的合规专业人员，绝不仅只是通过英语专业八级能读懂英文法规那么简单，而需要具备扎实的中西贯通能力以及对欧美相关法律体系与实际运作有相当程度的了解方能胜任）。合规发展至今日，由于泛滥于全球的民粹主义浪潮及其驱动的各主要法域纷纷祭起“以邻为壑”的黑棋，导致国际经济合作与交易面临“交易的全球化却须应对监管的国别化碎片化”这一挑战，从而各法域的新法律、法规层出不穷，例如，欧盟各国正不断加强的对外国投资的审查制度以及美国山姆名昭天下的美国外国投资委员会（The Committee on Foreign Investment in the United States，CFIUS）以及2018年的《外商投资风险评估现代化法案》（The Foreign Investment Review Modernization Act of 2018，FIRRMA），均以其更富有限制性乃至“侵略性”的条款，对于全球化运营的公司与企业构成挑战乃至阻碍，从而对于合规亦构成非常大的挑战。除却传统的合规领域例如反海外腐败（FCPA）、反商业贿赂（Bribery Act）、贸易制裁（Trade Sanctions）和出口管制（Export Control），近年来新合规领域例如网络安全与个人信息保护、环境保护、劳动用工合规又以其与传统合规领域不同的场景和专业技术壁垒，构成对合规专业人员的新挑战。作者认为，特别值得注意的有以下几点：

其一为相同的合规领域，由于相关法域的立法意旨迥异，从而导致相关合规要求亦非常不同，乃至于特定情形下可能会相互产生矛盾。例如，欧盟的《通用数据保护条例》（General Data Protection Regulation，GDPR）主旨在于个人数据的保护，而中国网络安全法的主旨在于安全从而规制性条文较多，美国的个人数据保护则更多在于平衡个人数据被大规模商业化利用与个人隐私之间的冲突与矛盾。因此，在多法域运营的跨国公司需要同时遵循母国和东道国的法律法规，不无挑战。

其二相关特定合规领域的任务，亦远非一个法律合规部门能够单独完成的。例如网络安全与个人数据保护，法律合规部仍然应参与其中，但主导性却往往因其专业性不足而必须移转至公司信息系统部、人力资源部乃至财务部。因此，各团队如何各司其职又紧密协作，以完成合规任务，确是考验相关参与者组织协调能力乃至领导力的关键问题。

进一步推演至中国公司合规人才的培养：除了具备前述真正到位的专业英语工作能力、扎实的中西贯通能力以及对欧美相关法律体系与实际运作有相当程度的了解等这些硬实力之外，在当下乃至可能未来相当长的一个时期，客观开放的国际化视野也至关重要。究其缘由则在于，合规作为跨国乃至全球化的公司与企业的必过门槛，近年来由于各法域的民粹主义及其驱动下的立法与执法实践，导致合规问题国别化、碎片化，从而使合规成本激增，挑战加大，同时亦很容易激起中国的民族主义情绪，在看待通常商业世界里的合规问题时不自觉地带有意识形态的色彩或有色眼镜。其实，在多数通常的国际商事交往中，这种情绪对于严格合规以为公司全球化运营避免风险扫除障碍，弊大于利。展望第二次世界大战后世界经济发展的历史，不难看出全球化始终是主流，而国际经济惯例与合规，作为世界经济全球化进程中信任与交易安全的“压舱石”，仍应是主流。类似的民粹主义及其驱动的立法与执法实践应该不会长寿，原因很简单，经济发展的关键在于高效率低成本地进行交易，而服务于经济发展的法律与合规制度，应保证交易安全，同时促成交易，而非阻碍乃是杀死交易。大家应该已经看到以下无比清晰的事实：时下，以邻为壑并未把世界经济引领到新高度，反而使其有进一步陷入停滞乃至衰退的风险。一言以蔽之，作为社会有识之士的法律与合规专业人士，应保持自身理应具有的客观开放的国际化视野，做好艰难时势下的合规挑战，并坚定等待更高水平的全球化时代，重新引领世界经济发展之进程。

五、合规永无尽

承上文所述，受限于时下泛滥于全球的民粹主义及其体现于诸多法域立法与执法中的严峻现实，有志于全球化运营的公司与企业工作的合规专业人士面临的挑战空前巨大，且前述挑战于短期内可能难以迅速扭转，所谓“前路依旧漫漫”。然而，一如垃圾分类最终将造福于魔都市民一样，合规专业人士仍应秉承对全球化的坚定信念，踏实做好自身合规工作，拒绝民粹主义或狭隘民族主义的蛊惑，保持客观开放的国际化视野，一步一步丈量永无止境的合规之路，共同迈向新的更高层次的全球化，以真正给地球子民带来福祉。*

* 【作者致谢】衷心感谢法嘉创始人暨 CEO 周欣如女士、全球商业诉讼领导者——美国昆鹰律师事务所中国区合伙人（私下作者称为“刀枪不入金刚娃”）刘骁律师及格芯中国区总法律顾问刘芹女士于相关探讨中给予作者的若干启发。

话术

前言

曾与某些富有才华与潜力的实习生们聊到法律实务人（外部律师与公司法律合规部的专业人员）的工作，作者笑答：其实，法律实务人主要只干三件事儿，说话、写字、想事儿（书面语：思考），所谓法律实务人的“三件武器”。而说话，作为“三件武器”的第一件，实乃法律实务人每日必练之武功。无论是作为争议解决律师于法庭上或仲裁庭慷慨陈词，力求字字珠玑，还是作为非诉律师于董事会会议上条分缕析，娓娓道来，话术的重要性怎么强调都不过分。犹记一位作者一直尊为导师的业务部门领导曾对作者的 presenting skills（演讲技巧）难言满意，特意找了一位资深培训讲师逐字（word by word）手把手地教笔者编辑 PPT 与演讲，老师重压之下，作者不敢怠慢，自己也于业余时间研读不少关于做 PPT 与演讲的资料，回头看来，曾经为作者不屑的做 PPT 与演讲技巧，里面门道的确颇多，不刻苦操练，难言合格。工作至今，无论是 PPT 与演讲，还是日常法律合规工作中的话术，作者仍然得时时排练与总结，不时反思，因其实在是项常练常新的工作技能。故于此付诸文字，聊作抛砖引玉。前述文字依据公司法律合规部话术对象的重要性与频率高低，逐一全面分析向公司内部上级沟通的话术、与公司内部平级协作部门沟通的话术、与公司内部下级同事的沟通及与公司外部利益相关方的沟通（有必要指出，笔下这些文字，虽然大多为作者从事公司法律合规实务工作所得，然于某种程度上，亦适用于外部律师）；进而，又对外部律师如何利用文字与公司法律合规部如何高效富有成果地沟通从著述的目的、对象、时间因素、地点因素以及专业品性方面进行了深入全面的实证分析。

好好说话(一)

向上沟通的话术

沟通　话术　法律合规部

热词

在商业环境中,法律实务人如何根据沟通对象的特点,采用合适的话术,以实现向上的有效沟通?本文作者基于自身的业务实践与观察,分析和总结了向上进行专业与非专业沟通的各自的特点及相应的实践策略。

公司法律合规部专业人员执业于商业公司环境，向上的话术沟通基本上可划分为非专业沟通话术与专业沟通话术。前者一般指公司法律合规部与公司业务管理层例如国家、大洲及全球总部的业务部门领导的沟通、讨论及演讲汇报工作；后者一般是指公司法律合规部与公司专业管理层例如全球总法律顾问、副总法律顾问的沟通、讨论及演讲汇报工作。考虑到商业公司的科层式权力与决策组织机构，此类向上的话术沟通，无论是非专业沟通话术还是专业沟通话术，至少具有以下共性：

1. 态度

于东亚文化语境中，主流法律实务群体大多职业性格偏向沉稳与内敛，此等性格特质体现在沟通中便是许多情势下往往很注重实干与实际工作业绩，而非口若悬河。许多法律实务精英内心里对前述沟通、讨论及演讲汇报的真实想法甚是不屑，然于市场经济主流法域中，沟通话术却是商业环境中必不可少的沟通方式与工具。特别是向上沟通时，沟通对象都是业务或专业部门大佬，他们平时公务繁忙，实际上在很大程度上依赖此等沟通、讨论及演讲汇报机会指导工作，推进项目，并了解法律合规部各位专业人员的能力、素质及潜力。质言之，此等沟通、讨论及演讲汇报，对于公司法律合规部而言，是增加自身可视性（visibility）从而被了解、被认可的黄金机会，如若无视乃至浪费，实在是愚蠢。概括起来，对于向上沟通，态度上如何高度重视都不过分，因为不是每天都有这样的机会的。行文至此，作者不禁自笑，想起若干年前，作者曾与其时的老板对此有过激烈的争论，直至面红耳赤。风度翩翩然又非常坦诚的老板曾告诉作者：首先，他也看不起只会说不会做的同事；但是，只会做不会说也是远远不够的……得益于老板与文首所述导师的一系列开导与敲打，作者慢慢地停止了自己的错误认知，逐渐从态度上重视起了向上的沟通。

2. 准备

端正了态度，精心准备便是顺理成章的下一步。言及准备，无论沟通、讨论还是演讲汇报，首先需要仔细审视相关话术沟通的目的，是说明厘清问题，还是需要经过头脑风暴思辨讨论后作出决策，抑或汇报工作进展与成果。不同的目的，对于沟通的方式与要点都有影响。举例而言，如果是说明厘清问题，那么自身应事先梳理出一个清晰思路，并耐心呈现，以力争对方透彻全面了解；如果是相关头脑风暴思辨讨论最终达致决策，则自身应秉承建设性开放态度，先认真聆听对方，再清晰有力地阐述自身看法，力求达成共识；如果是汇报工作进展与成果，则理应实事求是，既不夸大亦不过于低调，最好在汇报完后，还有点有余味的take-aways，以体现到达下一境界（to the next level），供听取汇报者事后再“咀嚼”，从而加深对汇报者的印象。

其次就是练练练。文首所述作者导师当年为说服作者参加制作PPT与演讲汇报的培训，曾向作者披露过：他向时任公司的CEO每次做演讲汇报前，都事先要自我排练七到八遍（备注：那位CEO曾将作者所任职公司的股价于四年之内从每股二十欧元干到每股一百二十欧元，平时领导力风格铁血强悍，部下压力极大，然每次听他演讲汇报，精神上都是一种莫大的震撼与享受，非常“鸡血”）。耳濡目染之下，后来作者也渐渐培养起来事先排练的习惯。个人一般习惯在卫生间里，一则味道较重，可以迫使作者高度集中注意力；二则卫生间里有镜子，可以观察到自己的身体语言是否得体。在准备过程中，还需要多设想下对方可能会问的问题。商业公司工作环境中，向上沟通都是时间紧任务紧的活儿，从而最为尴尬乃至翻车的事故便是答非所问乃至无从应答，最终伤害到自身观点与论述分析的可信性以及被对方接受或认可的可能性。

3. 时间

一如作者在本书队友编之“伴君不必如虎——法律合规部与 CEO 的协作”中所述，CEO 由黄金铸成而时间就是 CEO 的黄金。向上沟通时，对于法律实务人最大的挑战就是时间，所谓老话“Time is of the essence”。于限定的时间内，把自身拟沟通的内容透彻全面地呈现，并与对方高效互动，实在是门需时时学习总结的手艺。如何应对时间挑战，除了前述的态度端正与精心准备外，尚有以下技巧值得适当考虑采纳：

其一，聚焦重点。应时刻牢记，向上沟通的对象绝大多数都是每日千头万绪且不会过分耐心的管理层，他们参与沟通的目的很简单，即用尽可能短的时间付出，弄清楚问题，或作出决策，或给予评价。因此，法律实务人如何聚焦重点，把最重要的东西与问题清晰呈现，便至关重要。于此，公司法律实务人应力避反复强调同一个问题，重复论述；再者，千万不可如出具正式法律意见书一样，面面俱到；加之实际沟通时平铺直叙，语音、语调、表情一概的平淡，没有重点，也就没有了灵魂。

其二，枝节问题与细节置于线下或后备汇报材料中。

如果向上沟通的对象有兴趣亦有时间，可以应要求呈现。

其三，无论是口头沟通还是书面沟通材料，均需以简洁透彻为核心要件。于此，作者联想到自身曾经演讲汇报时满屏的演示文稿都是文字（其中充斥法言法语），最终惨遭抵触乃至否定。原因很简单，写得越多越复杂，沟通对象就会越关注文字，而非作为沟通相对方的法律实务人自身。

其四，针对沟通对象提出的问题，务必先直接回答，而后再分析，而非我国沟通文化中先解释原委与细节，直接回答却迟迟不来。

4. 精准

囿于人类天性，专注与注意力于公司商业环境中对于沟通双方乃至多方均构成体力与精力的巨大挑战。而有效应对此等挑战的不二法门，便是精准。作为于合规前提下最大化公司商业利益的法律实务人亦应将精准奉为圭臬。具体而言，于向上沟通过程中，时刻围绕着需要解决的问题与沟通的目的，而非展开法理的分析与论述或纵思想之野疆，方可为精准。

5. 眼神与清晰的身体语言

于商业公司拟环境中，人本质上以商业理性为先，但不可忽略感性因素的存在。由此，作为对前述四项要点的感性背书加持，于向上沟通中，法律实务人与沟通对象保持密切的眼神交流，并加之以清晰有力的身体语言，包括但不限于手势、站姿乃至坚定有力的步伐，都会加强法律实务人向上沟通时的感染力与效果。前文所述时任公司 CEO 演讲汇报时，许多时候喜欢撸起衣袖，加之以霸气侧漏的强有力手势，给人的感觉就是坚定与执行，的确值得后进者效仿与练习。

聊完上述向上沟通时非专业沟通与专业沟通的共性，下面再来叨叙以下非专业沟通与专业沟通的不同之处。有趣的是，两种情势下的不同之处于某种程度上还正好“针尖对麦芒”，正所谓针锋相对：

（1）最大化商业利益 VS 合法合规

在向上沟通情势下进行非专业沟通时，法律实务人的沟通对象多数时候是业务管理者，其更加关注的是最大化商业利益，从而如何让事情办成是核心问题。此点对于法律实务人的商业洞察力、敏感度及商业思维均构成巨大挑战。作者有益的经验是，首先要从沟通的语言与思想状态上拉近与沟通对象的距离，平日里可以多听多看一下财经媒体节目与商学院著述，例如 CNBC、Bloomberg、Harvard Business Review 等，尽力习得多一些的商业行话与商业思维范式，俗话说“能够闻到钱的味道”，用商业语言与商业思维来进行沟通。心理距离一旦能够拉近，则与作为沟通对象的业务管理层讨论与汇报，自身法律分析与建议被接受的可能性与程度都会有更大提升。

而对于专业沟通，合法合规理应作为主线贯穿沟通的全过程。如何用透彻全面的法律理据与分析达致沟通目的，是法律人喜爱亦应擅长的工作。

(2)少一些法言法语 VS 多一些法言法语

法律实务人向上沟通绝大多数情势下都与法律相关，从而法言法语与法律逻辑分析便不可少。然于非专业沟通情势下，少用法言法语多用简单实用的商业词汇实属必要。作者犹记十四年前向业务管理层做演讲汇报时，汇报中就被一再追问“encumbrance”“ex-ante”等一系列词汇的意思，最终演讲汇报效果奇差。

而于专业沟通中，双方都是专业人士，为如实充分展现自身的实务素养并考虑到法律共同体的职业偏好，适度使用法言法语乃至通行国际商业法律术语及机制，对于增强自身专业性的认可度均有裨益。

(3)结果 VS 过程

依据作者多年但有限的经验主义观察，向上沟通中，如果沟通对象为业务管理层，注重沟通过程的结果导向至关重要。这点对于讲究逻辑与论证分析的法律实务人的工作习惯是个巨大且难受的掣肘因素，实在需要经常的实战训练以期熟稔。

而如果沟通对象为专业管理层，则过程与结果经常同等重要，所谓合法合规不仅是结果的合法合规，也是过程的合法合规。因此，于此等向上沟通中，先扎根于过程，再论及结果，方为妥帖。

好好说话（二）

平行沟通的话术

热词

法律合规部　沟通　业务部门　职能部门

对于公司法律合规部而言，对内与公司内部的平行部门如业务部门及职能部门和对外与律师事务所进行沟通，有什么共性和不同之处？与其进行高效沟通的实务要点有哪些？这是本文力图解决的问题。

一、与业务部门的沟通和与职能部门的沟通

参之以沟通频率与重要性，公司法律合规部与公司内平级的业务部门与职能部门的平行沟通最为重要。总体而言，平行沟通无论是与业务部门的沟通还是与职能部门的沟通，主要目的在于厘清问题，交流意见，达成共识，作出决策并确立工作协作分工。然于当代商业公司环境中，专业分工日趋精细，从而决定公司法律合规部对前述两部门的沟通既有共性亦存在迥异之处。

关于共性：

其一，由公司法律合规实务工作的专业性决定，无论是与业务部门还是职能部门沟通，都存在一个相同的巨大挑战，即如何让甚少乃至没有法律合规背景与智识经验的业务部门与职能部门听明白法律合规部对于相关问题的法

律分析，并接受相关法律合规建议。

其二，法律合规部仍然不可避免地需要与“公司动物”博弈乃至斗争［关于公司动物，作者在本书专业编的“远离公司动物（corporate animal）——跨国公司并购中国公司交易之组织篇”中对于“公司动物”有过一番描述与分析，此处不赘］。无论多么伟大的公司，业绩多么好的公司，“公司动物”只存在数量多少问题而无有无问题，从而与各色各样“公司动物”博弈乃至斗争，变成了法律合规部不可缺少的日常工作内容之一。作者觉得倒也无妨，底线是公司法律合规部自身不沦为“公司动物”就好。

言及迥异：

其一，相比较而言，与业务部门相比，相关职能部门如财务部、融资部、税务部、人事部等，由于相关专业不可避免地涉及相关业务领域的规制法律智识，其对于相关法律分析与建议的领悟力一般而言高于业务部门（为避免疑问，此处不带贬义，不过术业有专工而已）。

其二，言及沟通氛围，大概而言，与业务部门的沟通过程，由于业务部门始终背负业绩经营指标，所谓 KPIs，压力始终巨大，如若修为不够，经验不足，则被业务部门挑战乃至“消费”的可能性较大；而与职能部门的沟通，更多地着眼于协作与分工，不能避免冲突，然而相比较而言，冲突的频度、烈度及强度皆弱于与业务部门的沟通。

由上述两点共性决定，公司法律合规部与业务部门及职能部门沟通的要点在于：

其一，深刻了解并动态掌握业务部门的业务模式、商业逻辑、盈利点、可能“爆雷处”以及职能部门的业务职责、核心关切，并且力争将前述了解与掌握妥帖融合进相关法律分析与法律建议中。针对业务部门的法律合规服务而言，不了解商业，就无从成为卓越的公司商业律师，提供优质的公司法律合规服务。作者就曾听一位法总朋友聊及部门里一位小伙伴向某位业务部门老大汇报专利使用许可时，刚开始法律分析一分钟，就被这位老大劈头打断：请问我们公司许可专利使用，我们公司有何好处？发问之直截了当和毫不客气，小伙伴当时就蒙了。后来，法总站出来，详细解释专利使用许可的背景与未来的商业合作安排，方才避免了一场尴尬。必须得承认，法律合规部需要做到深刻了解并动态掌握业务部门的业务模式、商业逻辑、盈利点、可能“爆雷处”并非易事，定期参与重要业务会议，即便大多数时候只能作为观察员与听众，也都是必备的功课。出席多了，听得多了，自然会把这些看到的听到的融合进自身的法律合规服务中，工作间隙多与业务同事攀谈业务最新进展亦是另一种途径，更有勤奋者于业余时间学习相关商业管理案例与知识。有必要指出，虽然销售部门与市场部门都是业务部门，然法律合规部与该两部门的沟通方式亦应有所区别。对于销售部，更应该直截了当，因为销售就是战场；而对于市场部，可能从营销模式是否合规以及消费者或客户可能的接受与反应角度着手更为重要。甚至于即使都是销售部门，但不同的销售部门，如面对消费者的FMCG业务部门与面对工业客户的工业产品部门乃至工业产品部门内不同类型的工业客户，其争议“爆雷点”都不一样，务必需要区分对待，所谓度身定做服务。再举一反例，某些公司合规工作之所以合规政策与稽查工具高端然却无法付诸实施，根源就在于合规政策与稽查工具完全从海外总部复制，正所谓“黄油味过浓”，与中国子公司的业务实践完全是“两张皮”，根本无法联结，更遑论有效监控。就职能部门而言，参之以作者此前系列“法律合规部队友系列”小文（本书亦有刊载），商业公司里每一职能部门职责迥异，从而不同职能部门的核心关切亦各不相同。例如，财务部总账团队高度关注财务簿所记数据是否符合商业真实、是否符合GAAP准则等，而税务部往往关注所有税务处理是否有扎实牢靠的书面记录与合同文件支撑。前述均决定，公司法律合规部在与各职能部门的沟通中，应对于各部门的核心关切予以充分重视，并结合自身的法律分析与法律建议。

其二，与“公司动物”的博弈乃至斗争中，仍应牢牢把握公司整体这一主线，这也是“尚方宝剑”，不应屈从于一部门乃至个别大佬的业绩利益。熟稔并娴熟运用公司愿景、价值观、商业行为准则等一系列公司内部的“宪法性文件”，讲究博弈与斗争的语气、语调及沟通技巧（口头与书面），最终结局一般都不会太差。作者有位法总朋友就曾忆起，他往往在公司内部与相关业务部门的会议最终时给出这样的回复：法律合规部之所以有如此建议，皆为着眼于公司整体利益，而非特定部门利益，如果谁不接受，大家可以一并上报总部决定。效果都还不错。

其三，沟通的语言与节奏。由上述与业务部门和职能部门沟通的两点差异决定，法律合规部与业务部门沟通时于相应情势下可以多注意语言的形象性，尽量调低语言的专业性，不仅是口头上，也包括书面上的。作者的一位法总朋友曾有一次带一位资深法律顾问去到业务部门会议。此前，比较江湖的业务部门已经开始“消费”这位资深法律顾问，而这位法总朋友也是江湖历练多年，一推门，一顿粗口，轰得一帮江湖老手瞠目结舌，总算代前述资深法律顾问扳回了气势，各位同事最终决定坐下来好好谈事情解决问题，而不是寻机“消费”法律合规部。法律合规部与职能部门的沟通语言与节奏，一般而言可以更加注意专业性，以理服人，着重理性分析，并且注重凝聚共识共同协作。

二、与外部律师的沟通

公司法律合规部作为公司外部服务的遴选者、管理者及决定方，日常工作中与外部律所的沟通必不可少。以常理论，公司法律合规部与外部律师均为法律合规专业人士，高效且富有成果的沟通应该不难。然遗憾的是，前述基于常理的推论并不是公司法律合规部工作的现实。公司法律合规部与外部律师沟通不畅，从而导致公司所获取的外部法律服务无法妥帖适用于公司实际，只得从头再来或另寻高明，实际中不乏这样的尴尬情形。

对上述，基于作者多年但仍非常有限的经验，获得与外部律师的高效沟通，在于双方明确并一致认同彼此的不同角色与定位。总体而言，外部律师更应着重于专业分析、经验分享以及为决策提供参考方面，而作为公司法律合规部，以下几个要点值得关注：

1. 代入

一般而言，外部律师囿于外部律师执业特点，对于公司的商业运营实践，难言精准与时时掌握，而公司大多数时候通过外部法律服务寻求的是对公司复杂商业问题的法律解决方案或风险规避方案。于此，欲提供优质高效的外部法律服务，没有对公司商业运营实践的深刻洞察，难以为之。

故此，公司法律合规部应该也完全可以基于自身每日在公司商业运营实践的洞察，于可能范围内最大限度地通过项目 kick-off meeting（启动会议）分享给外部律师，将外部律师尽量完整精准地代入公司商业环境中。作者经验，此等分享绝大多数时候在确定外部法律服务提供方开始合作时即应实施。作者比较欣慰地注意到，有业界领先其他所一个身位的外部律所律师已经有在开篇便了解客户商业模式与商业逻辑的良好职业习惯，值得予以肯定。

2. 周延

毋庸置疑，外部律师总是希望自身提供的法律服务具有针对性，但囿于上述原因，许多时候公司法律合规部仍然需要研读外部律师提供的法律服务予以进一步微调以周延，最大限度地提升相关法律服务的针对性。有必要指出，针对公司法律合规部要求外部律师微调如法律意见书的要求，往往有若干纠结，盖其原因，不外乎此种微调是否将导致原先的法律分析与结论有所变动。其实，从精明角度着眼，外部律师于一般情势下应该欣赏并接受此等微调，因为富有经验的公司法律合规部对于公司内部客户的关注点、敏感点、痛点、难点、堵点都有更切身的体会，从而公司法律合规部通过与外部律师的坦诚沟通，最终共同提供一份富有针对性的法律服务，便是值得提倡的良好实践。

3. 学习与对标

作者有位法总朋友于多年的公司法律实践中，一直非常珍视与外部律师的沟通机会，因为于他看来，这是借着公司寻求外部法律服务向专业外部律师学习从而对标自身专业修为的黄金机会。此位法总朋友亦与作者坦言，如果于自身喜爱并擅长的领域能与相关实务领域一流外部律师平等自如的对话以及交流探讨，所谓"跟得上趟"，则对于极度重视自身专业修为的他而言，便是莫大的欣慰。

公司法律合规执业是种修为，时学时新。与公司内部同事的平行沟通和与外部律师的平行沟通，都是不断更新自身商业洞察力与专业修为从而助力自身法律服务水平的好机会，唯其要点在于，要区别不同沟通对象，适度 street-smart，最终达致高效富有成果的沟通，以裨益工作。

好好说话（三）

向下沟通及与外部利益相关方沟通的话术

公司法律合规部　沟通　外部利益相关方

热词

本文为“好好说话”系列的最后一篇，针对公司法律合规部内部的向下沟通以及与外部利益相关方的沟通，分析沟通要点，并分享实务中的沟通技巧与方法。

一、法律合规部内部沟通与外部沟通

一如本编“好好说话——平行沟通的话术”中所述，言及沟通频率与重要性，公司内向下沟通虽不及公司内部的平行沟通，然仍不可忽视，究其原因，主要有以下两点：

1. 推进日常工作与项目需要：于公司法律合规部的日常运作中，总不时有些情势需要与部门内的伙伴们或其他业务部门或职能部门里的伙伴们进行沟通，了解相关事宜的细节与可能的“痛点”、“难点”、“堵点”及“敏感点”，以形成对于相关事宜的总体认识与对关键细节的认识与把握，从而思考最终解决之道。

2. 职业经理人管理职责的一部分：作为职业经理人，必然承担带教公司科层结构（所谓“corporate hierarchy”）中低级别员工的管理职责（所谓一直在强调但倒不一定时时被注意的“management responsibility”），携自身多年的丰富经验与见地，充分分享自身积累的智识与经验，助力人才成长，以裨益公司人才的培养，乃至发展公司人才池（所谓“talent pool”）。

囿于公司内部无法完全忽略的科层结构，公司内向下沟通无论是在公司法律合规部内部沟通还是外部沟通，大体而言具有以下要点：

1. 高职阶人士的谦卑与开放：总体而言向下沟通时，位于职位低阶的沟通对象本身就容易紧张乃至背负压力，鉴于此，如若位于职位高阶的沟通另一方无法保持谦卑与开放态度，则沟通效果必然很差，一方不敢讲不敢挑战，另一方也得不到真实的信息与观点，最终导致无效沟通。

2. 高职阶人士的耐心：当代商业公司都是高节奏高强度运作，工作于此等环境下，保持耐心实在是考验修为之事。就此而言，作者就曾是一个反面典型。若干年前，作者在部门伙伴汇报时，在时间紧任务急的情况下，不少时候总是没有耐心听完，直接插入，基于所谓的经验（后来自省此类经验并非总能“一发入魂”）直奔主题。后来有些时候，时间多了点，便尝试着耐心听完伙伴的分析与观点，而后脊梁骨后忽然一阵冷汗，因为意识到某些细节与“家庭作业”，作者并未做或未做透，如果完全依仗作者此前经验，难言精准到位。

3. 高职阶人士的带教履职：如前述，作为管理职责的一部分，于公司内向下沟通中，位于职位高阶的人士仍然需要履行对于沟通对象的带教职责。法律合规部内部自不待言，与其他业务或职能部门的伙伴们亦是如此。作者就曾听说有位法总朋友当年曾耐心带教一位富有潜力的公司业务拓展年青才俊，此后后者火箭上升，最终双方成了相互支持的强力并购业务核心F2，前述法总朋友也收获了双倍的成就感：并购项目如期交割并顺利步入交割后整合；昔日带教过的伙伴最终迭代成为工作中可信赖的合伙伙伴。

聊完公司内向下沟通过程比较正能量的方面，再来叨叙一下公司内部向下沟通的挑战与应对：

1. 所谓“代沟”：“80”后、“90”后进入公司已是一种事实，而且更年轻的千禧一代也很快会进入公司，这是公司员工队伍正在或即将发生的变化，无法回避；针对前述现象，各种评论皆有之，有“捧杀”，亦有“棒杀”。依据作者所听到的观点并结合自身有限观察，作者认为，“捧杀”与“棒杀”皆有失公允，其实最朴素的一个真理是，每代人皆有高潜力才俊乃至未来的领导者，亦有泛泛之众，而人类几千年的发展史绝大部分亦是如此，精英带领大家前行的日子总是富有预期性从而让大家觉得牢靠与可信赖。从而，于公司内部，过分先入为主地别上“代沟”有色眼镜进行向下沟通，必然会弄砸整个沟通过程。作为公司职阶高位者，倒的确是应该摘下所谓“代沟”的有色眼镜，耐心聆听年青一代同事的分析与看法，少些预判，多些自我主动代入，最终主动跟上年青一代的思想步伐。

2. 放权与授权：当代商业公司在合规前提下追求商业价值最大化乃是终极使命，业绩与效率便成为核心要素，加之数字化所带来的信息传递即时性，使公司管理层的工作负担与压力只走单向递增曲线，而不是相反。公司法律合规部便是典型代表。于此工作量递增而员工数量与其他资源均不增加的前提下，公司向下沟通时，适度放权与授权鼓励低职阶员工更多发挥自身努力与创造性分担工作量，便是必由之途。作者自我反省，也曾极度喜欢并享受hands-on，且彼时因为如果让别人弄砸自身收拾残局更费时间的蒙昧心理，事必躬亲，而且还基于自身实务与管理经验投入关注细节。仗着身体好与一股执拗劲，也还能维持。倒是之前年度管理谈话时，总部老板问了笔者一个问题：现时的你可以每天工作十二小时到十三个小时，但能够每天工作十五到十六个小时一年持续两百天左右且年复一年？这账不难算，但却问住了作者，一句话，不可持续，必须改弦易张。言及放权与授权，依据作者一位法总朋友的经验，边放边看，做好事情或项目走向不对时立刻介入的准备，此其一；放权与授权完毕，事后一定要带被放权方与被授权方进行复盘与总结，以裨益后者成长，此其二。

二、与带教实习生的沟通

略作思量，作者还是想花点笔墨聊聊自身比较上心也很喜爱的与带教实习生的沟通问题。得益于所任职公司比较好的雇主声誉与法律部里法学教育背景扎实且实务经验丰富的伙伴们的感染力，不时本人所任职的部门总是能招来不错的实习生。必须得承认，不少实习生小朋友的简历看得笔者是心惊肉跳，庆幸自己早生数载，否则与他们这些好苗苗 PK，则注定是被按在地上摩擦狂虐的结果。

既是好苗，便得吾心。每日中午作者用十分钟左右的时间完成工作午餐后，便会利用剩余约五十分钟的午餐时间与带教的实习生们进行坦诚沟通。应该说，无论是 Top 14 U.S.Law School 还是北清法学院的学生，只要是中国国籍，对于老师的尊重都是深入到骨髓里的，一种不为作者所习惯的喜好便是不习惯主动发问乃至挑战老师。作者的有限经验是，首先要破冰，个人比较好的一种方式是带实习生们出席作者的一些饭局聚会。因为其间必有大佬或大咖，而让这些小实习生近距离接触这些大佬或大咖，一是看看大佬或大咖们的光鲜，看到未来的自己，内心里那个鼓起的劲头远胜千万遍说教；二是听听大佬或大咖们微醺之后聊聊自身的轶事，让这些实习生认识到，所谓大佬或大咖都是常人，都有七情六欲，从而更加坚定自己奋力前行的信心。

其次，破完冰之后，就是前述利用午餐时间的点滴交流与探讨。总体而言，他们的内驱力都很强大，作者能做的就是分享下自己“掉坑与吃药”的经历，省却他们走错方向的大失误；在专业方面，不能满足于分享点上的问题，而是更多注重方法问题，他们触类旁通的能力强着呢。

几年坚持下来，与若干实习生的沟通还是有些小成果，有些小朋友已经用继续深造的佳绩暗示某些人注定会是二十一世纪三十年代的 Julie Gao（编者注：高准，公认是亚洲最杰出的企业法律服务从业者之一），甚慰。唯苦久矣，一如植树绿化，个人有限能力，值几株小苗，积少成多，总会汇成一片林，一片绿。

三、公司法律合规部与外部利益相关方的沟通

客观而言，公司法律合规部与外部利益相关方的沟通是可以码一章字的专门问题，囿于篇幅，此处权择其要点述之，待日后有闲时再全面系统分述之。

1. 公司法律合规人的“毛病”：异于欧美，中国法律实务工作者无论是外部律所律师还是公司法律合规部专业人员，于中国社会阶层与权力体系中并不居于显位，虽然其中佼佼者可能经济实力并不弱。中国仍然在向法治国家迈进中，故完全依法办事仍然是法律人共同体需要孜孜以求的

目标。由前述两点决定，外界对于包括公司法律合规部在内的法律人于许多时候并未待之如宾或视之为权威；与此相对照的是，由于多年的法学院教育加上多年的法律实务锤炼，许多法律实务人智识明显高于商业社会中各社会阶层的一般水平，业绩创收亦高于社会平均收入水准，从而内心往往有个不小的自我(ego)。既然心有自我，必然于外有所展现。依据作者有限观察，公司法律合规人与外部利益相关方沟通时，多少总挟自身法律专业的智识与经验有些许清高，偏好法律争论而罔顾商业实践以及社会环境，这在沟通中并不鲜见，最终往往被外部利益相关方定义为“法律人”，而非能够融入商业圈或总体社会环境的独立个性群体。

2. 如何做到 street-smart 仍在考验许多法律合规人。于商业世界中，无论是外部律师还是公司法律合规部，皆无因为自身处理的法律问题而独立于商业实践的特权。借用马克思主义的政治经济学常识，经济基础决定上层建筑，法律最终为商业服务，从而对于法律实务工作来说，如何融入商业环境并学习积累对于商业安排与逻辑的洞察，便至关重要，欲达此目标，与外部利益相关方的沟通务必做到 street-smart 且因地因人而异。无视沟通对象，无视沟通对象于商业安排中所处的位置与沟通目的，千篇一律永远的“律师腔”，将注定被公司外部利益相关方牢牢定在律师墙上，最终伤及商业律师的业绩。

行文至此，借此篇小文，叨叙了公司法律合规部的沟通这一常聊常新的话题，权作一家之言。文中许多经验与观察，亦将随公司法律合规部的实践发展而发展更新，从而时时总结，便是前方必涉之途。

“律八股”浅议

外部律师如何走心地码字

外部律师　著述

热

词

外部律师通常会给客户或目标客户提供各种著述，包括 Client Alert 或 Newsletter。如何有效实现撰文的目的而不致浪费心血？本文基于作者的实际经验和观察，从外部律师著述的目的与对象问题方面，提供了方向和方法；并在此基础上，对于外部律师著述的目的与对象问题方面，提供了方向和方法；并在此基础上，对于外部律师著述的时间因素、地点因素以及专业品性问题提供了分析和解决方法。

作为公司法律合规部，日常执业工作中最大的便利之一便是可以收悉拜读各家外部律所基于各种目的（例如市场营销目的或专业能力展示目的）而撰写的各种著述，具体形式或者是 client alert（客户注意），或者是 newsletter（业务通信），或者是特定问题的研究或实战心得，或者是相关实务领域的总结分析报告（一般为年度）。应该说，前述绝大部分皆为外部律师心血之作，繁忙工作之余孜孜研究总结付诸笔端，其间不易，写作之人多有同感。然从外部律师前述工作最重要的目的即通过写作来进行市场营销或专业能力展示着眼，如何通过走心的写作而精准实现前述目的，又是一门大艺术。就作者二十余年拜读品鉴各家外部律所的著述经验而论，其间若干肯綮，倒的确有分享于法律同仁以期澄清可能的误区最终高效走心地写作提升法律人共同体内交流效率的必要。

一、为何而写

一如外部律师执业于大多数情势下必然具有的功利性（此处不做贬义，作中性词使用，下同），外部律师著述亦带有功利性。故此，于开篇之前，不妨思考下自己著述的目的：到底是为市场营销，还是专业能力展示，还是纯粹个人情怀？而不同目的决定了著述之立意、谋篇布局、行文的显著区别。而依据作者多年但仍然有限的观察与经验，许多令人尊敬的外部律师著述时始终一成不变地固守法律人的风格，专业专业再专业，最终成为“律八股”，自己辛辛苦苦，读者（也是未来的潜在客户）却读得倦意不断，从而双方原本通过文字可能实现的交流最终梗阻乃至失败。

承上，若是相关著述服务于市场营销的目的，则立意方面很可能应该从潜在客户的商业需求、痛点、敏感点、堵点出发，谋篇布局方面亦应紧紧围绕潜在客户的可能商业问题与由此而来的法律解决方案，行文方面多援引一些商业案例并结合精准但绝不冗长的法律分析，通篇贯穿 agile（机敏）风格。最后还有两点至关重要：一是得有一个漂亮抓眼球的标题，如果能够援引些有足够代入感的诗句或语句则更好，究其缘由，在于当下数字化时代，各种信息海量投喂，潜在客户为效率计，通常是先看标题再决定是否通读全文，而好标题一如一双魅力之眼；二是针对自我营销，如何巧妙地将作者自己代入著述中，如作者本人或团队于处理相关问题时的心得与体会，或者作者本人或团队对相关问题的独到视角与观察等，则是蛮考验作者情商与行文技巧的重要问题。试举一例，拿前不久刚刚颁布的《反外国制裁法》而言，若是出于市场营销目的，不妨直奔主题，专门针对潜在客户很可能最为忌惮的第十二条展开论述，而标题可以拟定为"两夹板或三夹板之痛——《反外国制裁法》第十二条对跨国公司合规业务的潜在影响与应对"，且行文中也紧紧抓住这一痛点与敏感点，着力论述透彻。

若是相关著述以展示专业能力为目的，则立意方面可以更加自我一些，论述分析作者或作者团队系统细致分析相关问题的其中款曲，谋篇布局方面亦可基于自身对于潜在客户可能的问题与解决方案的洞察与认识相应谋划之，行文方面可以有足够量的法言法语与严谨法律分析与论证。其中要点，依据作者观察，有以下几点需要注意：一忌"人云亦云"。眼下经济与商业发展迅速，新法律法规层出不穷，诸多勤勉的外部律所著述的时效性极大增强，一部法律出现或是一个典型案例出现，如何不"人云亦云"，自我进入相关问题，深入思考，过程需要的是作者或作者团队对于实务问题探究的勤勉度，作为结果的著述展示的就是作者或者作者团队的实务专业功力。而有趣的是，据作者粗略经验，举凡相关实务领域的真正大拿，一旦付诸笔端，则绝大多数情况下会与众不同，大多视角精准，分析透彻到位，所谓“功夫显于诗中却源于诗外”。再举一例，作为全球商业诉讼与应对美国政府调查的翘楚，昆鹰所中国区主管合伙人刘骁与吴骏曾有一篇雄文《四大招术教你：如何应对美国就新冠疫情“甩锅”中国的程序问题？中国国企海外资产安全如何保护？》，剖析中国政府如何应对美国政府、公司或个人基于新冠疫情针对中国提起的诉讼。文章从相关法案简述开始写起，其间基于作者代理中国客户应对美国诉讼的丰富经验，从送达、主权国家豁免、集团诉讼资格及判决的执行，条分缕析，判例援引、法条引注清晰详尽。阅毕，总体感觉作者非常自信，字里行间不时“侧漏”出种种专业霸气，上乘之作背后反映的是作者深厚的国际法理论功底与优秀的实务能力。二忌无“点睛之笔”，当下中国法律立法愈益复杂，执法与司法发展迅速多变，外部律师如果在著述中提炼出其中的框架、精髓及核心要点，便是对自身专业能力的最好诠释。同一个主题两篇外部律师著述，作者一般更为欣赏能够提炼出相关问题精髓与要点的佳作，所谓大道至简，外部律师对相关实务问题思考得通透，才能总结得精准到位而后付诸笔端。最怕文章仔细拜读后，越读越糊涂，既浪费时间，亦伤害了相关外部律师的专业可信度。

若是以展现个人情怀为目的，则自我放飞的空间便比较阔绰。然若期待展现个人情怀的著述仍然能获得些许共勉乃至对法律人共同体有些许裨益，则仍有以下几个要点值得思量：

1. 对自己诚实。唯有对自己诚实，方可展现最真实的自我，从而与身旁之人区别乃至脱颖而出，至少可以给外部世界呈现个不一样的自我。言及此，作者不禁联想到一句箴言，所有的外界榜样或建议，如若不能内化（internalization）于心，皆为无用。

2. 睿智地展现自身个性。数字化自媒体时代，某种程度上说，人人都是写手乃至作家；然 VUCA 时代，每个人世界观、价值观及生活境遇迥异，故一味彰显个性的著述亦有可能招致网络热议乃至论战。从外部律师著述的功利性着眼，过分地将一些极度自我的思绪与情绪公之于自媒体空间不加收敛，的确非明智之举，如果行文再不注意周全，则一旦被断章取义，视野或背景尽缺，则翻车是大概率事件，最终伤害的是外部律师良好的职业形象与人设，的确应审慎为之。最好行文之后，搁置数日，再行细读，去除些其中可能过于自我从而可能未必为外界欣赏的元素，方为妥帖之策。时下法律人空间不时有论战，囿于敏感，于此就不再举例。

二、为谁而写

承前所述，由外部律师著述于绝大多数情势下带有的功利性目的决定，于著述前厘清读者对象并作相应调整便是非常重要但常常被忽略的问题。

就外部律师著述而言，由简到难，其对象大致有接受法律普及宣传的普罗大众、商业管理层及公司法律合规部，以下分述之。

1. 就为普罗大众普及法律而言，其立意在于普及法律知识，从而着眼于法律的大框架、基本原则、法律责任及遵守法律的倡导便是主旨。由前述决定，论及著述的结构，便应是通俗明朗，易读易懂；延展至行文，尽量多用生活语言，多举实例，便是达致雅俗共赏从而被广泛传播的不二法门。作为例证，中国相关官方媒体对于相关法律的普及宣传倒是良例。

2. 就为商业管理层著述而言，一则在行文之前，自我琢磨清楚相关法律问题背后的商业逻辑，尽量拉近与商业管理层的心理距离是至关重要的基础性工作；二则在行文过程中，如何将自身的法律分析、商业实践与商业逻辑紧密结合并且给出具有商业可行性的法律建议与方案，便是考验外部律师商业熟稔度与洞察力的重要时刻；三则尽量少用法言法语而多用比较鲜活的示例解释清楚法律概念与法律原则，这意味着外部律师必须接受从法言法语向商业语言的转化挑战；四则适度将结构与行文 EMBA 化，力争使自身著述读起来具备更多更浓的商业管理风味，最终通过拉近与商业管理者的距离，树立良好的职业形象，从而最终获得客户与业务。

3. 就为公司法律合规部著述而言，与上述两类对象恰恰相反，其要点在于：其一，注重并提高自身法言法语的比重，包括但不限于一些比较生僻的拉丁法谚与词汇及实务领域的行话，通常能够于公司法律合规部初步树立起自身比较好的职业素养形象，作者朋友中比较注重学理分析的法总朋友对于前述法言法语不是一般的喜好。其二，不要局限于对于法律法规的字面或文义解释与分析，建议更多从公司法律事务实践的角度，多分析多论证。仍拿前文提到的《反外国制裁法》为例，如果相关外部律师平时熟稔公司法律合规部的制裁与进出口管制实践，对这部法律从公司法律合规部的角度分析相关的实务问题与痛点，则在拉近与公司法律合规部距离之上，又能进一步帮助公司法律合规部厘清可能于实务中出现的问题，省却了公司法律合规部再思考的时间与精力，则拿到作为客户的公司法律合规部的业务，便是大概率事件。其三，外部律师的优势在于接触服务客户的行业门类广泛，相关法律实务问题多种多样，这类智识与经验其实是外部律所的宝贵财富，从可持续发展的角度，完全可以再循环利用（recycle），唯需基于外部律所对客户的职业保密义务，于著述中经过适当省略、删节处理后，将最为宝贵的智识与经验分享给作为潜在客户的公司法律合规部。依据作者多年但仍非常有限的经验，作者与各大圈所合作项目时，最有价值的法律服务之一，便是此类服务其他客户（无须获知客户姓名与细节）的智识与经验分享。外部律师于著述时完全可以将其适当处理后再循环利用。

三、何时而写

法律人共同体过去数年的普遍观察是，中国法治已经进入飞速发展阶段，法律的立改废全面提速，对于法律人的智识更新也提出了巨大挑战（备注：各位法律同仁想必对于《民法典》颁布后法律执业人共同体内的一片热议与苦叹还记忆犹新）。基于前述原因，外部律师或出于业务营销目的，或基于专业能力展示目的，码字成文亦相应骤然加速。试以新法述评为例。大多数情况下，新法颁布之后数小时内，外部律师的相关述评便已经上线。针对此种“现时专送”，作者在欣赏钦佩外部律师勤勉专业精神的同时（律师这活儿，总是有很多窗外灯火阑珊烟火气鼎沸而你我仍在办公室里孜孜以求的“孤独”时分），仍然要建议，应区分不同法律与实务领域从而确定不同码字成文交付时限（所谓“lead time”）。细述之，若相关新法是基于颁布前若干行政法规、规章的更新且其中关键变化或根本性变化（所谓根本性变化，如规制理念、规制框架、规制措施、法律责任等）并不多，则针对此等新法的述评，绝大多数情势下应是速度优先，力争早日码字成文拼个手速，抓住作为潜在客户的读者无比珍贵的初始注意力。而如何区分关键变化或根本性变化，便是考验外部律师对相关实务领域立法与执法沿革的智识经验积累的深度与厚度了，见仁见智，此处不赘。但若相关新法的前述关键变化或根本性变化太大，或是对先前旧法的大修，则负责任的外部律师在码字时，必然会涉及相关立法与执法沿革的梳理、对比及分析，故从品质控制角度看，此时码字行文便不应以速度为唯一考量因素。梳理清楚想通想透再行文，方可避免肤浅乃至“翻车”之虞。于2021年6月10日颁布的《安全生产法》便是一件显例。基于中国对安全、健康及环境的高度重视，此次《安全生产法》从法律规制的广度、深度及强度，到法律责任及执法监督都是“脱胎换骨式”的修订，非常有必要在前述法律修订颁布后，“先让子弹飞一会儿”，沉下心来，系统深入梳理立法修订理念与相关规制条款的强化，帮读者梳理清楚立法沿革与沿革背后暗含的未来发展趋势，如此，则相关码字行文必为上品。而如相关法律变化具有较浓厚的国家之间政经博弈背景或涉及地缘政治因素时，如制裁与出口管制、外商投资安全审查，则码字著述自当更加小心，最起码自我应该对相关问题不仅有“术”方面的精通，更应有法律人应有的中立与专业精神（所谓“道”）。行文至此，作者不禁想起，若干年前，某家国际律所知名反垄断大咖曾长时间连续地码字，抨击时任中国经营者集中申报受理审议机构即商务部的审批进度迟缓与审批过程不透明。客观而言，中国于2008年施行《反垄断法》，当时由于执法经验缺乏且团队力量不足，的确有过审批进度迟缓的现象，然每种新法律制度开始正式执行时，相关执法机构总是有个逐步积累执法经验从而不断提高效率的过程，此点规律于欧美亦概莫能外。无视此点，便于中国商务部受理经营者集中申报初期即大加抨击，其实除了比较浅薄地取悦国外对中国不甚了解的客户之外（之所以定性为浅薄，在于外部律师从不应以抨击相关执法机构为核心价值所在，核心价值在于为客户解决问题）。作者早期一直拜读学习这位大咖的码字著述，然而令人遗憾的是，读了太多周而复始的抨击且其间有价值的竞争分析与执业经验愈益稀少，作者渐渐地也就不再去他所在的律所网站去下载学习。最后多说一句，随着 VUCA 时代持续且暂时未见有终期，相关国际律所对于中国相关法制的分析与评价，仍然需要高度注意自身自觉或不自觉的偏见（所谓“unconscious bias”），秉承法律人的中立专业精神妥善为之，否则极端情况下，恐怕不仅是丢掉中国客户与业务这么简单，实不足取。

论及时间因素，还有个值得思考与讨论的话题就是，何时为发布外部律师耗费更多时间与心血创作的年度或半年度相关法律实务领域总结报告的最佳时点，如并购交易趋势与核心交易条款演变分析、反垄断法执法统计分析报告等。首先，就作者有限目力所及，相关定期法律实务领域总结报告，较之于前述新法速递，深度与广度而非时效性方为其核心要素，故外部律师无须赶时间；其次，关于其发布时点，就作为其核心受众之一的公司法律合规部而言，每年七八月或十二月下旬至年底，由于公司日程安排与管理层休假等因素，都是相对空闲一点的时间，同时也是法律合规部集中精力加深自我专业能力提升的好时间（毕竟每日每周每月都拨出固定时间进行自我专业能力提升不是每一位公司法律合规部人员都能拥有的奢侈），因此，于此时间段发布相关报告，可能受众时间更阔绰，注意力更集中，从而效果会更好。顺带提一句，已经有更多的中国律所参与到具有国际水准的年度报告编撰中。此等工作，一如某次席间某圈所新锐合伙人所聊，中国律所似可有所取舍，力争共同参与的国际律所至少都是相关实务领域内的有名之辈。试想如果一家中国律所与 Cravath、Swaine & Moore LLP、Wachtell、LiptonRosen & Katz 这样的 big law 并列，对于其相关著述的质量与律所品牌的美誉度本身就是一笔浓重的添彩。

四、何地而写

言及外部律师码字著述的地点因素，最主要的因素在于要区分是国内客户与国内业务，还是国际客户与国际业务。易言之，外部律师是在中国为中国客户码字分析国内的法律问题，还是在涉外法律服务领域为国际客户码字分析涉外法律问题。

总体而言，针对中国客户，鉴于相关客户对于中国法律文化与执法司法实践的熟稔程度，相比下文所述国际客户，码字著述难度相对较低，外部律师码字著述大多数情况下可以直奔主题，而无须过多地作背景介绍铺陈。而针对国际客户与国际业务，因涉及中国立法、执法及司法实践，如何把中国法的视野与洞察角度带给国际客户，实在是让中国外部律师挠头的事情，且此等挑战于中国持续强化涉外经济立法的当下，只会愈加突出。依据作者多年但仍然有限的观察，注释与后备(back-up)分析于此便至关重要。一个问题的中国法背景，可能于正文中介绍太过累赘而冲淡正文，与其如此，倒不如以详尽的注释与后备分析乃至相关背景资料索引，给国际客户一个深入学习了解的渠道，这绝对是值得赞赏的专业精神。

言及地点因素，还有一种场景是与国外律师同行通过码字著述交流。与上文所述国际客户相比，国外律师同行具有法律基本素养，从而交流沟通难度略低。然为取得更好、更透彻的交流效果，中国外部律师于码字著述时，不时借助些比较法的方法，不仅分析中国的相关做法与实践，而且再推演至相关异地法域的制度。以人类沟通交流之规律而言，这样沟通交流的效果更好、更透彻。

五、码字著述的专业品性

一如外部律师其他执业活动一样，外部律师著述作为或出于市场营销目的或展示专业能力目的，专业品性仍然至关重要。作为一个多年大量拜读学习外部律师著述的法总，个人有限观察及经验，专业品性有赖于以下几个要点：

1. 思定而后作

法律问题是一件基于事实、公共政策、价值取向等诸多因素的复杂事物。作为法律问题解决的建议方，自身一知半解，没有一定的视野与洞察力，相关问题没有观察透彻、相关法律分析没有扎实根基，则相关法律建议必然没有可行性。因此思考清楚再动笔，实为是对潜在客户负责更是对自身职业声誉负责的好做法。

2. 求真

法律实务问题皆为关系公司风险、战略执行及业务顺利运营的大问题。因此外部律师于著述中，自然需要基于真实问题，依据自身法律智识经验，提供真实可行的法律建议与解决方案。

3. 创新性

莎翁有言，一千个读者就有一千个哈姆雷特。一定程度上，对于同一法律问题的观察，于许多情势下，基于法律专业素养亦有不同的视角与分析。即便是殊途同归的分析，从著述的视角、逻辑分析结构、呈现方式等方面，也可以有自我的风采。如此，创新性是值得法律实务共同体推广之风尚。

千言万语，终不及一句

公司法律合规部话术的变与不变

热词

公司法律合规部　话术　ERP 系统

公司内部的“柏林墙”造成的危害显而易见。公司法律合规部是否是拆除它的合适人选？又如何有技术地将其拆除？沟通显然是一把至关重要的钥匙。本文在总结“柏林墙”产生原因的基础上，针对前述问题提供了有效的解决方法。

又是一年岁末，笔者固定习惯仍是不时邀约一些民营企业家与国有企业领导，彼此叨叙些各自一年的工作经历与感悟，感受除自身比较熟悉的跨国公司外的商业社会脉搏与不断演化的商业逻辑，此等时间与精力投资倒是非常划算。某次席间，某位民营企业家三杯酒下肚，叹了一口气：自己花重金与心血给自己的集团公司上线了企业资源计划（enterprise resource planning，ERP），但一年下来，公司经营效率未有提升，各部门反而以邻为壑，公司内部因ERP系统形成的“柏林墙”处处可见，原本团队协作不错的各部门除ERP系统之外的沟通愈益减少，乃至“各家自扫门前雪，不顾他人瓦上霜”。这一番苦对于笔者心有戚戚焉。得益于数字化技术的突飞猛进，各家公司拥抱数字化，使用各种系统与Apps。然而，系统与Apps能够包治百病吗？恐不尽然，究其缘由，在于除非全部事项都可以由系统与Apps处理、决策及实施，否则只要仍有人的因素，就会有因系统与 Apps 而产生的“柏林墙”，所谓“有人的地方，就有江湖；有系统的公司，就有柏林墙”。而作为当代商业公司中承担卫士与商业促成者双重职能且该等双重职能之间存在自然张力的法律合规部，如何洞悉公司“柏林墙”的产生乃至运用自己的话术拆除掉这些阻碍公司腾飞的“柏林墙”同时避免因“拆墙”不慎导致的“工伤”？所谓“千言万语，终不及一句”，笔者以为，法律合规部话术千变万化，核心却只有一句：把全公司的思想与行动统一到以 C-suite（包括但不限于公司法律合规部）为核心的公司中央决策高度上来，于合规前提下使公司商业利益最大化，力助公司破除藩篱轻装上阵，顺利实现腾飞，而如何实现便是一个值得思考的问题。以下力图逐步分析之。

一、公司内部“柏林墙”的产生

言及当代商业公司内部“柏林墙”的产生，据笔者看来，大体上有以下几种原因：

1. 对于系统与 Apps 的盲目遵从而罔顾人的因素与动态变化。从公司决策角度看，公司将运营管理流程统一化一体化并整合进系统，从公司运营效率最大化而言，是正确的。然系统终究是人借助技术工具开发的，且其运营维护也由人实施。就系统开发而言，除非开发团队洞悉全球各国的政经大势、法律合规管制框架及商业实践，是所谓“上帝一般的开发团队”，否则不可能期待完美系统。而现实是当代商业公司诸多系统的开发很大程度上均基于开发者自身的视野与经验，其间隐形的局限乃至疏漏必然存在；更重要的是，就系统运营维护的实施而言，各位实施者因对于问题的理解、风险胃口及决策能力等高低不同，从而对系统运营维护亦是见仁见智，不可能完全杜绝判断与取舍中涉及的人性因素。试举一例，当代商业公司并购实践均遵循一套事先界定的流程，从初步接触到签署保密协议，再到潜在买方出意向书等，都有一系列既定流程，然若相关市场是卖方市场（the Seller’ s market），则是否需按部就班遵循并履行完毕所有流程就颇值考量。笔者有位法总朋友就曾经历过一件全球 auction sale（拍卖），虽然法总朋友的公司于竞购过程中已最大限度地缩减公司既定并购审核流程，然终究没赶上潜在卖方迅疾的交易步骤安排，最终功亏一篑，令人惋惜。

2. 总部职能条线部门的过分强势和 / 或自我保护。睿言有云——“有总部的地方就有政治，有政治的地方就有高手”。而此等“政治”与“高手”的产生，其中一个重要原因就是总部各职能条线部门为确保其下辖各大洲各国不被其他职能部门和 / 或业务部门挤兑或消费，而总是力争以一个声音(one and the same voice)呈现于其他各部门面前，从而绝大多数情况下都坚守自身的职责范围，对于因东道国特殊国情与情势而需要自身为东道国分支部门挺身而出展现自身领导力把公司“扛在肩上向前走”的做法，绝大多数时候倾向于谨慎乃至无为。笔者就曾听过一位法总聊到一个中国境内收购某民营企业的故事。在尽职调查期间，该法总遇到这样一个问题：当地政府为减轻企业负担，默认目标公司按照当地最低工资基数缴纳社会保险，并且在社会保险缴纳系统内做出前述限制性设置，即如超过当地最低工资基数缴纳，则无法输入与操作。在公司内部尽职调查汇总会议上，对应中国社会保险已逐步转由税务主管部门缴纳的实践变化，税务尽职调查团队要求法律合规尽职调查团队对前述不合规现象所涉及的法律风险予以评估。中国区法律合规尽职调查团队当时基于法律规定、与目标公司的管理层访谈以及匿名咨询当地政府主管部门等做了回答，但总部法律合规部立刻提示当地法律合规部，下次要谨言慎行，不应再对税务团队职责范围内的问题做过多评述，以免日后被“甩锅”。客观而言，总部法律合规部对东道国法律合规部的关心与呵护值得赞赏，但如若按照总部法律合规部的指示行事，则问题仍然是问题，解决未有终期，最终必然迟滞并购项目进程。

二、公司内部“柏林墙”的拆除

把公司内部“柏林墙”置于追求合规前提下使公司商业利益最大化的大背景下，公司内部“柏林墙”一如“公司动物”“关于“公司动物”，可见本书“专业编”中“远离公司动物(Corporate Animal)——跨国公司并购中国本土公司交易之组织篇”一文，都是当代商业公司高效运营的藩篱乃至毒瘤，理应拆除。而至于谁能做这“拆墙人”，笔者以为，如果公司法律合规部具备比较全面的能力且比较熟稔公司商业实践与商业逻辑，则完全可以考虑在做好以下特定准备与安排的前提下，“举镐抡锤”，担负起拆墙的角色，把公司扛在肩上向前走。具体分述特定准备与安排如下：

1. 与公司东道国 C-suite 充分沟通，力争获得充分信任与支持。举凡公司项目或商业新企划，若成功实施并开花结果，最大的受益方之一便是公司东道国 C-suite，故如能借助公司东道国 C-suite 对于法律合规部“拆墙”的充分理解、信任及支持，则于拆迁过程遇到梗阻乃至“钉子户”时，借助东道国 C-suite 的权威解决掉相关问题，实乃睿智的“借力”之举。笔者若干年前做的一个本土并购，即在与大中华区 CEO 协调好法律合规部的“拆墙”角色后，遇到各路内部“钉子户”时，及时与 CEO 充分沟通，然后由 CEO 一家一家地谈，最终一一拆除，确保了尽职调查顺利进行及最终交易的可行性。

2. 事先争取总部法律合规部门的充分理解，力争获得必要的“东道国自由度”。东道国法律合规部无论飞多高，一如飞禽，总不可忘记自己的“家与窝”，而总部法律合规部便是这样的“家与窝”。而于远飞前获取家里的充分理解，一则可以确保前述来自总部的掣肘，二则万一远飞有误或遭遇风雨时，仍可有归航的可能性。切记不可“裸飞”。

三、如何避免因“拆墙”而引起的“工伤”

必须指出，“拆墙”于动态变化的当代商业公司环境下，是件高敏感性且高危险性的工作，弄得不好，公司内部“柏林墙”未被拆除，反而被墙压死。这样的惨剧仍然是非常严峻的风险与考验。那么如何避免因“拆墙”而引起的“工伤”乃至附带伤害（所谓“collateral damages”）呢？

如何避免“工伤”，除上述二所述特定准备与安排外，笔者认为至少还有以下值得注意并妥善准备：

聪敏地“拆墙”。所谓聪敏，就是公司法律合规部指出相关“柏林墙”的弊害性，并且为拆墙做好必要的前提工作，但最终“抡镐敲锤”这一下，得由相关责任部门来做。再就前例而言，就前述社会保险缴纳不合规问题，法律合规部尽职调查团队可以把相关法律分析、对目标公司管理层访谈还有匿名咨询相关政府职能部门的信息与材料分享给税务尽职调查团队，敦促税务尽职调查团队做最终决定。读者诸君也许会问，万一税务尽职调查团队不愿意做最终决定，则如何是好？笔者的有限经验是上交同时请东道国C-suite 介入。

事先做好善后。虽然法律合规部主动担负起“拆墙”重任，但仍需事先做好善后。法律合规部在接手相关原本应由其他职能部门进行的工作前，应该考虑以工作邮件、会议纪要等方式概括清楚事情的来由与原责任部门，且最终在法律合规部交付的法律服务产品或服务中仍不忘请原责任部门做最终决策，即便只是一句简单的“同意”或“是”，亦能很好地为日后留证。

纵观当代商业公司管理实践演变，虽有数字化助力，然人仍是不可或缺的因素，从而也给予了富有能力且勇于担当的法律合规部带领公司前进的机遇与挑战，自当好好把握之。

协作

前言

与外部律所以合伙人为核心的组织结构相比，公司法律合规部所工作的商业公司特点在于各相关部门众多且相互协作相互制衡，从而公司法律合规部欲高效富有成果地工作，一个至关重要的成功因素便是与公司内部各相关部门保持良好协作。本系列就将从公司法律合规部的视角，逐一勾勒并分析各相关部门的特质及其与法律合规部的日常协作或博弈，从而最终就法律合规部如何不断检视并改进与各相关部门的协作与博弈提供若干观察与思考。有必要指出，本系列文章中的若干观察与思考，换个角度亦是商学院企业管理研究的重要课题之一。

HR

不仅仅是诗歌与远方

人力资源部 公司法律合规部

热

词

本文基于公司人力资源部工作的重要性与现状，分析了人力资源部与公司法律合规部之间的协作与博弈，并对于双方如何有效协作，提供了一些解决方案。

某位法总曾一语道破，很大程度上，当代商业公司的终极使命在于，以合规为前提，运用人力资源，获取更多的营收与利润，所谓“一手人才，一手钱财，管好人才的目的在于更好地赚取钱财”。故此，人力资源的重要性如何强调都不过分。以下作者就于勾勒时下公司人力资源部的若干特质后，分析人力资源部与公司法律合规部之间的协作与博弈，并就其中的问题解决提供一些思路。

一、人力资源工作是否是专业性工作？

读者诸君可能对作者提出的这个问题有些许诧异：人力资源工作当然是专业性工作啦。且慢，既然是专业性工作，那么是否只应由具备足够专业智识与经验的人士担任，而非任何人士皆可胜任？答案也应是个YES。然现实往往并非如此。时下商业公司管理理论与实践往往非常青睐job rotation（工作轮换制度），即对于被认为是人才或富有潜力（所谓hi-po）的公司管理人员，经常无视其自身此前的专业智识与经验基础，而想当然地进行工作调动与轮岗，人力资源部也是轮岗地之一，以实现人才多面化通才化的初衷。对此，基于作者与坊间诸多同仁的观察与讨论，首先，前述初衷从公司人才培养与储备的角度，完全是值得点赞的思路，无可厚非；其次，实施前述轮岗政策是否应有必要的due diligence（尽职调查），即对相关轮岗候选人是否具有人力资源的专业智识与经验进行必要的尽职调查？如果没有，则是否至少应进行必要的轮岗前培训，以确保候选者至少具备基础的专业智识与经验，而非盲目的on-job training（在岗培训），把人力资源工作弄砸后再在收拾残局中学习改进（如果还有学习改进的机会的话）？之所以有前述讨论，根源在于当代商业管理各职能部门皆存在高度的专业化分野，而忽视此等高度专业化分野，不做必要的尽职调查与相应安排，随意轮岗调动，最终会是三输结局：轮岗者挫败，人力资源工作掉链子，公司管理效率与形象受伤害！

二、人力资源专业人士是否需要基本的劳动法智识与经验？

分析完前述一，从公司法律合规部角度，再问个问题，除前述一所述人力资源的专业智识与经验外，其是否仍应具备基础的劳动法智识与经验？答案是必须的。依据作者观察与总结坊间所议，公司人力资源作为寻觅、发现、培训、优化及新陈代谢公司人才的核心部门，一切工作必须基于相关劳动法智识与经验，而绝非天马行空，纯粹的诗歌与远方！然近年来，源于某些作者尚无从知晓的原因，一些公司人力资源部的基本劳动法智识与经验急剧弱化，更多地关注纯粹的人力资源课题，如包容与多样化（inclusion and diversification）等课题，使法律合规部承担的劳动法咨询与其他工作急剧增加，而且员工队伍人数稍微有点规模，即须配备专业法律顾问从事劳动法律事务；同时工作内容也变得极其繁杂，大到跨法域跨文化外派员工的劳动争议解决，小到草拟回复公司员工日常咨询的邮件，甚至杂到去每家三甲医院核实病假单……怎一个累字了得！

有时，法律合规部劳动雇佣专业律师即使非常劳累，也仍无法从根本上解决缺乏基本劳动法智识与经验的人力资源同事不时造出的“幺蛾子”，所谓“防不胜防”，究其原因，没有基本的劳动法智识与经验，故于日常人力资源管理与服务工作中需要的专业审慎判断与取舍，都会成为问题，最终成为风险点与“爆点”。

三、问题可能的解决方案

针对上述现状，从公司法律合规部的角度看，以下一系列的解决方案或许可以助力法律合规部与人力资源队友的密切协作，以更好地应对人力资源管理与服务工作中所存在的法律与合规挑战：

1. 于公司法律合规部中遴选确定适格的劳动法律专业顾问。基于早些年处理劳动实际案例的有限经验，一如高度胜任的人力资源管理专业人士应该情商很高具备很强的“阅人”与“读心”能力一样，劳动法律专业顾问工作亦是一门艺术，因此，除却劳动法的学理功底与实战功底需扎实外，人生阅历较为丰富“阅人”与“读心”能力强大也是必备的 soft skills（软实力）；最重要的是要具有同理心（empathy）。人才的管理，最终讲究的是由心到心（heart to heart），推己及人，无同理心，则无法胜任。

2. 针对人才的寻觅、遴选、招聘、上岗、培训与发展乃至更迭退出，建立一个全任职周期的文件管理体系。由于中国劳动争议案件中对劳动者的倾向性保护及由此带来的用人单位较重的举证责任，书面文件的制备、签署及存档是必须做好的基础性工作。于此，有必要指出，目前正盛行于诸多公司的数字化对于人力资源管理实践影响日深，但千万不能因为数字化而忽视甚至无视相关劳动雇佣文件的物理保管与存储要求。行文至此，作者忆起约 2005 年，在某商事法庭，作者向该案法官力陈相关证据存储于本公司 SAP 系统内，然该法官轻飘飘地抛过来一句话：那么请贵司把 SAP 搬到我面前演示展现，供双方质证。

3. 聚焦人才全任职周期的重点与风险高发环节，并予以事先防范与事后及时处置。总体而言，人才全任职周期中的重点与风险高发环节通常在于以下：

（1）入职前尽职调查，如甄别相关人才的诚信度、身体健康程度、精神健康程度及是否对第三方负有竞业限制义务以及对第三方承担的保密义务是否将妨碍其入职后充分履行对新用人单位的职责与义务等。基于作者与其他法总的交流与分享，值得关注的是背景调查的实施方。实践中，人力资源部通常委托推荐人才的猎头公司进行背景调查。此等安排可能存在实质性的利益冲突，因为猎头公司需要确保候选人拿到 offer，而背景调查又需客观公正，故此等做法应予以避免。另外，随着入职劳动者的“后浪化”，甄别其精神健康程度，如心智是否成熟乃至是否具有韧劲，亦是面试与背景调查中需要着重予以审视与推敲的问题。作者有位法总朋友处理过某队友部门的一件奇葩事例，一位“年轻才俊”突然精神病复发，在公司满场飞奔，乃至于到警署后脱得一丝不挂。因此，入职前的尽职调查做得更细致些，更审慎些，是可以避免日后跺足的好做法。

(2)入职期间的工作表现与合规问题。工作表现如果出现下降，则应及时通过培训或调整工作岗位，而不应听之任之。许多用人单位最终“被迫”单方解除劳动合同乃至引起劳动争议仲裁与诉讼，往往源于公司在员工业绩表现由于自身因素下降时未及时予以处理，从而持续恶化至最终无法收拾。合规问题一旦调查核实清楚，一般应秉承“不过夜”原则，即当日违纪性谈话后，应于当日午夜十二点之前，对劳动合同关系予以明确处置，或者员工辞职或者单方解除合同。对于属于公司高层管理人员的违纪处理，一般由于其经验丰富且具备一定法律知识故协商一致解除或单方解除劳动合同难度较大，如果适时引入公司最高层助力协商一致解除劳动合同，让相关员工明白自身于公司的职业前途已届尽头，对于从心理上动摇对方的固执己见从而开始冷静考虑劳动合同解除的条件与安排，往往事半功倍。

(3)员工提交辞呈后，首先需要甄别是否需要留聘。如不需要，则是否需要启动解除劳动合同后竞业限制商谈、如何最后一次提醒员工的商业秘密保护义务及如何妥善完成工作交接。尤其对于竞业限制安排，员工向前雇主承担的汇报去向义务应由前雇主人力资源部敦促落实。而就工作交接，公司法律合规部应联合人力资源部，对于工作交接的制度、具体安排、合格标准及相关责任予以建章立制并严格执行，辅之以有效检查。

4. 培训、培训、培训：治理结构完善运作规范高效的公司中，公司法律合规部的培训必不可少。针对前述公司人力资源部劳动法智识与经验不足的情况，如何通过定期的培训与交流，扎实提高其劳动法智识与经验，颇值思量与谋划。就作者于一些法总处得到的经验，一是需要以公司实际经历的案例为主，因为代入感、交付感都会比较强；二是总体而言公司培训对于培训对象效果要求比较低也比较软，应该增强公司法律合规部培训后的测试与评估，确保每位接受培训的对象不仅仅是来听故事聊天，而是充分投入，积极发问、探讨与交流。唯有如此，培训的效果才有保证。

四、跨法域跨文化的复杂性

由企业运营的全球化与人才库储备战略决定，越来越多的外籍人士被派往中国任职磨炼，亦有越来越多的中国人才去其他国家任职，从而带来跨法域、跨文化的劳动法律问题。对于此等劳动法律关系，如果没有一个清晰全面的视野与把握，一旦出现劳动法律问题，则往往会面临“左也不是，右也不是”的困境。

欲破除此等困境，从中国法律合规部的角度，首先须与总部法律合规部负责劳动法的同事建立起密切的定期沟通机制与工作协调机制，所谓“host country（东道国）与 home country（祖国）”两块拼图，一块不能缺；其次，对于各主要法域的劳动法律关系性质，应该有一定了解，以便妥善处置。例如，对于美国诸州一直秉承的“employment-at-will（自由就业）”原则，通常情况下基于合法理由立即解除劳动合同不是问题，而应更关注反歧视、性骚扰问题；而对于欧盟相关成员国，其中工会的重要作用，无论是在日常管理中还是在并购交易中，都是至关重要的考量因素；而信奉终身雇佣的日本，处理其员工问题就更应带有文化的敏感性（culture sensitivity）。

人的问题始终都是个大问题，在人力资源部劳动法智识与经验并不充分的情形下，此点会变得更加敏感且富于挑战性。法律合规部如果通过自身努力及与人力资源部的密切协作，最终为公司的人力资源工作提供扎实法律服务保障，实在是一条常走常新之路。

双城记

浅议法律合规部与财务部的协作

法律合规部　财务部

热

词

公司财务部与法律合规部作为按照各自专业话语体系与规则运作的两个公司内部子系统，所谓“双城”。而双城之间的沟通与紧密协作，是公司能够合法合规地实现商业目标的强力保证。本文在分析两个部门之间异同和博弈的基础上，重点分析和探讨了两部门之间的协作重点方向。

于当代商业公司组织机构中，财务部与法律合规部应该是专业门槛非常高且运作遵循自身独特规则的两个部门，即所谓针对财务部的一般公认原则（general accepted accounting prinincples，GAAP）、一系列企业会计准则、企业会计制度、融资法规与惯例、税法规则等与针对法律合规部的法律规则与适用规范系统，从而使其均显得相对比较“独立”，所谓“双城屹立”。而一般而言，财务部可以说是法律合规部在公司内部最重要的利益相关方（stakeholder）之一，故此，法律合规部与财务部的协作对于法律合规部的业绩与效率有着相当程度的影响。

基于上述，本篇小文拟就财务部于当代商业公司中的地位、财务部工作与法律合规部工作的同异及法律合规部与财务部之间的协作分享一些管见，唯期各位法律合规同仁与财务部队友们能够共同思考与探讨。

一、财务部的“一尊”地位

毋容多言，于当代商业公司中财务部及其负责人即首席财务官（CFO）一直地位重要乃至显赫，俨然一尊，仅次于首席执行官（CEO，许多CEO由CFO晋升而来）。如此重要显赫，乃至不少公司的法律合规部负责人乃至总法律顾问直接向CFO汇报（作者个人对此种安排持一定保留态度，最重要的原因在于潜在的利益冲突，即财务部与法律合规部对于同一问题的立场可能相互抵触，从而前述汇报体制下法律合规部专业独立性难以保证，不再赘言）。

就作者个人有限且粗浅的观察，导致财务部“一尊”地位形成的原因，主要有以下两点：

1. 当代商业公司业绩评估主要落实于财务数据，故对公司业绩基于财务会计准则予以及时准确簿记与处理，便显得至关重要，更何况还有更高层次的财务运作与筹划。公司是否厉害、厉害到何种程度，皆需体现于最重要的那“四表一注”，即资产负债表、损益表（利润表）、现金流量表、所有者权益变动表及附注中，因此负责定期准确提交作为工作成果的“四表一注”的财务系统在相当程度上就成了公司的“中枢要害部门”，自然负责运营这一中枢要害部门的财务部的重要性与地位如何强调均不过分。

2. 从外部监管而言，无论是对上市公司的资本市场监管还是非公众公司的监管，立足点与重点均在于公司经营信息（最为核心的就是财务信息）披露或记录的真实、准确、及时，从而公司财务部对于应对外部监管并遵从相关法律法规也作用重大。

综上所述，公司财务部的“一尊”地位由来已久且顺理成章。

二、财务部工作与法律合规部工作的同异

财务部工作与法律合规部工作的相同之处在于其均为高度专业部门，均需严格遵循相关的规则处理相关事宜。公司财务工作需严格遵循相关主管政府部门制定颁布的企业会计准则，并于适用时参之以行业惯例；公司法律合规工作需严格依据相关法律法规并紧密结合相关行政执法与司法实践。

言及不同之处，财务部运用的主要工具在于使用一整套财务记录准则，并最终集中体现于前述“四表一注”中，其主要工作成果是以数字及数字背后的逻辑联系形式体现的财务会计报表呈现的；法律合规部运用的工具在于使用一系列法律规则对具体的人、财、事予以处理，主要的呈现形式是争议解决结果，即判决、仲裁裁决等，相关的口头或书面法律意见及适当签署的法律文件。也正是基于前述特

点，总体而言，财务部工作更加注重相关财务数据的真实、准确、及时；而法律合规部工作更加注重相关争议解决与非诉业务的合法、效率，即于合规前提下促成公司商业目的的实现。也正因前述，CFO（财务总监）对于数字超级敏感而CCO（首席合规官）对于文字超级敏感。

三、法律合规部与财务部的协作

虽有同异，但作为商业公司这一组织体的重要组成部分，两部门的紧密协作仍是最重要的要旨之一。以下分别论述法律合规部与财务部内不同团队之间的协作。

1.法律合规部与总账团队的协作

依据企业财务准则，总账团队主要工作职责在于：编制损益结转的记账凭证；登记实收资本、盈余公积、未分配利润等科目明细账；汇总所有记账凭证，编制科目汇总表，依据科目汇总表登记总账；主动与各明细账会计核算其账户余额，审核除自制凭证以外的所有记账凭证，审核出纳编制的关于资金的报表，并不定期对出纳现金进行抽盘，月末对实存现金进行监盘；保管会计档案；每月编制资产负债表、损益表等财务报表并出具报表分析；等等。法律合规部与总账团队的协作主要在于：其一，基于中国公司法特别是其中关于公司财务、会计的相关规定就总账团队提供的相关咨询与建议确保公司财务相关明细账记录的准确与合法，例如销售收入实现的确认及其关联的所有权与风险转移；其二，在于就公司相关资产（有形资产与无形资产）的利用与处置与相关会计科目的调整与簿记从法律、合规及公司良好治理角度提供建议，例如相关针对资产处置的董事会决议；其三，言及公司法律合规部与总账团队协作的主要挑战，往往集中于公司财务凭证的获取、整理、制备及妥善保管上，特别是数字化浪潮席卷商业世界的大背景下如何妥善保管纸质财务凭证并确保于处理相关法律与合规事务例如争议解决（仲裁与诉讼）或合规法证调查（forensic investigation）时即需即用，不时需要对总账团队就相关司法实践与法律规定实施培训并沟通协调。

2.与财务部信用控制与应收账款管理团队的协作

信用控制与应收账款管理团队（以下简称信控团队）的工作职责在于：制定、修订公司信用政策、信用管理制度、办法，组织实施信用管理考核工作；负责客户及供应商的信用管理，根据实际情况对客户进行信用评级，参与合格供应商评定工作；定期对客户和供应商的信用状况统计分析；控制应收账款的平均持有水平，日常跟踪货款回笼及应收账款的账龄分析，防范逾期应收账款的发生；配合销售部门及销售人员做好货款结算及货款清欠催收;清理坏账,初步确认坏账并对坏账损失提出处理意见;跟踪管理公司应收款项,主导失信客户应收款项的处理。针对前述工作职责,法律合规部与信控团队的协作主要在于:

其一,配合协助信控团队基于自身识别与管控风险的特长,制定并修订公司信用政策与信用管理制度,并确保其有效适用于信用管理实践。例如,从相关企业的资本、经营范围、股东构成、信用评级、合同履行情况、对外投资与交易等要素上确保公司信用政策与信用管理制度的可行性。

其二,针对公司信用控制与应收账款管理的若干制度与机制,例如担保机制的设立,担保合同模板文件的起草、修订及更新,相关担保物的登记等,提供相关法律建议。有必要指出,信控团队对于担保法律往往并不熟悉,故法律合规部予以全程与即时协作至关重要,否则,有可能会出现虽有他项权利登记证明在手(仅仅只有他项权利证明在手)但诉讼却输掉的尴尬情形。

其三,公司信控团队通常主要基于应收账款的账龄来区分应收账款的风险度高低。这一区分标准在商业信用体系较为完善且司法判决执行程度高的法域可以妥妥适用,但对于商业信用体系仍有待健全完善且司法判决执行率有待提高的中国仍然存在缺陷,其缘由在于:许多失信客户清偿性出现问题往往是短时间产生的,易言之,并非账龄短的就不会“崩盘”，特别是疫情持续中商业环境非常恶劣的当下尤为明显。因此，法律合规部基于自身对于识别与判断清偿不能实现的经验与智识，协助信控团队动态做好即时的应收账款风险识别与催收工作，就非常重要。

3. 与财务部资金运营与融通团队的协作与博弈

公司资金运营与融通团队（以下简称融资团队）的主要工作职责在于：负责与公司合作的资金方进行沟通并负责往来对账；负责解决资金合作方的日常业务问题，并协调产品、技术、业务等部门，保障资金业务运转顺畅；负责梳理各资金方合作的整体流程及资金流入、流出管理；负责制定相关报表，定期提示业务合作方及时付款，资金方及时收款；负责处理资金合作方的日常合作协议、单据出具及管理等。

法律合规部与融资团队协作的要点在于：

其一，快速在法律合规部识别并培养起熟稔资金运营与融通法律实务例如银行借款合同、资金池、外汇掉期业务等的专才。有必要指出，此等专才于一般公司法律合规部内部乃是稀缺品，原因在于，对于一般非金融类商业公司而言，招聘具有相关金融行业监管应对与实务操作经验智识的金融法律专才并不“划算”，即相关人才只能专业从事特定领域业务而无法兼顾其他日常公司与商业法律事务，从而比较现实与经济实惠的选择便是创造条件汇集资源内部培养。作者就一直鼓励部门里的某位专才候选人于前述领域自我研修多多实践,成就自己行走江湖的“独门功夫”。

其二,对于位于中国的跨国公司法律部而言,考虑到跨国公司“全球一盘棋”的运营战略考量,需要充分借助总部法律合规部处理资金运营与融通领域的丰富国际经验,交流、请教、协作,方可避免资金运营与融通合作方如国际大银行利用客户总部与海外子公司之间的信息不对称获签各合同方权利义务严重不对等的合同,从而留下后患。

其三,针对并购交易而言,考虑到中国现行对境外交易的政策限制与外汇管制,于交易架构设计与优化阶段,法律合规部务必与融资团队事先画出资金流向图、时间节点图并与交易对方及各方服务银行协调一致,于必要时可以将前述流向图、时间节点图转化为合同附件形式辅之以图表以确保交易顺利准时推进与交割。

4.与财务部税务团队的协作与博弈

依据作者多年但有限的经验,与财务部的合作之中,最令人愉悦且富有成就感的便是与税务团队的协作,究其原因,是因为成功有效的协作往往给公司确保税务合规并可能伴随可观的成本节省。总体而言,税务团队一般的工作职责包括:(1)制定税务制度、计划和策略——编制公司税收制度以及筹划方案，完善税收体系，编制税收申报标准和流程，确保公司整体税收最低；在熟悉掌握国家地方税法、政策的基础上，合理制订公司的税务计划；制定税务策略使公司税务受益最大化，为高级管理层的商业战略、投资决策提供税务方面的专业建议；编制公司年度税收预算，监督税收预算的执行情况。(2)负责税务办理和监督——办理各类税务登记、纳税申报等涉税工作；建立纳税辅助账簿和年度纳税档案；监控落实公司经营亏损的税务签订及税前弥补工作；填写每月公司的会计利润及税务数据统计表；规划和监督公司报关事务，降低公司货物出口报关总费用，负责退税、年检等事项管理；配合公司外聘税务专家实施税收筹划。(3)负责税务审核——审核所有对外报送的纳税资料和文件；指导、审核公司会计人员的税务工作；对各种税费凭证进行严格审核，保证公司的合法利益。(4)提供税务咨询——研究各类税务问题，为公司业务运营提供税务咨询；针对公司经营业务，提出相应的税收建议；解答公司内部有关税收方面的日常咨询。(5)内外部沟通——与主管税务局、财务局和税务顾问保持密切的工作联系，统筹各项税务关系；接受税务主管部门的检查与稽查；协调各部门涉税工作，建立有效的团队协作机制。

法律合规部与税务团队的协作要点在于：其一，配合税务部门做好相关涉税文件的起草与修订工作，确保相关税务处理不仅有合法的实质性商业交易支撑，更有妥善制备签章的文件“背书”，从而为应对不时发生的税务检查与稽查提供有力支撑。某种程度上，妥善制备真实记录相关商业交易的法律文件是最核心的应对税务检查与稽查的准备工作之一，所谓“documentation！documentation！documentaiton！”其二，就税务部门对于相关税收法律、法规、规章的理解提供民商事法律角度的支持。依据作者坚持多年但仍粗浅的税法研习经验，不同于注重法律逻辑与内在结构严谨自洽的民商事法律，税收法律、法规、规章的政策性与时效性非常强，加之中国相关税收立法与实践理论基础薄弱，税收法律、法规及规章的起草者并非一定具备和/或需要民商事法律理论素养与功底等原因，故此许多税收规章、法规乃至法律与民商事法律存在张力抵触，典型例子便是如何确认销售收入的实现，还有发票是否为企业所得税税前扣除的唯一凭证等一系列问题。针对此点，为维护公司作为纳税人的合法权益，法律合规部就税务部如何准确理解与适用相关税法、法规及规章提供民商事法律角度的分析与支持，可以从另一个角度增强税务部认定相关税务问题的准确度与可信性。其三，配合协助税务部应对相关税务检查与稽查。所谓“依法行政”，不仅是实体法层面，更是程序法层面上的要求。基于前述，法律合规部不仅可以从税法实体法角度还可以从程序正义与妥当性角度配合协助税务部，应对税务检查与稽查，精诚合作，基于事实与证据作出强有力的抗辩，以降低公司遭受行政处罚的风险乃至影响公司社会信用与声誉。其四，也是最重要的一点，在于并购交易中的税务筹划与方案制订。作为并购交易最有趣也是最有挑战性的工作之一，交易架构决定性因素之一便是税收考量与税务筹划，不仅是通常考量的资产交易与股权交易及其税负影响，企业所得税（包括但不限于预提所得税）、增值税销项与进项的抵扣、土地增值税、海关监管货物及其税负、母公司与子公司之间的税务筹划与协调，任何一点实质上都会对交易架构设计与实施施加重要影响，甚至在特定情势下会决定交易的生死成败。因此，法律合规部与税务部的协作体现于交易架构设计与实施的每一步，相关 SPA 及其附属文件起草完毕后，第一个需要会审的部门便是税务部。

5. 与财务部保险团队的协作

有必要指出，将保险团队设置于财务部团队之上乃大多数商业公司的选择，亦有公司从总体风控的角度，将其设置于法律合规部之内，各有利弊，此处不赘。如属前者，即保险团队设置于财务部，则法律合规部与保险团队的协作要点在于：其一，与财务部保险团队协力识别公司运营中的主要风险，并予以相应的保险产品配置保障。如果公司乃重资产，则财产及一切险配置比重会重；如果公司销售客户范围广泛，则产品责任险至关重要；如果公司董事义务繁重，则公司董事责任险必须成为标配；再如公司并购交易频繁且时间要求高，已悄然兴起的陈述保证保险亦应成为选项之一。其二，保险法、保险产品购买及理赔程序为高度专业事项，但总体而言仍然以作为商法领域核心部门法之一的保险法为统领，然财务部保险团队通常情况下并未接受过相关法学教育与培训，从而无论是对保险合同的修改，还是对保险条款及保险特定惯例的理解、诠释及适用，如免赔额、最低理赔额、即时通知义务、代位权的适用，保险机制与担保机制于商业实践中适用的冲突与取舍等，皆须法律合规部予以支持协助。

6.与财务部数字化团队的协作与博弈

所谓财务部数字化团队，是指负责将公司财务系统与运作借由财务管理软件与系统例如 SPA 或 Oracle 开发相关管理模块并统一网络化数字化的专业团队。有必要指出，数字化在时下商业公司的运营管理中已成席卷之势，从而公司财务部数字化团队多与公司 IT 团队聚合，共同推动将公司运营的一切上网与数字化，从而确保管理运营的一体化、共享化，其商业价值巨大，亦是不可抗拒的潮流。法律合规部与这支数字化团队协作的要点在于：其一，如何于系统与模块开发之初，就确立系统里的大数据及其相互之间的联系和逻辑与法律视角下的人、财、物、事相一致，从而避免出现系统里对于纯粹国内交易交付条件适用“INCOTERMS”（国际贸易术语）的低级笑话；其二，通过对数字化团队进行适当的培训，纠正其数字化统领一切乃至不恰当地“扭曲”现实商业交易路径以“削足适履”适应系统“要求”的错误理念；其三，在并购交易中，如涉及财务数据与报表的移交，如何确保相关数字以可以显现与可复制的形式交付对方，亦是交易双方关于交易细节与安排的重要考量之一。

如文首所述，公司财务部与公司法律合规部作为按照各自专业话语体系与规则运作的两个公司内部子系统，所谓“双城”，然双城之间仍应时时沟通，紧密协作，专业有心的公司法律合规部更是可以基于自身法律专业智识与经验，对财务部内部各团队提供不同的强有力支持，共同助力公司运营及其成果的真实、准确，亦可确保其合法合规性，最终共同助力公司商业目标的实现。

伴君不必如虎

法律合规部与CEO的协作

法律合规部　CEO　法律合规服务要点

热词

●●●

公司法律合规部与CEO的沟通至关重要。本文在分析了两种类型CEO的特点后，结合自身的经验和所得实践，就如何与CEO进行有效沟通提供法律合规服务，从多个维度提供了实践操作的要点和方法。

不觉于目前任职的这家公司服务已逾十四载，偶尔得闲时亦自问：为何于此服务如此之久？大致而言，除这家公司全球法律合规部的专业强大敬业协作之外（的确不时有一些让人眼睛一亮的同事与厉害角色），最主要的就是在日常工作中所遇到的一些 C-Suite 人物如 CEO，从具体工作的指引到运营战略的制定落地乃至对职业生涯的规划拓展，皆让作者不时经受强力的精神冲击乃至观念的颠覆性重构，受益匪浅；另外，服务于这些 CEO 们亦非易事。古语有云，"伴君如伴虎"。如何运用自身的法律合规专业知识，并结合 CEO 的特点，提供精准熨帖的法律合规服务，便成了一个具有挑战性但又非常值得思考与讨论的话题。

一、CEO 的两种产生路径

作为公司最高管理层的代表，当代商业公

司 CEO 的产生路径绝大多数情况下有两种：一种是外部猎聘空降（所谓“空降型 CEO”）；另一种则是公司内部擢升（所谓“自生型 CEO”）。

之所以开篇即提出上述分野，在于除天底下所有 CEO 们都共有的激情、企业家精神、领导力等素质之外，空降型 CEO 一般均为职业经理人，由于其任期并非永远，且任期内个人业绩与薪资皆与非常具体化的公司运营指标紧密挂钩，从而其对于公司运营战略乃至具体计划的判断与抉择更偏向于定期化、指标化及“功利化”（之所以为功利化加上双引号，源于作者注意到，有许多富有情怀的商业管理研究者不满于此类“空降型”CEO 过于追逐公司短期业绩指标而无视公司长远可持续发展，而鄙之以“商业公司的毒瘤”，而对此作者并不赞同。所谓“存在即合理”，现今“空降型 CEO”成为市场 CEO 群体的一个重要组成部分这一事实，即证明了此等“空降型 CEO”存在的合理性），因此更加激进。而与之相对应，一般而言，自生型 CEO 由于已在公司浸润多年，基于对公司的深厚个人情感，通常更加关注公司的长远发展，从而其对于公司运营战略乃至具体计划的判断与抉择更加倾向于长期化、循序渐进化、可持续化。此种情感之浓烈，有些时候让人震撼。作者曾听一位法总朋友提到，他所任职公司的 CEO（每日两包香烟、八罐可乐、八大杯咖啡，曾有过在妻子临近分娩的产房外召开公司电话会议的经历）有次因为长期高度紧张工作，拿着一罐可乐，差点就倒在公司办公室电梯里。虽然身体已近极限，这位CEO还瞪大眼睛对这位法总说：我十四岁作为学徒加入这家公司，我想把它变成全世界最伟大的公司！

循上述分野，公司法律合规部对于上述两种不同路径产生的CEO的法律合规服务理念，亦应有所区分与调适。而如何做到有效区分与调适，围绕CEO做些"家庭作业"，便成为必要的基础性功课。

二、围绕CEO的"家庭作业"

基于当代商业公司的管理实践，CEO往往被冠以各种角色定位：战略家、指挥官、鼓动家等。而CEO管理足迹的体现方式亦多种多样，包括年度股东大会、投资者会议、董事会会议、媒体访谈、公司员工大会、一对一会议等。做好围绕CEO的"家庭作业"，依据作者有限观察，公司法律合规部需要时时追寻CEO的这些管理足迹，并通过深入了解和学习，达到以下目的：

1. 了解CEO对于公司战略与具体商业计划的考量与演变，据以思考并调整公司法律合规部的工作策略。作者曾有位法总朋友所任职公司新换的"空降型CEO"，是典型美国范儿的职业经理人，从务实角度特别强调新兴市场

(emerging market)的作用,并设定了三年内新兴市场份额达到全球50%的目标。这位法总敏锐地意识到,这将是中国市场的巨大机遇与挑战,业务拓展与并购会急剧增多、加快,故与总部法律合规部协商一致后,及时对公司法律合规团队予以更新增强,引进了几位国际化与并购交易背景更强的公司律师。待到公司于中国新兴市场的投资与并购大戏展开,他带领更新补强后的法律合规团队及时顶了上去,提供了强有力的法律合规支持,亦收获了公司CEO的赞誉。于此,作者需要强调,CEO对于公司战略的规划与确定一般比较宏观,如何因应公司战略调整将公司法律合规部的相应工作策略落地,的确考验法总与每位团队成员思考与脚踏实地的程度。

2. 逐步熟悉CEO的思考范式,并避免犯些可以避免的错误。如前所述,CEO的管理足迹丰富多样,其中透露出的信息亦然。例如某些CEO非常喜欢健身,因此,他们对于公司人才或潜力人才的期望必然是身体健硕、心智敏锐的;又如,某些CEO于访谈中披露痛恨公司官僚主义与“办公室政治”(office politics),那么在与这些CEO的会议中,相互推诿扯皮乃至相互指责便是大忌(当然“官僚主义”与“办公室政治”于任何专业敬业的法律合规部成员皆应为不屑不齿之行为)。

3. 学习CEO的领导力风范,并推动自身法律合规部的领导力（leadership）、管理能力（executive skills）提升至更高层次（next level）。毋庸赘言，当代商业社会的CEO大多均具备卓越的领导力与管理能力，如何通过追寻学习CEO的管理足迹，反思自身法律合规部的管理实践，自我反思，找寻自身不足，并思考如何改进，实在是任职于公司法律合规部的巨大隐形福利。如若有幸得一CEO作为职业导师，则乃法律合规部专业人士的一生之幸。笔端至此，窗外的世界中出现的杂乱晦暗，不就是因为相关的管理者的领导力由于种种原因出现了崩溃性问题吗？

三、黄金铸成的CEO与CEO的黄金——时间

“千军易得，一将难求”，当代商业公司的CEO由于其高度重要性，导致以高额薪资与待遇延揽礼聘之，已然成为市场惯例，以CEO乃黄金“铸成”为喻并不为过。而如此昂贵的CEO的时间自然也是贵比黄金，每位CEO的工作时间都可以具化为每分钟 × 欧元或 × 美元。因此，对于提供法律合规服务的公司法律合规部来说，不论是日常咨询业务还是具体项目或争议解决，皆应以高效且有助于决策为黄金法则。考虑到法律合规工作的专业严谨性，前述要求往往构成巨大挑战。每位公司律师都希望自己的PPT是全面细致无漏洞的，再加上假设（assumptions）、限

制(qualification)及附加说明(caveats),从而许多律师的PPT俨然变成了老式军用地图。此等文档若提交并汇报给时间如黄金般宝贵的CEO,注定会惨烈翻车;如果像乔布斯那样一页PPT只有三四个bullet points乃至bullet words,而更专注于核心问题的扼要汇报,并基于此前的充分准备,对于CEO的问题提供精准到位的问答(Q&A),则效果会好很多。于此,可以说:给CEO做汇报的PPT,很大程度上:less is more; conciseness is better!(简洁最好)

当然,对于具体业务或项目或争议的细节,可以线下与利益相关方细化实施之。概言之,让CEO专注于他该干的工作!

四、心有猛虎,细嗅蔷薇——格局与细节

作者有时与其他法总了解公司法律合规部向CEO提供法律合规服务的经验,发现通常而言,法律的专业分析一般不构成挑战(毕竟如需要,还是可以得到专业外部律所的全力帮助),难点在于以下几点:

1. 格局:曾有位法总聊及,应CEO要求就中国上海自由贸易区可能为集团公司提供的机遇写memo。基于两天没日没夜的辛苦和全面严谨的法律分析的memo交上去,被扔了回来。CEO在邮件里就写了两个问题:memo所分

析论述的机遇对于公司业务意味着什么？三年与五年以后，自贸区的政府管制框架如何演变及该如何应对？这位法总同仁只能重新来过，并与事业部逐渐开会探讨，以精准回答前面第一个问题；又收集大量外部咨询报告，从而才得以就第二个问题向CEO提供可以被接受的回答。

2. 细节：所谓CEO，尤其是从公司底层做起的“自生型CEO”，往往既“心有猛虎”，又“细嗅蔷薇”，注重细节且非常乐于hands-on。作者另一位法总朋友就曾应CEO要求，为公司就中国区关联公司如何遵循中国即将实施的社会信用规制展开研究并提交报告。报告尚可，CEO的唯一要求就是，需要分析中国境内的每一家关联公司的信用状况，包括但不限于市场监管、税务、银行、环保、安全生产等。如何事先想好这些CEO的“每点必究”，实在是辛苦且耗费心力的工作，须审慎对待谋划实施。

五、外部律师与CEO的沟通协作技巧

此点并非多见，但仍存在。于特定情势下，CEO要求与外部律师直接沟通协作。对于外部律师来说，其一，此等沟通机会乃是开拓并延续业务合作关系的黄金机会（任何一位法总对于CEO对特定外部律所的喜恶至少都应密切关注），务必紧紧抓住；其二，在与CEO沟通协作前，不妨既做

做此篇小文二所述的“家庭作业”，还可以向公司法律合规部多多咨询与CEO沟通协作时的要点，力避一些非资深律师常犯的错误；其三，于整个沟通协作过程中，始终牢记并体现自身商业律师而非仅仅外部咨询顾问的定位，在遵从外部律师执业准则的前提下，力争相关服务与工作在商业实践中用得上、行得通，急CEO之所急，想CEO之所想，最大限度地将自身法律意见与建议“代入”公司实际运营背景中，并于可能时尽量契合公司运作流程，方能为自身律所与相关公司业务合作奠定坚实的可持续发展壮大的基础。

套路与战略

法律合规部与销售部的那些“爱怨情仇”

法律合规部　公司销售部

热

词

公司业务部门和法律合规部的“爱恨纠缠”，总是一个常谈常新的话题。本文以“生态系统”的概念，分析了公司销售部的业务实践，并以此为基础，基于业界的实践经验，提出了公司法律合规部的问题处理策略。

于当代商业公司里，他们是永远置于聚光灯下的一个群体，或者光鲜或者落寞，时而是全公司的英雄，时而是全公司的罪人被千夫所指，他们就是商业公司里的销售部。如此“冰火两重天”的一个群体，他们又与同时肩负公司卫士与公司商业促成者的公司法律合规部有着怎样的“爱恨情仇”呢？本篇小文即基于作者的有限经验，分享点滴观察与思考。

一、好销售与怂销售的一种区分：套路与战略

一如有好老板与坏老板之分，销售亦有好销售与怂销售之区分。除其他不同特点外，怂销售的一个突出特征就是凡事习惯玩套路，应对公司分配的销售业绩目标，不想着如何勤勤恳恳拜访客户，了解客户需求并迅速做好回应与服务最终达成销售目的，而是整天琢磨着如何利用吃喝款待好处费来“搞定”客户采购下

单完成数字，至于是 sell-in 还是 sell-out 全然不顾；应对本职工作中必备的经销商管理职责，不是循正常专业思路与经销商坦诚交流精诚合作，以把业绩做得更好，而是与经销商相互勾结，满足双方私欲，损害公司利益；对内，面对公司内部各种管理与控制流程，总是视之无物，或想方设法绕过去，或欺诈造假。依据圈内法总的观察，随着宏观监管环境日益强化以及公司合规监管的不懈努力，怂销售的套路与“玩法”亦层出不穷，任职不停，“创新不止”。作者有位法总朋友就曾遇到过公司法律合规部正紧锣密鼓调查，而销售部若干不端分子则在酒店里开会研究如何“串供”以对付公司调查与询问面试的奇葩之事。

与之形成鲜明对照的是，好销售会基于公司总体战略、本部门的战略目标制定个人的工作战略，总是力争在遵循合法合规原则的前提下，高透明度且专业地调动公司资源、各部门资源及公司外部资源，搭建自己的生态系统与团队协作链条，最终形成合力，并依据通常高效的协作途径，服务好客户，以达成销售目标。依据作者的有限观察，好销售的沟通协调组织能力一般都非常强大，且时刻紧绷合法合规之弦。

二、销售都是马老师的徒弟

众所周知，阿里集团的马老师（Jack Ma）之所以如此牛，除天时、地利、人和外，有个至关重要的原因便是他发现并提出了生态系统的概念。从早先年的淘宝发展到后来的支付宝乃至今日的蚂蚁金服，无一不是相关生态系统的构建与完善。大智唯简，当代商业公司的销售们于此点，都是马老师的徒弟。

先说怂销售，随着当代商业公司商业运作中价值链的日益复杂化与经济利益分配的链条化，怂销售必须得处心积虑地布设并维护自己的"恶性生态系统"，无论是供应商、直供客户还是经销商，总是利用公司价值链的复杂化与若干管控环节的疏忽与漏洞，如返利管理或样品管理或营销活动管理，与各不端方协同谋取个人私利而损害公司利益或正常运营秩序。

言及好销售，好销售会基于相关法律法规与公司正常的管理运营流程，提炼出整个自身销售业务的生态系统，且能发现整个生态系统中的强点与弱点，对于强点例如市场部，与之通力协作把强点放大再放大，对于弱点，则充分展现敏捷性(agility)，对其合理性提出挑战，并与之共同协作，共同寻求并推动问题的解决。作者于任职公司就比较欣赏这样的销售，产品售价过高没有竞争力，便主动挑战采购部，并一起寻找原因，力争通过供应商的更换来寻求产品成本降低，从而提升公司产品售价的竞争力，亦曾遇到销售总监，听悉客户反映公司产品老化，立刻邀请第一线销售、产品开发部门及客户技术服务部门，组成联合攻关团队，全面摸查市场趋势、听取客户需求，并据以度身定做新产品，迅速响应了客户的需求。此等 agility，不正是 VUCA 时代无比重要的领导力的生动体现吗？

三、专业法律合规部也是马老师的徒弟

有云“螳螂扑蝉，黄雀在后”。怂销售利用生态系统与价值链与各不端方狼狈为奸，沆瀣一气，侵害公司合法利益，而专业有经验的公司法律合规部在展开涉嫌不合规的调查时，亦多遵循“体系作战”的方法，总结起来，有以下几处要点：

1. 对于违规行为的反面智识与经验积累

作者曾有位资深法律与合规总监好友，总是鼓励部门里伙伴们多读有关商业贿赂的普通刑事案件与行政处罚案件，并认真撰写读案笔记，总结研读心得。问其理由，答曰：抓贼的，连贼的作案手法都不明白不了解，还说抓贼，那不是笑话吗？同样，这位美资公司的法律与合规总监还进一步升级换代，悉心收集整理了各类腐败与商业贿赂案件，要求部门里伙伴认真学习，并基于其中典型的腐败与商业贿赂手法与套路，更新加强公司合规手册的修订与更新，确保

合规手册与培训“讲得通、听得通、落得地”。无独有偶，另一位法律总监很喜欢参加销售部门的会议，很喜欢与销售聊天，一边听一边记，会后还认真写参会笔记。有次饭局中，他给作者展示了Pad里细致记录整理的上百页参会笔记，并不无得意地告诉笔者：我现在觉得我不但可以精准查办违规案件，如果公司有需要，也可以去做销售总监了！

2. 摸排梳理违规生态系统并识别重点

一如前述，怂销售大多利用“恶性生态系统”干违规勾当，那么在进行合规调查时，如何准确全面地摸排梳理出违规生态系统并识别出其中重点，便成为重中之重。参之以犯罪侦查原理，任何违规事项必然会留下痕迹与线索，而于某些情形下，公司销售部未必留下此等痕迹与线索，此时如若能够摸排梳理出整个违规生态系统，于公司内部调查受阻时，扩大调查范围，对准违规生态系统内但位于公司之外的嫌疑人物例如经销商等，聪明富有策略地进行调查，往往会有发现乃至突破。

3. 合规体系建立与维护的适度外扩

VUCA加疫情时代，各国以邻为壑，纷纷颁布新法律法规，企图扎紧各家篱笆，故而监管力度进一步趋强趋苛。在此艰难但又仍处于供应链全球化的大背景下，全球化运作公司合规体系的建立与维护，变得更加具有挑战性。面对此等挑战，承前关于马老师的生态系统所述，在公司合规体系的建立与维护过程中，适度外扩至公司价值链的利益相关方如与供应商、客户、经销商等的相关商业交易环节，便成为题中应有之义（欧美公司近期流行的第三方合规风险管理就是此等合规外扩的有益探索），当然这也是难点。之所以称其为难点，在于此等外扩必须妥善平衡好公司合规要求与公司外部主体之间的商业合同、行政管理等关系，不可无视，但同时亦不可超线越界。

四、法律合规部爱销售部的若干时分

唠唠叨叨吐了销售部的许多槽，不过总体来说，也有若干时分，法律合规部是爱甚至深爱销售部的。依据笔者有限的经验，以下几种时分是两厢欢喜的。

1. 并购交割后销售部接手业务销售业绩屡创新高时分：一如世达所冠名合伙人暨并购巨擘之一 Joseph Flom 先生所云，“并购的终极目的在于交割”。天底下的并购，如果于交割后不能产生新高业绩，则法律合规部与其他团队于交易期间的辛勤付出并无兑现的时候，对法律合规部而言，就是一种浪费。所以每次并购交割完毕，法律合规部会在心里对销售部默念一句：拜托了！

2. 销售部明确就商业问题作出决策并认领相关责任的时分：从事公司法律合规部的同仁都知道，不同于外部律所，公司法律合规部于日常工作中处理的问题往往法律问题与商业问题夹杂。当公司法律合规部处理完法律问题，便需要销售部就其中的商业问题作出决策，并认领决策责任，如产品质量索赔的具体赔偿金额与赔偿方式问题等。此时唯有销售部明确作出决策并认领相关决策责任，相关事宜方算最终收官，以便开始下一件工作任务或项目。

当悲观主义者邂逅乐观主义者

法律合规部与市场部

法律合规部　市场部　法律与合规风险

热词

●●●

两个性格完全相反的部门，在合规这场大战之中，会产生怎样的反应？对于法律合规部而言，面临法律合规与商业目的实现的终极挑战，有何良策？本文基于实践，在此支了五小招。

商界有喻：如果把销售部比喻为陆军，则市场部相当于空军。当代商战中，“制空权”至关重要，若客户或消费者对公司拟出售的产品与服务认同度低，乃至没有认同，则作为陆军的销售部无论如何厉害或拼命，最终销售业绩都不会好到哪里去。作为当代商业公司营销组织的核心部门，市场部于快速消费品行业（所谓“FMCG”行业）一直处于“灵魂”或“大脑”的地位；而市场部于工业产品、新兴电信媒体科技（所谓“TMT”行业）、服务业，表面看可能比不上快速消费品行业那般显赫，然论及公司形象与品牌产品的树立、维护及最大化其价值，市场部仍然不可或缺。客户也许不如快速消费品的消费者那么挑剔乃至“外貌协会”即产品卖相要好，但仍然会于通常竞争充分的相关市场上予以比较取舍，最终作出是否购买的决策，从而市场部在通过自身工作与公司各相关部门如销售部、研发部等的紧密协同，使公司形象与品牌价值最大化，最终促成销售实现上，仍然至关重要。

依据当代商业公司的价值链与组织架构，当代商业公司的市场部通常可以细分为产品开发团队（主要职能为负责公司新产品的开发，即未来几年公司向市场提供什么有价值的新产品，其工作重点是发现创新的源泉，完成新产品的定义）→市场营销团队（主要职能为负责现有产品的定位和市场推广战略，包括产品定位和价格策略，向市场告知自身公司产品与竞争对手相比价值体现在哪里）→市场宣传团队（主要职能为负责新老产品的具体活动，如广告、促销、活动、产品介绍等，作用是激发市场需求，与市场进行有效的沟通）→销售支持团队（主要职能在于向销售渠道如公司内部销售团队、代理商、零售商提供支持，包括产品培训、竞争分析、销售技巧、销售工具等）。

一、市场部的DNA：激情与乐观

与当代商业公司里的其他业务部门与职能部门相比，市场部的突出DNA在于激情与乐观。此等DNA其实由其工作职责所注定。一件产品或一个服务方案，市场部自己都不笃信，怎能期望通过工作与努力，使公司外部客户相信乃至买单？君不见，比较富有战斗力的公司，每次新产品开发初步完成，市场部产品开发团队哪一个不是向管理层斩钉截铁地保证每个新产品不是“爆款”就是“尖货”？市场营销团队的“双十一”或“双十二”或双 ×× 或 ×× 动员大会上忽略主题与具体内容，不就是活脱脱一个“传销大会”？市场宣传团队每次网络直播前眼睛里除了血丝不就是对业绩的渴望？销售支持团队各种大促日子里，总是弄得公司法律合规部里劳动法顾问忧心忡忡担心出现工伤事故，也正是因为此等激情与乐观，作者有位法总朋友从多年谋划及领导公司并购项目的经验中总结出的个人定律中有一条就是：对于并购项目中由市场部做的商业计划书（所谓“business plan”）关于交割后业绩增长预期与协同效应的预估，都得狠狠地至少打个八五折的折扣，此定律试过几次，倒颇灵验。

提升一点说：激情与乐观于商业公司一般是领导力的突出体现，而此等激情与乐观与天生厌恶风险（risk-aversion）的法律合规部，正好构成直接的对立，从而使发生冲突的概率急剧增加。以下详述之。

二、市场部与法律合规部的冲突场域

依据笔者有限观察，市场部与法律合规部的冲突通常集中在以下工作场域：

1. 产品开发团队：承前所述，新产品一如产品开发团队孕育的小生命，既然是自己孕育的小生命，总是希望他/她尽善尽美。进而，此种心态带来的“移情”作用往往导致产品开发团队对于新产品的功能倾向于“完美性”或“夸大性”表述，从而带来相关产品功能表述存在违反《广告法》《反不正当竞争法》《消费者权益保护法》《产品质量法》以及相关行业特定监管条例如《化妆品监督管理条例》的风险。

2. 市场营销团队与市场宣传团队：与产品开发团队相似，作为负责将产品功能与价值通过营销途径传送给现有或潜在的客户或消费者的核心团队，市场营销团队与市场宣传团队总是希望将产品的功能与价值，以最抓眼球最勾人心魄乃至最出位的方式，呈现给客户或消费者。此等心态导致市场营销团队对公司产品或服务的营销文案、企划乃至具体实施，许多时候都是“大胆大胆再大胆，出位出位再出位”，极易撞到相关监管部门的雷达，或招致职业打假人的攻击或消费者的投诉。

3. 销售支持团队：价值链前端的产品开发团队、市场营销团队与市场宣传团队如此激进，销售支持团队自然不会等闲。各种产品销售培训、销售技巧乃至销售工具总是力求“鸡血”而忘我，从而时常成为客户或消费者投诉纠纷的最直接导火索。

以上作为列示性的场域，每一种都与以防范风险为己任的法律合规部构成直接冲突，务必得寻求解决之道。

三、法律合规部向市场部提供的建设性法律服务

依据笔者有限经验，法律合规部就本小文前述种种法律与合规风险提供建设性法律服务时的终极性挑战在于，如何在确保合规合法与促成市场部工作达成预期商业目的之间取得某种平衡？具体而言，有以下几个要点：

1. 深入了解公司产品或服务，并基于自身法律合规专业智识与经验，梳理勾画出整体法律规制框架

就上述法律规制框架，总体上大概可分为两个层次：第一层次为普适性的法律、行政法规、规章等，试以化妆品行业为例，大致包括《广告法》《反不正当竞争法》《消费者权益保护法》《产品质量法》等基础性规制法律；第二层次为适用于特定行业的专门性法规、规章等，例如前述《化妆品监督管理条例》。此等整体法律规制框架的梳理，是法律合规部向市场部提供建设性法律服务的基石，务必做透做实并动态更新。

2．提前了解市场部业务活动，并予以事先审查，力求将大的不合规、不合法风险消灭在萌芽状态

仍以化妆品行业为例，国际知名化妆品巨头一般均有内部产品的功能表述或宣称审查制度，许多审查系统还投资不菲。与前述审查制度相关联，公司法律合规部应提前全面参加市场部会议，了解市场部团队最新企划与产品功能表述或宣称，对于存在明显合规合法风险的产品功能表述或宣称，建议或删除或修改，以避免公司市场资源与物料生产资源的浪费。另外，在产品开发、市场营销、市场宣传、销售支持的每一环节，均应设置有效且动态的审查机制，并严格付诸实施。有必要指出，得益于法律科技的兴起，类似于法律合规爬虫软件等是可以适当使用的，以提高公司内部审查效率，尽快抓到“绝对化用语”。

3．密切关注并动态掌握相关监管部门的执法重点与执法实践

当下相关监管部门不同时期，执法仍有不同重点。对于此等执法信息，应密切关注并动态掌握相关监管部门的执法重点。更重要的是，囿于中国相关监管性法律、法规及规章的高度概括性与相关法律法规赋予监管执法部门的自由裁量权巨大，相关监管部门的执法实践往往起到法律适用准则的作用。何为《广告法》禁止的绝对化用语？为何最高级不可用而遥遥领先可以低空飞过？这些不仅考验法律合规部的勤勉程度，亦考验法律合规部的中文功底与造诣，原因在于，中文功底越好，往往越会有曲线救国之效，至少可以最大限度上保持产品市场宣传杀伤力。

4. 定期且反复性合规培训

最棒的合规在于合规意识与合规文化。当代商业公司运营实践瞬息万变，合规培训不得不定期做反复做。结合自身公司商业实践与实际案例，定期且反复举行市场化活动合规培训，便成为最终降低法律合规部工作负担并最终与市场部良性协力合规的重要工作。

5. 力避“拔出萝卜带出泥”

当代商业社会中，得益于数字科技的飞速发展、大数据及人工智能的广泛应用，各行政监管部门执法活动与信息的互通互联，已达到令人瞩目的程度。镜头推至中国，近年来，各行政监管部门监管的力度与权威性不断提高。故此，对于商业公司，一件产品投放市场，一张网页宣传，处理稍有不慎，可能触发的就不仅是某一行政监管部门的雷达，而是触发了一张由不同监管部门编织的监管之网。从此处看，其将对公司构成空前巨大的挑战，而无论是从应对的资源还是应对所需团队协作的角度。前述对于公司法律合规部与市场部的启示便是，对于公司市场活动与产品的审核，应该多角度、多层次进行，不仅从一般的普适性法律角度，还要多想一步，想开一步，思考是否还会同时触发其他可能的监管关注，并予以审慎预防与解决，是以为全面与稳妥。

大饼油条乃吾所爱，法式长棍亦吾所爱

法律合规部与母公司及关联公司的跨文化沟通与协作

跨文化 沟通 协作 法律合规部

热词

公司法律合规部如何与来自异域不同文化、商业环境及法域的母公司及关联公司法律合规部进行有效的交流与协作？当前的认知有何误区？其间存在哪些难点？本文基于作者的从业经验与思考，针对上述问题，不仅条分缕析，还提出了可行的实务建议。

作为一名法律合规人，作者在日常紧张“搬砖”之余，出于人类平衡的天性，也有些个人小爱好，红酒便是其中之一。数年积累下来，既喜欢旧世界的厚重底蕴，也欣然于新世界的纯真质朴。微醺之余，笔者倒不时联想到这个问题：红酒乃舶来品，既然作为舶来品可以为吾等所熟稔喜好，那么类推至公司法律合规部与来自异域不同文化、商业环境及法域的母公司及关联公司法律合规部的交流与协作，亦应可以跨越其中的跨文化挑战而至融洽沟通、高效协作。然验之以实践，却发现很多时候并非如此。来自不同法域的法律人之间的沟通与协作，首先面临的是沟通同频问题。各方往往囿于自身法域智识与经验，时常聊不到一个频道上，虽然彼此和睦相处，然心理的距离一如各方的地理距离一样遥远。无法同频导致无法产生化学反应乃至信任（所谓“共振”），故而在法律合规事务的处理与项目协作中，各方无法拧成一股绳，产生团队协作的合力，反而可能因内耗严重而贻误商机。此外，当下各法域之间的地缘政治压力有增无减，不同文化背景下的意识形态与价值观的潜在压力难免会不经意渗入各法律合规部之间，导致沟通与协作过程中的隐形掣肘。一切的一切，倒的确是该琢磨任职于中国的法律合规部与母公司及关联公司之间的沟通与协作问题了。当然，其实践意义不仅局限于跨国公司法律合规部，对于从事涉外法律合规业务的外部律师亦应有所借鉴。往长远看，随着越来越多的中国企业继续全球化进程，作为其全球化进程中至关重要一环的全球法律合规部亦会面临类似问题。鉴于前述，笔者于此论述若干，权作开启一个话题，激起坊间思考。

一、对于跨文化沟通与协作的两个误区

一如世间许多事情，如果无法处理得圆满，首先很可能是因为对于相关问题的认识存在误区，错误认识导致错误判断与行动，最终处理结果自然差强人意。就题述商业公司里存在的跨文化沟通与协作而言，依据笔者多年但依然有限的观察与经验，笔者认为，对于东北亚国家（中国、韩国及日本，下同）法律合规部而言，以下两个误区值得高度重视并应秉承自我批判精神予以彻底解决：

1. 说得好不如做得好（所谓“金口难开”）

很可能是囿于东北亚国家的传统文化与教育背景，东北亚国家法律合规部的绝大多数专业人士信奉做好远胜说得好。一个项目或一件法律合规事宜，他们总是习惯于利用自身的智识经验，殚精竭虑地做好；做好之后，总基于自身内敛不张扬的性格，天真地假设位于东北亚之外的总部或关联公司法律合规部同事心领神会，能够较好地了解其于项目或事宜中付出的努力与技术含金量，自身则无须以适当方式告知与呈现。前述假设与做法，只要稍微置于人类沟通的大背景下，就不难发现，此纯属自身一方臆想。的确，您做得很努力很成功，然在您主动告知并呈现成果之前，处于高度运转中的位于东北亚之外的总部或关联公司法律合规部既无自身智识与经验，亦无时间仔细琢磨其间您付出的努力。言及此，笔者不禁想到十几年前与上司及专业导师就“说得好重要还是做得好重要”进行的面红耳赤的争论。最终，经过此后多年实践与观察，笔者还是接受了上司的见解，即说得好与做得好同等重要。也正是受益于前述顿悟，笔者于每一年，都会安排部门里十几位伙伴轮流、定期给总部法律部逐次就一个专题做分享与汇报。数年实践下来，效果不错。伙伴们在总部法律合规部与其他大洲法律合规部的 visibility（眼界）显著增强，对于团队成员自身专业的厚度与深度也有了更深的认识，信任亦加强，不枉笔者每次催促伙伴们精心准备 PPT 并反复练习的辛劳。

2. 过于执拗的“本法域自信”

毋庸置疑，由于自身法律文化传统、各种社会力量博弈及经济发展水平不同，各法域间的差别甚大甚深，迥异多多。然面对全球化背景下的商业运作，太过囿于此等迥异，片面执拗于“本法域自信”，而无视（有意或无意）跨法域、跨文化的诸多约定俗成的良好惯例与成功做法，实在是不明智（虽然“自信”眼下是种时尚，但如何不盲目自信却甚少思考）。回到本文主题，笔者也发现，东北亚法律合规部的同行有时也会过于强调自身法域的特殊性，总是从自身法域角度来与总部或其他法域的法律合规部进行沟通与协作，使沟通与协作梗阻不时丛生，最终导致沟通与协作失败。试举一例，笔者有位法总朋友曾聊到过，部门里有位伙伴非常敬业，也有很扎实的中国法功底，但因为涉外交易经验相对欠缺，针对一份基于通行国际惯例与实践写成的 SPA（虽然适用法律是中华人民共和国法律），纠结于里面若干约定俗成的措辞与表述方式以及中国法中尚缺对应的概念，一直与总部的队友律师来回掰扯。总部律师也很无辜，每年十几单 deal 中都是这样的起草方法与处理方式，并没有出什么问题。后来法总朋友不得不坐下来与本部门伙伴好好地聊了聊。在肯定了伙伴的认真后，法总朋友耐心解释道：在这样一个全球化运营的公司里，许多法律文件都是几十年交易良好惯例与成功做法的结晶，也没出过事故；此时，如果由于"本法域"自信继续掰扯，放弃已有的具有可信度的工作成果，只会贻误交易，伤及工作效率。为避免疑问，笔者于此有必要强调，这并不是说要忽视本法域项下的特定问题，而是对于一些已有良好惯例与成功实践的做法，如果始终待在本法域的"迷之自信"里，实在是巨大的认识误区，而且戕害工作进度与效率，实不足取。

二、跨文化沟通与协作的难点

厘清了跨文化沟通与协作过程中的两个误区，逻辑上应该再来分析一下跨文化沟通与协作的难点。笔者择其要点，以下分述之：

1. 不同法域文化背景下的差异、压力及潜在冲突

缘由不必赘述，鲜明的例子比比皆是。例如，德国人的守时与印度人对时间的高宽容度（文化无高低贵贱之分，全为陈述一种事实）；西欧人的先进商业文明与南欧人的奔放个性等。作为东北亚法律合规部的专业人士，为直面跨文

化沟通与协作的挑战，理应主动作为。笔者推荐的做法是，首先，对于待沟通与协作的对象，事先做些简单的文化尽职调查，大概了解相关民族的文化特性与民族性格，做到大面上不失控；其次，对于待沟通与协作的具体对象，利用公司里的相关资讯乃至八卦，了解相关对象的履历，以对沟通与协作进行先期判断与评估；最后，在沟通与协作伊始，主动破冰，主动介绍自己，让对方知悉，从而为双方乃至多方之间透明而高效的沟通打下坚实基础。行文至此，笔者不禁想到，在笔者参加的一次并购研讨会上，有位前辈法总聊到自身曾“主刀”的一件聚焦于亚太区的收购交易。卖方乃一家日本巨擘企业，在东南亚具有多家关联合资公司，买方是一家欧洲公司。在谋划交易结构时，富有经验的法总曾向总部提出了这样的问题：日本企业与东南亚合作伙伴合作应该很和谐，但欧洲企业与东南亚合作伙伴是否很和谐是个问题。此言一出，顿得席间各位大咖认同。

2. 不同法域商业文化之差异、压力及冲突

虽然有总部一以贯之至全球各关联公司的商业行为准则与操作指南，然各法域商业文化仍然存在显著差异。商务宴请的礼数问题便是其中一例。东北亚国家商业公司于办公室谈完工作后的商务宴请往往在整个商业活动中起着不可或缺的重要作用；而在某些欧洲国家商业文化中，工作应在办公室里完成，于下班后在就餐场合继续聊工作，就有“公私不分”之嫌。因此，欧洲同事在东北亚国家出差公务时，内心里对东北亚国家商业宴请的繁复与重负往往颇为困惑，总有微词。再如，项目谈判中，德国人与美国人应该会非常直截了当，而东北亚区国家特别是中国则习惯于比较多的铺垫与间接表述乃至委婉语。试想，一张谈判桌前，前述两种风格相碰，产生隔阂乃至压力及冲突的可能性便急剧增加。对此，笔者推荐的做法是，平日里，东北亚公司法律合规部的伙伴们还应多涉猎些国际主流财经媒体，例如 CNBC、Bloomberg 及经济学人，特别是其中的商业领袖的专访、特定国家商业案例及各国商业文化总结小册子，增强对不同法域商业文化的认识与洞察力，为下次沟通提前做好准备，力争与对方早点同频共振。有必要指出，随着中国已成为世界第二大经济体，各国对于中国的崛起亦高度关注，其中不乏不解或猜忌，作为扎根于中国但工作于全球化背景下的中国法律合规人，更应秉承博大胸怀，主动了解对方，客观专业地解释清楚中国情况，从而在时下很不乐观的跨国沟通交往大背景下，在商业层面多做桥梁与纽带性工作。

3. 不同法域法律体系之差异与冲突

应该说，随着越来越多同时具有中国与欧美主流法律教育背景的法律合规人才加入公司法律合规部，不同法域法律体系之间的差异与冲突能够得到一定缓解。然挑战在于当下各法域出于种种目的，立法、执法及司法变化纷繁，且主要经济体之间法律冲突显著增强，且未有缓解之势，再次彰显了东北亚区法律合规人终身学习的重要性。笔者认为，在实践中，对于世界主要法域中关乎本集团的部门法或实务领域的大致发展动态，还是需要充分利用公司法律合规部的丰富资源，予以时时学习，更新知识与经验。由此，方可获得母公司与关联公司同事的信任，从而裨益合作。当然，由中国经济崛起决定，法律合规部更应倡导并力行，将中国飞速发展的法律发展变化定期、及时分享给国外同事，于无声中敦促他们了解“中国法”，也为他们需要面对的涉及中国的法律合规问题打下一定的认识基础。

叨叙完跨文化沟通与协作的误区与难点，后续几篇将会从不同角度分享些应对跨文化沟通与协作的进一步观察思考与若干实战干货，敬请期待。

“大腿”的抱法

法律合规部与母公司法律合规部的跨文化沟通与协作

跨文化　沟通　协作　法律合规部

热词

在与母公司及关联公司进行跨文化沟通与协作中，如何处理区域法律合规部与全球法律合规部的沟通与协作？本文逐层剖析了进行有效沟通与协作的策略和方法，包括做尽调，重参与，乃至进行引领。

继开篇，接下来便是分析与思辨如何与母公司及关联公司具体进行跨文化沟通与协作。而在母公司及关联公司的诸多利益相关方中，与母公司法律合规部的跨文化沟通与协作便是首要的。以下逐一分述之。

一、“单恋一枝花”抑或“左搂右抱”

笔者时下与一些公司法律合规部同仁进行分享与交流时，经常被问到的一个问题便是：对于中国法律合规部而言，公司内部那么多的利益相关方，究竟哪个部门才是最重要的利益相关方？亚太区/东北亚区总裁还是全球法总？是紧抱亚太区/东北亚区总裁“大腿”或全球法总“大腿”，还是都要抱？易言之，是“单恋一枝花”，还是“左搂右抱”？依据笔者多年的体悟与观察，期间因“专情”而最终“里外不是人”乃至“因专一而殉情”的法总与公司法律合规部不在少数；而那些“左搂右抱”但较好平衡“三角关系”的法总与公司法律合规部倒是风生水起。其间道理，颇值玩味。

笔者认为，欲对上述问题有个客观的答案，仍需从当代商业公司法律合规部的战略定位中找寻钥匙。就笔者目力所及，不论各种实务著述对于前述战略定位有多纷繁，言及战略定位，公司法律合规部终极使命都可以归结为公司利益的卫士与公司商业的促成者。据此，前述第一项战略定位决定了中国公司法律合规部必须与母公司法律合规部紧密协作，连为一体，共同履行公司卫士的职责；而前述第二项战略定位要求，如果东北亚区法律合规部在本土生根发芽，为东北亚的法律风险防范与业绩增长提供精准到位的法律合规服务，必然需要主动与公司东北亚区的业务管理层协作，促成东北亚区乃至公司商业目标的达成。从而，“左搂右抱”成为一种必须。

再从当代商业公司运营实践角度看。任何睿智的全球总法律顾问以及母公司法律合规部皆深知，作为一支团队，对于位于各大洲与国家的法律合规部，务必予以全力支持，唯此，公司法律合规部的一体性与团队性才能保证，从而来自母公司法律合规部的支持亦是题中应有之义。于此，笔者倒想强调一下：东北亚区法律合规部如果因为物理距离遥远且沟通协作的语言文化障碍比较而言较重，从而对与母公司法律合规部的沟通协作不积极乃至躲避，实乃有失明智。一言以蔽之，如果东北亚区法律合规部与母公司法律合规部平时沟通协作顺畅深厚，彼此具有足够信任，则当全公司上下都不理解东北亚区法律合规部时，母公司法律合规部是唯一可能也愿意支持东北亚区法律合规团队的部门。议及东北亚区业务管理层，无论东北亚区法律合规部专业技术多么精湛，商业洞察力如何敏锐，如果所有的法律合规工作无法转化为东北亚区风险防范与业绩增长的一部分，则东北亚区业务管理层就不会买账，全球管理层更是看不到，那么东北亚区法律合规部欲在公司上下获取足够的尊重与话语权，都是痴人说梦。依笔者多年观察而得，东北亚区法律合规部如若于公司里行事不顺，大概率或者与母公司法律合规部或者与东北亚区本土管理层的沟通与协作出了大问题。

最后，重要的事情说三遍：“左搂”与“右抱”之前，因其目的与价值观不尽相同，存在天然的压力，如何在“左搂”与“右抱”之间取得较好平衡，实在是考验东北亚区法律合规部的大挑战。参考坊间资深法律合规老总的经验，原则与 street-smart 相结合，倒是一条重要法门，即举凡法律与合规风险的红线与底线问题，务必秉承原则；而具体的沟通与协作方式，倒可以身段灵活些，说服风格更加商业化一点。例如，使用业务管理层听得懂的语言，把其中的法律合规问题说清楚，说透并提供切实可行的解决方案。

二、对母公司法律合规部的尽职调查

就人类沟通的规律而言，不同人士之间的沟通都带有各自不同的文化基因、家庭个人成长经历、个人性格等背景，而在与母公司法律合规部的跨文化沟通与协作中，此等背景更是于许多情势下构成沟通双方的巨大挑战。

如欲有效应对乃至掌控此等挑战，对于母公司法律合规部的尽职调查便成为不可缺少的功课。如何高效完成此等功课？首先可以借助公司的网站与人事组织机构图，了解相关沟通对象在公司权力架构体系中的位置以及在公司运营中的实际话语权如何，所谓“大势”；其次，多利用公司法律合规部的组织机构图，了解并试图推演出相关沟通与协作对象大概的教育背景、实务履历及由前述推导出来的大概调性，所谓“聚焦”；最后，适当在母公司法律合规部交往一两位可以推心置腹的朋友（最理想的情势便是直线上司），则对母公司法律合规部相关沟通对象的一些背景事实与工作风格以及母公司的一些最新动态也可以做到有所了解。

写完一般，再论及特殊。其一，在于区分母公司法律合规部的相关沟通与协作对象是亲力亲为还是宏观掌控。于前者，沟通与协作时务必注意细节与信息的颗粒度；于后者，则沟通与协作时更着重于趋势与整体把控。其二，在于区分“学霸型”上司或老板，如若是，则沟通与协作时的专业准备便务求精细全面。笔者与一位分别毕业于声誉卓著的海德堡大学法律系与杜克大学法学院又掌控公司全球并购事务多年的学霸型领导共事，有次领导根据他对于相关市场的理解，将笔者对相关市场中关于寡头垄断的 PPT 中的 oligarchic（个数较少的寡头垄断）改为 oligopolistic（个数相比较而言较多的寡头垄断）。笔者平时爱好反垄断法研修，也算是对反垄断并不陌生，然收到修改很是困惑，于是安排部门里的学霸伙伴去查韦伯大辞典，方弄明白其中含义，也因此提醒自己在下次与学霸型领导进行沟通与协作时更加小心。

三、确保自始至终的参与度（Always Stay Engaged！）

一如二中所述人类沟通的规律，对于与自身背景迥异的母公司法律合规部，东北亚区法律合规部与之沟通与协作时的精神陌生感往往会催生厌烦感乃至倦怠感，此等“不适应症”对于总体民族习性趋于内敛的东北亚区法律合规部而言更加严重。君不见，在全球法律合规部峰会上，无论是会议前的 coffee break（休息时间）还是宴会时间，东北亚区的同事更倾向于聚集在一起，而欧美的同事则更多的是端着一杯咖啡或红酒，高谈阔论。其实，如果东北亚区法律合规部的同事努力克服“不适应症”，把此等场合下的沟通与协作作为工作必备的一部分，确保自身自始至终的高参与度，则沟通效果会更佳，亦会大大裨益于日后的工作协作。

另一例是公司全球法律合规部在一起的工作会议。即便东北亚区的许多伙伴有欧美留学与执业经历，然毕竟不是本土法域，因此在工作会议中，对于欧美的法律制度与实践比较慎言，导致被母公司法律合规部认为参与度不够。对此，笔者建议，一则，东北亚法律合规部平日里需多了解欧美母公司相关实务法律部门的发展动态，以增加自身与母公司法律合规部同频乃至共振的智识基础；二则，要充分保持开放心态与倾听态度，克服自身囿于本法域对异法域智识分享的不适应感。其实，看看全球法律合规部的领导层们，他们多半不懂墨西哥劳动法或尼日利亚外商投资法，但人家仍然基于职业态度与责任感，认真聆听并不时提问，哪怕在相关法域人士看来是个小儿科问题，但全球法律合规部团队得以紧密互动，目的已然实现。

四、跟随之后的引领尝试

回首中国改革开放四十多年法治建设的成就，其中最为重要的一个成功经验便是作为发展中大国的后发优势。中国知识产权法与反垄断法的飞速高水平发展，便是其中显例。就后者而言，笔者倒亲身经历过一个例子。针对阿里滥用市场支配地位的行政处罚案一出，前述笔者的学霸型领导立刻叮嘱笔者想方设法尽快弄到对于此案分析的英文分析与评述，并告诉笔者，这对于欧洲负责反垄断事务的团队也是很好的学习素材，因为欧盟的电商实践及相关反垄断执法仍显著落后于中国。

由上述例证并结合笔者多年工作实践，笔者不禁有这样的追问：既然中国的法治建设日新月异，为何不撷取其中与公司商业运营及法律合规风险防范紧密相关的若干话题，多多与母公司法律合规部交流探讨呢？笔者以为，于此中国法律合规部不必过谦，因为更多地展现自身法域的发展，一则能够消除主流市场经济法治国家对于中国法制或许仍存在的若干不解乃至偏见；二则可以彰显中国区法律合规部的专业实力与智识，增强母公司法律合规部的信任；三则于充分分享的基础上，可以针对若干母公司乃至关联公司法律合规部面临的重大法律合规实务问题，例如电子商务的法律规制与合规防范，引领母公司法律合规部做更多的思考，从而采取更加精准且易落地的法律合规培训以及合规体系完善，裨益于整个全球法律合规部执业水准的提高与精进。

聊完与母公司法律合规部的交流与协作，下篇来聊聊与异法域关联公司法律合规部的沟通与协作，请待续章。

手拉手

法律合规部与异法域公司法律合规部的跨文化沟通与协作

热词

法律合规部　跨文化沟通　协作　异法域

对于全球运营的公司而言，其法律合规部需要与异法域关联公司法律合规紧密协作是应有之义。本文在分析这种紧密协作必要性的基础上，针对不同法域的特点，对于如何与不同法域的公司法律合规部手拉手进行协作沟通，提供了有效应对跨法域合作相关问题的实践方法与经验。

写下上文这个标题，不禁想到1988年汉城奥运会那首曾脍炙人口的奥运主题曲hand-in-hand。沧海桑田，冷战结束前的最后一届奥运会后，又过二十余年，吾等法律合规人想象力再丰富脑洞再大，恐也难以料想到今日，冷战虽结束，世界却依然如此撕裂而混乱。不论外部世界的撕裂与混乱，商业公司运营仍然要继续，而法律合规部仍然须殚精竭虑，勤勉执业。除需要“抱”好母公司法律部的“大腿”外，仍然需要与异法域关联公司法律合规部手拉手，紧密协作，一起“捉妖打怪”。而关于手拉手，其间仍有若干肯綮，于此抛砖，权作读者诸君脑力激荡之垫脚石。

一、手拉手的重要性

任职于跨国公司法律合规部，对于人才评估与评价的一个重要指标就是全球化视野与判断力。笔者职业生涯初期，总觉得前述指标比较虚玄，难以落地。后来从2009年开始，笔者负责的法域从中国拓展至大中华区乃至以外更多异地法域，一段时间工作下来，方悟自己前述看法的幼稚与错误。手拉手的重要性，即便经简单梳理，也至少有以下几点：

1. 法律合规人的执业法域与智识限制

无论是法学教育还是执业实践，皆因世界各国不同法域之存在而具有特定法域的局限性。而当代商业公司运营与价值链的全球化，又决定了公司货物流、服务流、资金流、人员流及数据流的全球性与跨法域性，从而其间产生或需解决的法律问题便呈现较强的跨法域性，绝非某个法域适格的法律人士能够单独予以解决的。因此，各法域法律合规部之间的相互协作各司其职成为必要。

2. 徒法不足以自行

从执业角度，诸多法律问题与项目皆涉及特定法域的立法背景、商业文化乃至世俗人情，故精准妥帖地解决相关法律问题，完成相关项目，皆需依赖于来自特定法域的智识与经验。试举一例，就雇佣劳动法而言，美国的劳动法对自由雇佣（所谓“employment at will”）理念的秉承，决定了处理适用法律为美国某一州劳动法问题时的背景与视角。相比较而言，日本劳动法对终身雇佣的重视，决定了处理适用法律为日本法时自由度会比较少，而更注重用人单位与劳动者之间的友好平等协商。再言及在韩国的并购项目，涉及目标公司为韩国家族企业时，则向韩国法律合规部同事请教其中的商业文化特点、家族企业治理结构及其中的文化敏感点，的确是非常重要的项目准备工作。这么多年不同法域大几十单并购交易做下来，笔者觉得非常有趣的一个观察便是，举凡涉及法律文化与商业文化背景浓厚的特定法域，如法国、日本、韩国、美国等，则相关交易中与相关异法域的紧密协作，便是并购交易成功的一个关键因素。

二、拉谁的手

对此问题的回答，从实证角度，很大程度上取决于公司的商业运作版图与全球价值链供应链的核心法域。一般而言，有以下法域的法律合规部务必是手拉手的重要对象：

1. 美国：一如前段时间的名言所述，与美国的关系是必须要搞好的必答题，同理，拉好与美国法律合规部的手也是一道必答题。究其缘由，一则在于美国仍然是当今世界最大经济体，是任何一家跨国公司不可或缺的头部乃至最重要的市场；二则在于美国有着世界上最完善也最复杂的法律制度与执全球之牛耳的法律实务实践。有必要指出，基于对自身法律制度完善的自信，美国法律合规部对于其他法域或多或少有些专业人士的优越感，对此如何应对，且待下文分析。

2. 欧盟：依据笔者有限观察，欧盟法律特色之一在于欧盟法律与各成员国共同构成一个非常复杂的法律制度体系；特色之二在于其强悍的反垄断与数据保护法律制度与实践上，且在不断发展。

3. 东南亚：从各法域所属不同法系以及经济发展水平迥异导致的法制水平来看，此为最复杂的一个区域，在异法域法律合规部合作方面，亦是一个难点与痛点。

4. 其他法域：有必要指出，由各家商业公司不同的业务发展侧重点决定，还有其他法域法律合规部需要紧密协作，于此不一一赘述。

三、如何拉手

为方便分析如何拉手，笔者以为，有必要引入一个“优势”法域与“普通”法域的概念。前者显例在于美国法域或欧盟法域，后者例证在于例如亚非拉等诸国法域。对于“优势”法域，位于东北亚的法律合规部仍然应秉承积极主动性，多多针对特定问题与项目展开研习，至少包括一些核心的实务领域，如商事主体法律制度、反垄断、雇佣劳动、并购、知识产权等。笔者以为，此等研习重在掌握其总体框架与特点，而绝非成为相关实务领域的专家（事实上也绝不可能），目的在于与相关法域法律合规部协作时尽最大可能地与其同频，以提高沟通协作效率。就研习途径而言，除了平日里注重大量阅读权威国际律所的相关资料与介绍外，也可以借助一些国外权威法律出版社的一些概要性书籍，如LexisNexis 与 Westlaw 等，于部门里展开学习讨论，乃至定期组织与相关异地法域部门的学习交流。就“普通”法域而言，考虑到东北亚法律合规部的工作负担与压力，如果专门分配时间予以学习，既不经济，也不现实。于此，笔者建议，可以更多依赖于特定“普通”法域律所对于相关实务领域的介绍，做到针对重点与难点有所掌握即可。

当然，在商业实战中，相关法律问题与项目的解决，虽然各异地法域因素在许多时候至关重要，然仍应相信，在国际商事交易中，有相当数量的国际惯例与实务经验和技巧可以通用；同时，各法域在国际商事领域立法与执法实践中的法律移植与借鉴也非常普遍，故对于与异法域法律合规部的协作，仍然需要予以充分利用并最大化其价值。举例而言，对于一件跨国并购交易，就交易准备、流程设计、交易架构搭建乃至文本起草上，都有大量已被实践证明行之有效的国际惯例与经验，相关法域于交易考量中的权重，倒是局限于一定程度内。

在商业公司环境中取得成功的重要因素之一便是团队协作。就东北亚区公司法律合规部而言，如何与异法域法律合规部协作，做好手拉手的工作，的确是件需要时时练习，定期反思以改进提高的法务合规部必修课。